THE
NEW NORTH CHURCH
BOSTON
1714 - 1799

Compiled by
Thomas Bellows Wyman

Transcribed by
Robert J. Dunkle

Compared and Edited by
Ann S. Lainhart

CLEARFIELD

Copyright © 1995 by
Robert J. Dunkle
and
Ann S. Lainhart
All Rights Reserved

Printed for Clearfield Company by
Genealogical Publishing Co., Inc.
Baltimore, Maryland
1995, 1998, 2013

ISBN 978-0-8063-4583-3

Made in the United States of America

OUTLINE

of the

OLD ORIGINAL BOOK

AS COPIED BY WYMAN

FLY LEAF : 1. Title Page
              2. Table of Contents

PAGES

1 to 11 : Schedule of Silver Plate
            Extracts from Wills to Church
            Church Gathering

12 to 35 : Admissions

43 to 73 : Marriages

75 to 84 : Coventers

91 to 200 : Baptisms

201 to 299 : Votes & Transactions

300 : Ordinations

301 to 331 : Baptisms

333 to 346 : Marriages

351 to 361 : Deaths

370 to 372 : Recapitulation of Figures

last page: Summaries of Baptisms, etc.

INTRODUCTION

In the *List of Church Records* on deposit at the Boston City Hall Archives, the volume which is herein transcribed is entitled "New North Church, Boston, A Genealogical Register of Records of The New North Church, compiled by Thomas Bellows Wyman, containing records of Baptisms, Marriages and Deaths, 1714-1799."

In the first volume of the Reports of the Boston Record Commissioners series, Appendix A, there appears an extract of a report from the Joint Committee on the Public Library citing the deficiencies in the city records as pertain to its vital records. A part of it is worthy of repetition to illustrate the importance of the church records. "It may be assumed that the annual number of births is about 3 in every 100 inhabitants, and the deaths about the same. 1st. From 1630 to 1700, the probable average population was 3000, giving 90 births per annum, and in 70 years 6,300 births. Our public records contain but 1,850 births. 2nd. From 1700 to 1744, the average population was 13,000, or 390 per annum, yielding for 44 years, 17,160 births. Our record has 20,000 for the whole period, so is reasonably full. 3d. From 1744 to 1807, average population 20,000; births, 600 per annum; for 63 years 37,800 births. Our records contain about 5,000 names, or not one seventh. For the century from 1744 to 1849, the births must have accounted for at least 125,000 and our records preserve the names of but 8,500, or less than seven percent. As to deaths, our record is even worse. Out of at least 60,000 deaths which have occurred in Boston between 1630 and 1810, we have record of some 4,700 only. We are fortunate that the records for marriages appears to be far better. For the period from 1630-1807, there were undoubtedly some 25,000 to 30,000 marriages. Our volumes contain about 20,000; and this part of the record is best of all. By comparison, it is reported that in the period 1735-1744, there were 5,779 baptisms recorded and from 1745-1774, some 12,284 baptisms are in the records. The custom of infant baptism enables us to obtain the births, therefore, of a great number of children, with accuracy of date sufficient for all purposes." Three of the most important churches whose records remain unpublished are those of the Old South Church, the New North Church and King's Chapel. It is with this in mind that the transcript of Mr. Wyman's register is presented. It would be hoped that those of the other churches, which were attended by so many of the prominent Boston families, will also be made available in print.

The genealogical record has been presented in the same format as Wyman, but has not been compared with the original church records, as referred to by Wyman in giving its index. These records are not contained in the list of records on deposit at Boston City Hall Archives, and their whereabouts are unknown to the transcriber. Wyman finished his transcription of the records on 13 March 1867.

The New North was formed on 5 May 1714 and its original house of worship was on Hanover Street. As shown in the accompanying diagram, taken again from Wyman, the mother Church was the Old North Church. In the time period covered by these records, the pastors were: Rev. John Webb, settled 20 Oct. 1714, died 16 April 1750; Rev. Peter Thatcher, settled 28 Jan. 1720, died 26 Feb. 1739; Rev. Andrew Eliot, settled 14 Apr. 1742, died 13 Sept. 1772; and Rev. John Eliot, settled 3 Nov. 1779, died 14 Feb. 1813.

There were 16 Signers to the original Articles, which appear to have been subscribed to on 27 Nov. 1714, although it was in March of this year that the first meeting took place at the house of Matthew Butler. There was much acrimony on the part of Cotton Mather over the founding of the new church, as he would not dismiss the members of his congregation to take part in the founding and this caused some of the delay in the organization of the New North. For a more complete history of its beginnings, refer to Samuel G. Drake, *History and Antiquities of Boston*, (Boston, 1856), pps. 544-552.

EXPLANATIONS

When Mr. Wyman made the original transcription, in enumerating the baptisms, he showed the parent's name with the first child and then used ditto marks for the rest of the children. We repeat the parent's name with each child to avoid confusion and mis-interpretation.

Hyphenated names indicate that the name following the hyphen would be the person's middle name and would not be so written in every day use. Because the records are listed alphabetically, it is not necessary to provide an index, but the reader is cautioned to search under all possible spellings of the surname to ascertain if the name sought is included.

In many cases, not all of the baptisms were performed at the church. Those not so conducted were entered in the records by various Latin phrases. Therefore, *sua domo* is translated literally: "at his house"; *mia domo* is translated: "at my house"; and *in propia domo* is translated: "in one's own house."

Throughout the transcription, the notations "Dis." or "Disd." will be observed. Unless clarified by Wyman, it is unclear as to whether this refers to a dismission to the New North from another church or a dismissal from the New North to another church. On occasion, referral to the admittances will clarify the answer.

The most complete publicly available records for this time period in Boston are the marriage records. These were published by the Boston Record Commissioners in their Reports series, and are entitled: A Report of the Record Commissioners of the City of Boston - Boston Marriages from 1700 to 1751, being the 28th Report and published at Boston in 1898; and, A Volume of Records Relating to the Early History of Boston - Boston Marriages From 1752 to 1809, being the 30th Report and published at Boston in 1903. When a name or date was indistinguishable in the Wyman transcript, the Record Commissioners' volumes were consulted for clarification. Further, all the marriages were cross referenced for accuracy and discrepancies with Wyman are so noted. These are so marked with "BRCR" and the appropriate entry made.

It will also be noted that some baptisms were performed by other ministers. These baptisms are so noted under the date and parents with the notation " by --. ----."

Summary By Original Records:

5969	Baptisms
1111	Admissions
760	Covenant
2218	Married - 1109 Couples
10,058	Persons

LINEAGE OF THE CHURCHES

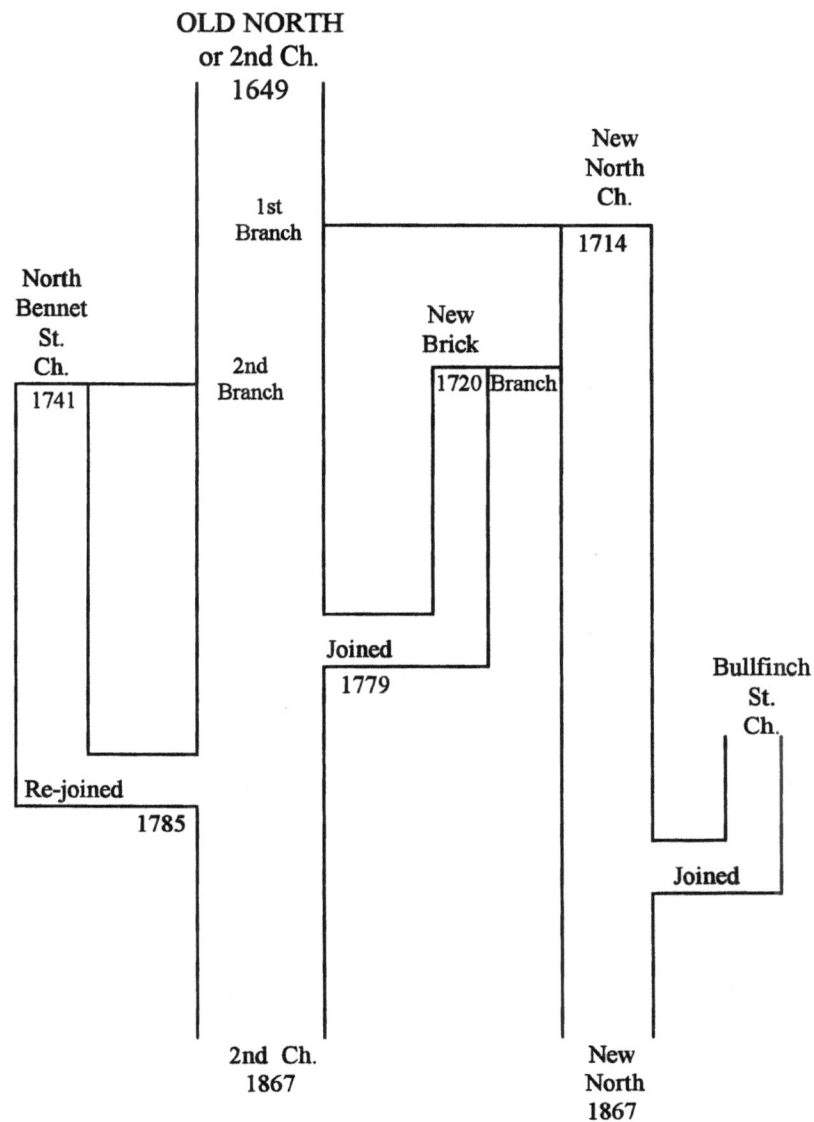

RECORDS OF THE NEW NORTH CHURCH

ABRAHAMS : ABRUMS

Name	Parents/Note	Date
Rachel	Adm.	Apr. 3 1757
Ruth	Cov't.	May 3 1772
John	Adult	bp May 6 1739
Rachel	Adult	bp May 6 1739
Rachel	John & Rachel	bp May 13 1739
John	John & Rachel	bp Nov 2 1740
William	John & Sarah	bp June 20 1742
Sarah	John & Rachel	bp July 8 1744
William	John & Rachel	bp July 13 1746
Benjamin	John & Rachel	bp Sept 4 1748
Richard	John & Rachel	bp Sept 30 1750
Rachel	John & Rachel	bp Jan 20 1754
John	John & Rachel	bp Sept 17 1758
Sarah	Benjamin & Ruth	bp June 7 1772
Eunice	Benjamin & Ruth	bp Nov 20 1774
Benjamin & Ruth Waldron		m. Aug 22 1771
Mrs., Ch. Memb. ae. 80,		Nov 8 1795

ACRES

Name	Parents/Note	Date
Susanna & Thomas Barber		m. June 11 1773

ADAMS

Name	Parents/Note	Date
Mary	Cov't.	May 11 1718
Mary	Adm.	Nov 10 1723
Elisabeth	Adm.	Mar 24 1727/8
Abijah	Adm.	July 15 1733
(By dismission from Old South Chh; dismissed to embody in a chh. to be formed in "New Boston".)		24 Dec 1736
Mary	Cov't.	July 25 1736
Susanna	Adm.	Dec 21 1740
Josiah	Cov't.	Oct 30 1743
John	Adm.	Dec 5 1754
Elisabeth	Adm.	May 27 1759
Penelope	Adm.	Oct 4 1767
Ruth	Cov't.	July 17 1768
Sarah	Cov't.	Apr 2 1780
Mary	Adm.	Aug 29 1790
Mary	Jonathan & Mary	bp June 1 1718
Rebecca	Jonathan & Mary	bp Dec 20 1719
Jonathan	Jonathan & Mary	bp Jan 21 1721/2
James	Jonathan & Mary	bp Feb 28 1724/5
David	John & Elizabeth	bp Mar 31 1728
John	John & Elizabeth	bp Mar 31 1728
Elizabeth	John & Elizabeth	bp Mar 31 1728
Margaret	Abijah & Margaret	bp July 22 1733
Mary	Thomas & Mary	bp Apr 24 1737
Sarah	Thomas & Mary	bp Feb 3 1739/40
Elisabeth	Thomas & Mary	bp Apr 25 1742
James	Josiah & Mary	bp Nov 13 1743
Josiah	Josiah & Mary	bp Sept 14 1746
William	Josiah & Mary	bp Aug 14 1748
Josiah	Josiah & Mary	bp Feb 25 1749/50

ADAMS (con't)

Name	Parents/Note	Date
William-Alden	Josiah & Mary	bp Dec 16 1753
Lydia	Josiah & Mary	bp Jan 23 1757
John-Parmiter	John & Ann	bp Apr 10 1757
John	John & Elizabeth	bp Jan 27 1760
Elisabeth	John & Elizabeth	bp Apr 5 1761
Susanna	John & Elizabeth	bp Apr 25 1762
Mr.		bp Apr. 25 1762
Nicholas-Hoppin	John & Elizabeth	bp Oct 2 1763
Abia-Holbrook (s.)	John & Elizabeth	bp Nov 25 1764
Mary	John & Elizabeth	bp June 15 1766
Abigail	John & Elizabeth	bp Jan 24 1768
Joseph	John & Elizabeth	bp July 16 1769
Lydia	John & Elizabeth	bp Apr 21 1771
Anne	John & Elizabeth	bp Feb 7 1773
Ruth	John & Ruth	bp Aug 28 1768
Rebecca	John & Ruth	bp Mar 31 1771
Polly	John, Jr. & Ruth	bp Feb 28 1773
John	John & Mary	bp Jan 25 1789
William	Daniel & Sarah	bp May 28 1780
Susanna-Farmer	Daniel & Sarah	bp Oct 28 1781
Daniel	Daniel & Sarah	bp Nov 19 1786
Abijah & Mary Lamson		m. Jan 24 1754
John & Anne Cushing		m. Sept 17 1754
Nathaniel & Penelope Sharpless		m. Nov 23 1758
John, Jr. & Elisabeth Holbrook		m. Feb 15 1759
John, Jr. & Ruth Skillins		m. May 11 1767
Daniel & Sally Farmer		m. July 24 1777
Abigail & John Howard		m. Nov 15 1785
Dorothy & John Harrison		m. June 4 1789
Elijah & Judith Townsend		m. Oct 18 or 25 1789
Abijah & Lucy Ballard		m. July 11 1790
Joseph & Lydia Hinckley		m. June 30 1790
		(BRCR - 1793)
Nancy & Isaac Lincoln		m. July 9 1795
Mrs., a widow, 70		d. Oct 13 1795
Child of Mr. Thomas, 2 yrs.		d. Nov 4 1795

ADAMSON

Name	Parents/Note	Date
Robert & Sarah Gates		m. Sept 24 1767

ADDINGTON : ADLINGTON

Name	Parents/Note	Date
Susanna & Samuel Stevens		m. Sept 5 1793

AKERMAN

Name	Parents/Note	Date
Sarah & John Jenkins		m. Jan 4 1789
		(BRCR - 1759)

ALCOT

Name	Parents/Note	Date
Mary	William & Elizabeth	bp Aug 21 1726

ALEXANDER

Name	Parents/Note	Date
Lydia	Adm.	Feb 6 1714/5
(Dismissed from Old North Ch.)		
William	Cov't.	Sept 4 1768

ALEXANDER (con't)

Lydia	of Lydia	bp Mar 6 1714/5
William	William & Anna	bp Oct 2 1768
Giles	William & Anna	bp Dec 2 1770
Ann	William & Anna	bp Oct 4 1772
Polly	William & Anna	bp Apr 2 1775
James	William & Anna	bp Nov 2 1777
Samuel	William & Anna	bp Dec 23 1781
Benjamin	William & Anna	bp July 3 1791

Robert & Mary Gibson   m. Apr 17 1760
William & Ann McMillion   m. May 5 1768

Mrs., ae. 43 yrs   d. Nov 1794

ALKIN
Abigail   Adm.   Mar 25 1733

ALLEN
Mary	Cov't.	Sept 14 1718
Elisabeth	Cov't.	Aug 23 1719
James	Adm.	Oct 15 1727
Bathsheba	Adm.	Sept 7 1735

(Dismissed from ye Chh in Sth. Eastham)

Sarah	Cov't.	May 3 1747
Dorcas	Adm.	Sept 21 1755
John	John & Mary	bp Nov 2 1718
Sarah	James & Bathsheba	bp July 8 1733
Elizabeth	James & Bathsheba	bp Nov 3 1734
James	James & Bathsheba	bp Aug 15 1736
Joseph	James & Bathsheba	bp Feb 26 1737/8
Joshua	James & Bathsheba	bp Nov 23 1740
Samuel	James & Mary	bp Aug 28 1743
Joseph	James & Mary	bp Feb 24 1744/5
Mary	James & Mary	bp Apr 24 1748
Joseph	James & Mary	bp 17 Sept 1749
Thomas	James & Mary	bp May 19 1751
Samuel	James & Mary	bp July 22 1753
Mary	James & Mary	bp Feb 9 1755
Samuel	James & Mary	bp May 22 1757
John	John & Sarah	bp June 28 1747
William	William & Susanna	bp June 5 1790 or 1
Mary-Hazard	William & Susanna	bp Feb 4 1793

(sua domo)

Silas & Hannah Burt   m. Oct 18 1768
Rev. Jonathan & Betsy Kent   m. Dec 11 1785
Joanna & Thomas Dolbear   m. Apr 30 1786
William & Susanna Edes   m. Aug 30 1789

Mrs., member of the church between 30 & 40 years
                                 d. Feb 10 1793

ALLYNE
Rev. John of Duxbury & Abigail Bradford
                                 m. July 20 1791

ALLEY
Beckey, adult, bp. & confessed Cov't.   Mar 14 1790

ALLISON
Samuel's negro		bp 1754
Thomas	Thomas & Christian	bp Sept 21 1775

(mea domo)

AMOS
William   William & Sarah   bp Feb 21 1741/2

ANDERSON
Richard & Ann Green   m. Feb 1 1756/7
Nabby & John Keyster   m. Oct 5 1783

ANGIER
Elisabeth	Adm.	Dec 21 1740
Katherine	Amos & Margaret	bp Oct 7 1716
Hannah	Amos & Margaret	bp Nov 17 1717
Robert	John & Elizabeth	bp June 2 1717

ANNIS
Hannah	Cov't.	Dec 12 1756
Jonathan	Jonathan & Hannah	bp Dec 19 1756
Charles	Jonathan & Hannah	bp May 24 1761
Rebecca	Charles & Elizabeth	bp Aug 31 1766

Charles & Elizabeth Green   m. Aug 5 1756

ANTONY
Rebecca & Richard Wallbridge   m. Sept 19 1774

APPLETON
Thomas	William & Hannah	bp Jan 8 1786
George	William & Hannah	bp June 21 1789
Hannah	William & Hannah	bp May 22 1791
Nancy	William & Hannah	bp Oct 13 1793

ARCHBALD
Edward	Francis & Sarah	bp Sept 30 1753
Annah	Francis & Hannah	bp Mar 14 1756
Huldah	Francis & Hannah	bp June 10 1759
Ann	Francis & Hannah	bp July 27 1760
Azor-Gale	Francis & Hannah	bp Aug 7 1763
Sarah	Francis & Hannah	bp May 26 1765

ARCHER
John & Sarah Atkins   m. Jan 10 1754

ARMSTRONG
John B. & Hannah Kitchen   m. Oct 23 1785

ATKINS
Ruth	Adm.	June 26 1726
Mary	Cov't.	Mar 20 1742
Mary	Cov't.	Oct 9 1746

ATKINS (con't)

Martha	Cov't.	Dec 23 1770
Mary	Cov't.	May 3 1789
Mary	Adm.	Nov 11 1798
Mary	Silas & Mary	bp Mar 20 1742/3
Sarah	Silas & Mary	bp Oct 6 1745
Silas	Silas & Mary	bp Oct 25 1747
Charles	Silas & Mary	bp Sept 10 1749
Henry	Silas & Mary	bp Sept 23 1750
Henry	Silas & Mary	bp Feb 16 1752
Nathaniel	Silas & Mary	bp Aug 5 1753
Nathaniel	Silas & Mary	bp Sept 15 1754
Winnett	Silas & Mary	bp Nov 9 1755
Joshua	Silas & Mary	bp July 17 1757
Edward	Silas & Mary	bp Nov 19 1758
Robert-Gyles	Silas & Mary	bp May 11 1760
Isaiah	Silas & Mary	bp Sept 19 1762
John	Silas & Mary	bp Dec 16 1764
Martha	Silas & Martha	bp Dec 23 1770
Abigail	Silas, Jr. & Martha	bp Aug 16 1772
Silas	Silas & Martha	bp Apr 2 1774
Mary-Gyles	Silas & Martha	bp Sept 20 1776
Silas	Silas & Martha	bp Jul 5 1778
Mary-Giles	Silas & Martha	bp May 7 1780
(by Mr. Osgood)		
Sarah-Burt	Silas & Martha	bp Sept 29 1782
Susanna-Howland	Silas & Martha	bp Dec 12 1784
Winifred	Silas & Martha	bp Feb 11 1788
Mary	Henry & Mary	bp Nov 30 1746
William	Henry & Mary	bp Dec 24 1786
Benjamin	Henry & Mary	bp June 21 1789
Eliza	Henry & Mary	bp Mar 18 1792
Edward	Edward & Mary	bp May 31 1789
Mary-Floyd	Edward & Mary	bp Apr 17 1791
Henry & Elizabeth Mackay		m. Feb 4 1762
Sarah & Nathaniel Howland		m. Aug 10 1767
Delia & Thomas Hayden		m. Sept 16 1782
Martha & Robert Gray		m. Feb 13 1794
Abigail & John Quincy		m. May 1 1794
Sarah & John Archer		m. Jan 10 1754

ATWELL

Betsy & Joseph Fullarton	m. Dec 23 1792

ATWOOD

Joshua	Cov't.	Jan 12 1723/4
Sarah	Adm.	Feb 18 1763
Martha	Cov't.	July 4 1773
Mary	Joshua & Elizabeth	bp Jan 12 1723/4
Joshua	Joshua & Elizabeth	bp Jan 9 1725/6
Elisabeth	Joshua & Elizabeth	bp Feb 18 1727/8
John	Joshua & Elizabeth	bp Apr 27 1729
Elisabeth	Joshua & Elizabeth	bp Aug 29 1731
Timothy	Joshua & Elizabeth	bp Mar 3 1733/4
Richard	Joshua & Elizabeth	bp Oct 17 1736

ATWOOD (con't)

Thomas	Joshua & Elizabeth	bp June 1 1741
Abigail	Joshua & Elizabeth	bp Aug 7 1743
Nathaniel	Nathaniel & Sarah	bp Sept 21 1766
Sarah	Nathaniel & Sarah	bp May 1 1768
Margaret	of Susannah	bp Feb 11 1776
Bekky-Austin	Joseph & Martha	bp Dec 14 1777
Sarah	Joseph & Martha	bp July 18 1773
Elizabeth & Benjamin Varney		m. Dec 18 1764
Joseph & Martha Jenkins		m. May 7 1772

AUSTIN

Lydia	Cov't.	Apr 6 1787
Joseph	Joseph & Lydia	bp June 10 1787
William-Bowls	Joseph & Lydia	bp Aug 31 1788
Sally	Joseph & Lydia	bp Nov 22 1789
Lydia	Joseph & Lydia	bp Nov 6 1791
Mary-Hart	Joseph & Lydia	bp Apr 14 1793
(by Mr. Prince)		
William-Bowles	Joseph & Lydia	bp May 17 1795
Israel-Russ	Joseph & Lydia	bp Sept 17 1797
Harriot	of Nathaniel	bp Aug 12 1792
Joseph & Lydia Bowles		m. July 19 1786
London & Cloe Cheever		m. Jan 11 1787
Mrs., wf. of Mr. Nath[l], ae. 56,		d. Nov 11 1797
Mr. Thomas aged 21,		d. July 24 1792

AVALO

Francis & Elizabeth Porch	m. Sept 27 1762

AVERY

Rebecca	Gideon & Mehitable	bp Sept 23 1753
Gideon	Gideon & Mehitable	bp Feb 22 1756
Rebecca	James & Rebecca	bp Feb 20 1785
Gideon & Mehetable Harper		m. Nov 9 1752
James & Rebecca Coles		m. Dec 13 1781
("Coles" crossed out "see Edes")		
Mr., aged 70,		d. Nov 1794

AVES : AVIS

Mary	Cov't.	June 20 1725
Rebecca	Adm.	June 10 1770
Betsy	Adm.	Oct 18 1795
Kinsman	John & Mary	bp June 27 1725
Mary	John & Mary	bp Aug 27 1727
Elisabeth	John & Mary	bp July 6 1729
John	John & Mary	bp July 18 1731
Sarah	John & Mary	bp Mar 18 1732/3
Samuel	John & Mary	bp Sept 22 1734
William	John & Mary	bp Sept 21 1735
Samuel	Samuel & Rebecca	bp Sept 14 1766

AVES : AVIS (con't)

Thomas	Samuel & Sarah	bp Jun 20 1773
(by Mr. Bridge)		
Ebenezer-Parsons	Thomas & Betsy	bp Oct 25 1795
(by Mr. Osgood)		

Mary & Elias Jarvis	m. Nov 11 1747
Sarah & Andrew Newel	m. Feb 19 1756
Samuel & Sarah Gooding	m. Sept 24 1772
Thomas & Elizabeth Cogswell	m. Feb 12 1795
Mr., age 23,	d. Aug 14 1796
Child of Thomas age abt. 16 mos.	d. Sept 29 1796

AYERS : AYRES

Edward	Adm.	Oct 21 1716
Hannah	Cov't.	Aug 8 1725
Hannah	Adm.	May 25 1729
Mary	Adm.	Aug 7 1737
Elnathan Jr.	Adm.	May 10 1741
(Excom.)		
Rebecca	Adm.	Aug 1 1742
Edward	Adult	bp Apr 15 1716
Mary	Edward & Rebecca	bp Feb 17 1716/7
Edward	Edward & Rebecca	bp Jan 20 1720/1
Rebecca	Edward & Rebecca	bp Nov 4 1722
William	Edward & Rebecca	bp Apr 19 1724
Anna	Elnathan & Mercy	bp Apr 19 1719
Hannah	Elnathan & Mercy	bp Sept 25 1720
Nathaniel	Elnathan & Mercy	bp Jan 6 1722/3
Elnathan	Elnathan & Mercy	bp July 25 1725
Ammy	Elnathan & Mercy	bp Mar 3 1727/8
Thomas	Elnathan & Mercy	bp July 25 1731
Edward	Edward & Hannah	bp Aug 22 1725
Hannah	Edward & Hannah	bp Mar 21 1727
Sarah	Edward & Hannah	bp Oct 5 1729
Sarah	Edward & Hannah	bp Nov 7 1731
John	Edward & Hannah	bp Apr 15 1733
Joseph	Edward & Hannah	bp Apr 17 1743
Susanna	Thomas & Isanna	bp Feb 19 1775

(on acc't of mother-in-law Eleanor Ayers - a child of her husband by former wife).

Ebenezer & Mary Thompson	m. Feb 1 1778
Elnathan Ayers suspended	Aug 9 1742

BABBIDGE

Benjamin	Adm.	Mar 1 1723/4
Bathsheba	Benjamin & Ruth	bp Mar 8 1723/4
Ruth	Benjamin & Ruth	bp Feb 6 1725/6
Mary	Benjamin & Anna	bp Sept 20 1730
Anne	Benjamin & Anna	bp Nov 11 1733
Joseph (twin)	Benjamin & Anna	bp Mar 28 1736
Benjamin (twin)	Benjamin & Anna	bp Mar 28 1736
Sarah	Benjamin & Mary	bp Apr 22 1739

BABBIDGE (con't)

Elisabeth	Benjamin & Mary	bp Nov 14 1742
Benjamin	Benjamin & Mary	bp May 17 1747
Ann & David Cochrin		m. May 2 1751

BABEL

Sarah, adult bp & Adm. a. 83y		Mar 28 1756

BACCOON (etc.)

Ann	Cov't.	Aug 26 1770
Mary	Benjamin & Ann	bp Sept 9 1770
Benjamin	Benjamin & Ann	bp Apr 5 1772
Benjamin & Anne Swanton		m. Nov 24 1767
Mrs., widow, nurse, died in Alms House		Feb 1792

BACON

Joseph	Adm.	Aug 21 1720
Rev. John & Elizabeth Cummings		m. Nov 4 1771

BADCOCK

Samuel	Adm.	Dec 14 1718
Martha	Adm.	Apr 25 1725
Samuel	Adm.	Aug. 20 1749
Rebecca	Samuel & Martha	bp Dec 21 1718
Samuel	Samuel & Martha	bp Dec 4 1720
Sybill	Samuel & Sybill	bp Dec 8 1745
Martha	Samuel & Sybill	bp Feb 14 1747/8
Samuel	Samuel & Sybill	bp Mar 4 1749/50

BADGER

Joseph, Jr.	Cov't.	July 18 1756
Abigail	Cov't.	Sept 20 1761
Thomas	Cov't.	Oct 9 1763
Rebecca	Cov't.	June 25 1780
Hephzibah	William & Hephzibah	bp Feb 16 1734/5
Abel	Abel & Sarah	bp Dec 22 1751
Sarah	Abel & Sarah	bp Oct 14 1753
Rachel	Abel & Sarah	bp Dec 28 1755
John	Abel & Sarah	bp June 11 1758
Katherine	Abel & Sarah	bp Dec 30 1759
Samuel	Abel & Sarah	bp July 26 1761
Samuel	Abel & Sarah	bp Nov 4 1764
Robert	Abel & Sarah	bp Apr 12 1767
James	Joseph & Rhoda	bp Aug 7 1757
Joseph	Joseph & Rhoda	bp Feb 5 1761
Rhoda	Joseph & Rhoda	bp Oct 21 1764
Abigail-Dickers	John & Abigail	bp Nov 1 1761
James-Beaton	Thomas & Mary	bp Oct 9 1763
Thomas	Thomas & Mary	bp Oct 28 1764
Mary	Thomas & Mary	bp Oct 19 1766

BADGER (con't)

William	Thomas & Mary	bp Apr 3 1768
Hephzibah	Thomas & Mary	bp Feb 4 1770
Joseph	Thomas & Mary	bp Feb 28 1773
Daniel	Thomas & Mary	bp June 4 1775
John	Thomas & Mary	bp Dec 7 1777
Priscilla	Thomas & Mary	bp Dec 31 1780
John	Thomas & Sarah	bp May 26 1771
Patty-Prentice	John & Martha	bp Feb 21 1773
Becky	John & Rebecca	bp July 23 1780
Polly	John & Rebecca	bp June 24 1781
John	John & Rebecca	bp Dec 1 1782
Sally	John & Rebecca	bp Apr 17 1785
Patty	John & Rebecca	bp Jan 28 1787

(above 3 by Mr. Thacher of Malden)

Sukey-Cathcart	John & Rebecca	bp Nov 2 1788
Samuel-Leach	John & Rebecca	bp Feb 5 1792
Abel & Sarah Mills		m. Oct 25 1750
John & Abigail Williston		m. Dec 21 1758
Rachel & Charles Drew		m. Dec 24 1772
Catherine & Thomas Farmer		m. Jan 28 1781

BAILEY : BAYLEY

Elisabeth	Cov't.	Apr 12 1741
Mary	Cov't.	Feb 27 1780
Elisabeth	Benjamin & Elizabeth	bp May 10 1741
Mary	James & Mary	bp Mar 19 1748/9
James	James & Mary	bp Apr 21 1751
Mary	James & Mary	bp Aug 19 1753
Thomas	James & Mary	bp Feb 8 1756
Elisabeth	James & Mary	bp Apr 22 1759
Joshua	James & Elizabeth	bp June 25 1769
Rebecca	James & Elizabeth	bp Dec 16 1770
Sarah	James & Elizabeth	bp Apr 18 1773
Samuel	James & Elizabeth	bp Apr 23 1775
John	James & Elizabeth	bp Nov 24 1776
Thomas & Susanna Britton		m. June 1 1777
Elizabeth & David Townsend		m. Nov 4 1777
Mary & Rev. John Prince of Salem		m. Apr 12 1780
Thomas & Lydia Rogers		m. Jan 12 1786
Samuel & Lydia Crowell		m. Oct 13 1791
Miss, ae. 22,		d. July 8 1793

BAKER

Josiah	Adm.	Aug 25 1717
(Dism. to embody to new ch.		Mar 6 1720/1
John	Adm. by dism. frm Old North	
Mary	Adm. by dism. frm Old North	Apr 3 1721
John	Chosen Ruling Elder	Sept 7 1720
Sarah	Adm.	July 23 1721
Susanna	Adm.	Feb 4 1727/8
Susanna	Cov't.	Apr 2 1727
Hannah	Adm.	Mar 17 1727/8
John	Adm.	Aug 17 1729

BAKER (con't)

Thomas	Adm.	Aug 15 1731
Mary	Adm.	Oct 8 1732
Elisabeth	Adm.	Mar 18 1738/9
Alexander	Cov't.	June 10 1750
Sarah	Cov't.	Dec 4 1757
Mary	Adm.	Sept 27 1741
Nathaniel	Adm.	Mar 1 1752
(died 1797)		
Hannah	Adm.	Aug 25 1754
Jerusha	Adm.	Apr 4 1756
Patience	Adm.	Dec 9 1759
John	Josiah & Susanna	bp Jan 29 1715/6
Alexander	Josiah & Susanna	bp Mar 23 1717/8
James	Josiah & Susanna	bp May 17 1719
Mary	John & Mary	bp May 19 1717
Hannah	John & Mary	bp Aug 17 1718
Hephzibah	John & Mary	bp Jan 17 1719/20
Mary	John & Mary	bp Aug 6 1721
Nathaniel	John & Mary	bp Feb 10 1722/3
Hephzibah	John & Mary	bp July 25 1725
Tabitha	Adult	bp Mar 2 1717/8
Susanna	Huckstable & Susanna	bp Mar 27 1727
Alexander	Huckstable & Susanna	bp July 20 1729
Mary	Huckstable & Susanna	bp Aug 8 1731
Philip	Huckstable & Susanna	bp Aug 26 1733
John	Huckstable & Susanna	bp Jan 25 1735/6
Philip	Huckstable & Susanna	bp July 2 1738
Josiah	Huckstable & Susanna	bp Aug 26 1739
John	John & Jerusha	bp Sept 7 1729
John	John & Jerusha	bp June 20 1731
Thomas	John & Jerusha	bp Aug 26 1733
William	John & Jerusha	bp Dec 14 1735
Joseph	John & Jerusha	bp July 3 1737
Nathaniel	John & Jerusha	bp Dec 23 1739
Jerusha	John & Jerusha	bp June 28 1741
Benjamin	John & Jerusha	bp Aug 28 1743
Mary	John & Jerusha	bp July 21 1745
Elisabeth	John & Jerusha	bp Feb 1 1746/7
William-Greenough	John & Jerusha	bp Aug 25 1751
Thomas	Thomas & Mary	bp Sept 5 1731
John	Thomas & Mary	bp June 3 1733
Joseph	Thomas & Mary	bp July 20 1735
Thomas	Thomas & Mary	bp Oct 10 1736
Mary	Alexander & Mary	bp Dec 18 1743
Jonathan	Alexander & Mary	bp Dec 30 1744
Susanna	Alexander & Catherine	bp June 24 1750
Katherine	Alexander & Katherine	bp May 17 1752
Elisabeth	Alexander & Katherine	bp June 23 1754
Katherine	Alexander & Katherine	bp July 4 1756
Alexander	Alexander & Katherine	bp Feb 10 1760
Susanna	Nathaniel & Susanna	bp May 11 1746
Susanna	Nathaniel & Susanna	bp July 3 1748
Nathaniel	Nathaniel & Susanna	bp Oct 21 1750
Nathaniel	Nathaniel & Susanna	bp Feb 13 1757
Dorothy	Nathaniel & Susanna	bp Dec 9 1759

BAKER (con't)

Elisabeth	Nathaniel & Susanna	bp Dec 6 1761
Thomas	Thomas & Sarah	bp Jan 8 1758
Jerusha	Thomas & Sarah	bp Feb 24 1760
John	Thomas & Sarah	bp June 13 1762
Sarah	Thomas & Sarah	bp May 6 1764
Thomas	Thomas & Sarah	bp Apr 6 1766
Elisabeth	Thomas & Sarah	bp May 15 1768
Alexander & Mary Tarbox		m. Nov 10 1743
Hephzibah & Joseph Stevens		m. Jan 11 1749/50
Mary & George Mills		m. Dec 6 1750
Thomas & Sarah Lash		m. Nov 25 1756
Mary & Alexander Jenkins		m. Dec 8 1763
Rosanna & John Hughes		m. Apr 14 1768
Jerusha & Robert Lash		m. Dec 25 1776
Nathaniel & Abigail Coverly		m. Oct 5 1780
Susanna & Nathaniel Clark		m. Dec 29 1768
Jerusha & John Burbeck		m. Nov 11 1784
Dolly & Samuel Reynolds		m. Oct 20 1793
Mrs., ae. 84, Ch. Member		d. Mar 23 1795
Mr., ae. 75, Ch. Member		d. Feb 15 1797
Negroes of Mr.		1742 & 46

BALCH

Freeborn	Adm.	Jan 12 1717/8
Freeborn & Susanna dism. 2d Ch. Beverly		Nov 10 1751
Susanna	Adult	bp Jan 12 1717/8
Freeborn	Freeborn & Susanna	bp Jan 26 1717/8
Susanna	Freeborn & Susanna	bp Jan 26 1717/8
Abigail	Freeborn & Susanna	bp Mar 16 1717/8
Miriam	Freeborn & Susanna	bp Mar 20 1719/20
John	Freeborn & Susanna	bp Sept 9 1722
Ebenezer	Freeborn & Susanna	bp Jan 24 1724/5
Elisabeth	Freeborn & Susanna	bp Mar 25 1726/7

BALDRICK : BALDRIDGE

Lydia	Adm.	May 28 1721
Rebecca	Cov't.	Nov 12 1780
Lydia	Adult	bp May 28 1721
William	William & Rebecca	bp Nov 12 1780
Rebecca	William & Rebecca	bp Dec 23 1781

BALL

Dolly & Thomas (negro)	m. Oct 9 1796
Jack, Negro Man, a. 70 - 80	d. July 1793

BALLARD

Ann	Adm.	Jan 6 1722/3
Anna	Cov't.	Dec 30 1739
Ebenezer	Adm.	May 9 1742
Ann	Adm.	Feb 8 1756
Sarah	Adm.	Apr 15 1770

BALLARD (con't)

Anna	Adm.	Jan 31 1779
(by Dr. Cooper)		
Sarah	Cov't.	Dec 29 1765
Benjamin	Adult	bp June 5 1715
John	Benjamin & Ann	bp Nov 13 1715
Benjamin	Benjamin & Ann	bp June 5 1715
Jane	Benjamin & Ann	bp June 5 1715
Daniel	Benjamin & Ann	bp Sept 1 1717
Mary	Benjamin & Mary	bp Nov 27 1737
Anne	Benjamin & Mary	bp May 6 1739
Benjamin	Benjamin & Mary	bp Mar 15 1740/1
Daniel	Benjamin & Mary	bp June 24 1744
Elisabeth	Benjamin & Mary	bp Dec 24 1752
Benjamin	Benjamin & Mary	bp Nov 9 1755
Caleb-Pratt	Benjamin & Mary	bp Nov 6 1757
Anna	John & Anna	bp Feb 24 1739/40
Rachel	John & Anna	bp May 2 1742
John	John & Anna	bp Jan 22 1743/4
Benjamin	John & Anna	bp Nov 17 1745
William	Samuel & Elizabeth	bp June 13 1742
Samuel	Samuel & Elizabeth	bp Jan 15 1743/4
Samuel	Samuel & Elizabeth	bp Apr 7 1745
Timothy	Samuel & Elizabeth	bp Feb 22 1746/7
Ebenezer	Samuel & Elizabeth	bp Jan 29 1748/9
Elisabeth	Samuel & Elizabeth	bp Mar 18 1749/50
Sarah	Samuel & Elizabeth	bp Oct 15 1752
Sarah	Samuel & Elizabeth	bp Mar 31 1754
Mary	Samuel & Elizabeth	bp Oct 3 1756
Sarah	Samuel & Elizabeth	bp Dec 4 1757
Sarah	William & Sarah	bp Jan 5 1766
Elisabeth	William & Sarah	bp Nov 8 1767
William	William & Sarah	bp Oct 22 1769
Sally	William & Sarah	bp Nov 17 1771
William	William & Ann	bp June 20 1779
Mehitable	William & Ann	bp June 20 1779
Ebenezer-Marshall	William & Ann	bp Nov 7 1779
Samuel	William & Ann	bp Sept 2 1781
John	William & Ann	bp Mar 2 1783
Joseph	William & Ann	bp Mar 21 1784
William & Sarah Sears		m. Apr 4 1765
Elizabeth & William Patten		m. Mar 19 1772
John & Rebecca Campbell		m. July 12 1778
Susanna & Zachariah Hall		m. June 1 1789
Lucy & Abijah Adams		m. July 11 1790
Susanna & John Dinsdell		m. June 4 1795
Ann & William Waters		m. Dec 13 1759
Mrs., ae 78,		d. Mar 1797

BANCROFT

Henry	James & Sarah	bp Aug 13 1786
Charles	James & Sarah	bp Apr 20 1788
Sally-Parsons	James & Sarah	bp Jan 24 1790
Harriet	James & Sarah	bp Nov 20 1791

BANCROFT (con't)

Harriot	James & Sarah	bp Sept 29 1793
(by Mr. Bradford of Roxbury)		
Child of Mr. ae. 1 yr. 7 m.,		d. Aug 1793

BANGS

Samuel & Mary Fleming	m. June 19 1755
Elisha & Nancy Greenough	m. Nov 2 1786
Caleb & Catharine-Annaly Stone	m. July 14 1789

BANKS

John	John & Elizabeth	bp Oct 6 1745
Elizabeth	John & Elizabeth	bp Oct 6 1745
Priscilla	John & Elizabeth	bp July 12 1761
Thomas	John & Elizabeth	bp July 12 1761
Hannah	John & Elizabeth	bp July 12 1761
John & Mary Waterman		m. May 22 1766

BARBER : BARBOUR

Elizabeth	Cov't.	Oct 11 1719
Dorothy	Adm.	July 22 1722
Phoebe	Adm.	Feb 2 1723/4
Sarah	Adm.	Feb 2 1728/9
(d. 1788)		
Elisabeth	Cov't.	Jan 6 1750/1
Rachel	Cov't.	Sept 9 1753
Priscilla	Adm.	Mar 7 1756
John	Adm.	May 2 1756
Susanna	Cov't.	Apr 25 1779
Elisabeth	Adm.	Dec 30 1781
John	John & Elisabeth	bp Oct 11 1719
Henry	John & Elisabeth	bp Aug 6 1721
Elisabeth	John & Elisabeth	bp Sept 13 1724
Mary	John & Elisabeth	bp May 29 1726
Nathaniel	John & Elisabeth	bp Mar 31 1728
Nathaniel	Nathaniel & Dorothy	bp Aug 12 1722
Dorothy	Nathaniel & Dorothy	bp Sept 1 1723
David	Nathaniel & Dorothy	bp May 23 1725
Nathaniel	Nathaniel & Dorothy	bp Mar 23 1728/9
Samuel	Samuel & Sarah	bp Feb 9 1728/9
John	Samuel & Sarah	bp Feb 9 1728/9
Sarah	Samuel & Sarah	bp Dec 9 1733
Dorothy	Samuel & Sarah	bp Apr 18 1736
Mary	Samuel & Sarah	bp May 7 1738
Thomas	Samuel & Sarah	bp Oct 4 1741
John	John & Elisabeth	bp Sept 15 1751
Samuel	John & Elisabeth	bp Dec 25 1757
Lydia	Adult	bp Oct 9 1737
Lydia	John & Lydia	bp Nov 27 1737
Nathaniel	Nathaniel & Elizabeth	bp Mar 31 1751
Caleb-Lyman	Nathaniel & Elizabeth	bp Oct 21 1753
Elisabeth	Nathaniel & Elizabeth	bp Apr 27 1755

BARBER : BARBOUR (con't)

Caleb-Lyman	Nathaniel & Elisabeth	bp Dec 19 1756
Susanna	Nathaniel & Elisabeth	bp May 21 1758
William	Nathaniel & Elisabeth	bp Nov 16 1760
David-Farnum	Nathaniel & Elizabeth	bp Aug 15 1762
Susanna-Farnum	Nathaniel & Elisabeth	bp Oct 30 1763
John-Farnum	Nathaniel & Elisabeth	bp Nov 4 1764
Wilks	Nathaniel & Elisabeth	bp Oct 19 1766
Oliver-Cromwell	Nathaniel & Elisabeth	bp Aug 28 1768
Catherine-Mccauley	Nathaniel & Elisabeth	bp Apr 20 1770
Dorothy-Farnum	Nathaniel & Elisabeth	bp Apr 7 1771
Sarah-Lewis	Peter & Rachel	bp Oct 14 1753
Peter-Gatcomb	Peter & Rachel	bp Nov 24 1754
Rachel	Peter & Rachel	bp Dec 14 1755
Huldah	Peter & Rachel	bp Sept 25 1757
Robert	Peter & Rachel	bp Sept 17 1758
Elisabeth	Peter & Rachel	bp Aug 26 1759
Thomas-Allen	Peter & Rachel	bp Oct 12 1760
Elisabeth	Peter & Rachel	bp Feb 6 1763
Francis-Gatcomb	Peter & Rachel	bp Feb 23 1766
Susanna	Thomas & Susanna	bp May 23 1779
Patty	Thomas & Susanna	bp May 23 1779
Thomas	Thomas & Susanna	bp May 23 1779
(above 3 by Mr. Pason)		
Sally	Thomas & Susanna	bp Feb 25 1781
Thomas	Thomas & Susanna	bp Dec 29 1782
Samuel	Thomas & Susanna	bp Apr 10 1785
Thomas	Thomas & Susanna	bp Oct 14 1787
Dolly	Thomas & Susanna	bp Jan 8 1792
George	Nathaniel & Abigail	bp Nov 27 1785
Caleb	Nathaniel & Abigail	bp Nov 27 1785
William	Nathaniel & Abigail	bp Nov 27 1785
Sarah & Jeffrey Currier		m. Mar 26 1752
Peter & Rachel Gatcomb		m. Jan 4 1753
Mary & Charles Harris		m. Aug 8 1753
Dorothy & William Smith		m. July 24 1766
Thomas & Susanna Acres		m. June 11 1773
John & Rebecca Wendall		m. Dec 12 1776
Elisabeth & Thomas Vernon		m. Dec 2 1779
Mr. David, ae 30,		d. Nov 30 1792
Capt.'s Negro		d. 1756

BARKER

Rachel	Cov't. & bp	July 1 1781
Rachel & Jacob Smith		m. Sept 24 1782

BARNARD

Hannah	Adm.	Nov 20 1743
(from a Ch. in Hamton)		
Ann	Cov't.	July 8 1759
Betty	Cov't.	Jan 21 1770
Mary	John & Rebecca	bp Feb 25 1721/2
Hannah	Samuel & Ann	bp Oct 13 1759
Betty	Thomas & Betty	bp Feb 11 1770
Molly-Webber	Thomas & Betty	bp Dec 21 1771
Betsy	Thomas & Betty	bp Feb 20 1774
Elisabeth & Manassah Marston		m. Jan 30 1750/1
Samuel & Anna Edwards		m. Aug 3 1758
Mary & William Darricot		m. Dec 25 1783
Polly-Webber & William Green		m. Sept 19 1790
Betsy & Enoch Brown		m. Dec 20 1792

BARNES

Ruthy	Adm.	Aug 31 1788
(d. 1802)		
William	Adult	bp Dec 31 1738
John	William & Sarah	bp Dec 31 1738
William	William & Sarah	bp Nov 16 1740
Ruthy	Adult	bp Aug 31 1788
Ruthy	Benjamin & Ruthy	bp Sept 7 1788
Elisabeth	Benjamin & Ruthy	bp Sept 7 1788
Betsy	Benjamin & Ruthy	bp Oct 11 1789
Polly	Benjamin & Ruthy	bp Nov 27 1791
Polly	Benjamin & Ruthy	bp Feb 10 1793
Harriot	Benjamin & Ruthy	bp Sept 28 1794
Elizabeth & Thomas Thompson		m. Sept 29 1748
Moses & Martha Goldsmith		m. Nov 9 1753
Child Benjamin, ae 5m,		d. Mar 13 1792

BARNETT

Robert & Mary Thomson		m. Nov 28 1782

BARRETT

John	5th signer of Chh. Articles,	
	Deacon	1714
Sarah	Adm.	Mar 11 1715/6
Elisabeth	Adm.	Dec 10 1721
Thornton	Adm.	Mar 4 1721/2
Samuel	Adm. by letter of dismission from	
	Old Chh.	July 7 1723
	Chosen Deacon	May 8 1721
	Chosen Ruling Elder	Dec 8 1725
John	Adm.	Mar 1 1723/4
	Chosen Deacon	Dec 6 1742
Edward	Adm.	Apr 25 1725
Lydia	Adm.	Dec 3 1727
Mercy	Adm.	July 21 1728
Sarah	Adm.	Dec 5 1731
Elisabeth	Cov't.	Aug 24 1740

BARRETT (con't)

Samuel	Adm.	Aug 30 1741
	Chosen Deacon	Nov 25 1776
	Obit	Sept 1 1798
John	Cov't.	Oct 6 1754
Sarah	Adm.	Apr 4 1756
William	Adm.	July 23 1758
Anna	Adm.	Apr 26 1761
Samuel & Mary	Adm.	Feb 28 1762
Susanna	Adm.	Feb 21 1768
Elizabeth	Adm.	Apr 15 1770
Mary	Adm.	Apr 15 1770
	Obit	Aug 30 1810
Nathaniel & Margaret	Adm.	July 1 1770
Sarah	Thomas & Hephzibeth	bp Apr 23 1721
Samuel	Thomas & Hephzibeth	bp July 1 1722
Elizabeth	Thomas & Hephzibeth	bp Mar 15 1723/4
Thornton	Thomas & Hephzibeth	bp Mar 19 1726/7
John	Thomas & Hephzibeth	bp Nov 10 1728
Hephzibeth	Thomas & Hephzibeth	bp Sept 19 1731
Sarah	Edward & Sarah	bp Aug 14 1726
Hannah	Edward & Alice	bp Oct 20 1728
Mercy	Edward & Alice	bp Aug 30 1730
Edward	Edward & Alice	bp Feb 23 1734/5
Samuel	Edward & Alice	bp Mar 7 1735/6
Samuel	Rev. Samuel & Anne	bp Sept 18 1726
John	John & Rebecca	bp Dec 12 1731
Daniel	John & Rebecca	bp Oct 28 1733
William	John & Rebecca	bp July 11 1736
Rebecca	John & Rebecca	bp Nov 12 1738
Samuel	John & Rebecca	bp Apr 20 1740
Sarah	John & Rebecca	bp Nov 28 1742
Nathaniel	John & Rebecca	bp Dec 18 1748
John	John & Sarah	bp Apr 9 1732
Sarah	John & Sarah	bp May 19 1734
Samuel	John & Sarah	bp Aug 17 1735
Sarah	John & Sarah	bp Jan 15 1737/8
Samuel	John & Sarah	bp Jan 21 1738/9
Anna	John & Sarah	bp Mar 9 1739/40
Susanna	John & Sarah	bp Oct 25 1741
Nathaniel	John & Sarah	bp Mar 27 1743
Elizabeth	John & Sarah	bp Sept 29 1745
Mary	John & Sarah	bp Oct 23 1748
John	John & Sarah	bp Oct 14 1750
Joseph-Wadsworth	Isaiah & Elisabeth	bp Sept 21 1740
Isaiah	Isaiah & Elisabeth	bp Aug 1 1742
Elizabeth	Isaiah & Elisabeth	bp Feb 2 1745/6
Sarah	Isaiah & Elisabeth	bp Mar 13 1747/8
Abigail	Isaiah & Elisabeth	bp Mar 18 1749/50
Mary	Isaiah & Elisabeth	bp May 17 1752
Samuel	Isaiah & Elisabeth	bp Mar 10 1754
Thornton	Samuel & Mary	bp May 6 1744
Mary	Samuel & Mary	bp Dec 8 1745
Hephzibah	Samuel & Mary	bp Jan 8 1748/9
Elisabeth	Samuel & Mary	bp Feb 2 1751/2

BARRETT (con't)

Samuel	Samuel & Mary	bp May 4 1755
Rebecca	Samuel & Mary	bp Oct 2 1757
Thornton	Samuel & Mary	bp May 6 1759
Susanna	Samuel & Mary	bp June 1 1760
John	Samuel & Mary	bp Sept 6 1761
Sarah	Samuel & Mary	bp Mar 13 1763
Elisabeth	Samuel & Mary	bp Apr 29 1764
Rebecca	Samuel & Mary	bp Nov 10 1765
Thornton	Samuel & Mary	bp Dec 11 1763
Mary	John & Martha	bp Jan 5 1755
Daniel	William & Abigail	bp Sept 23 1764
Benjamin-Gerrish	Nathaniel & Margaret	bp Aug 19 1770
Nancy	Nathaniel & Margaret	bp Oct 27 1771
Nathaniel	Nathaniel & Margaret	bp Oct 3 1773
Joshua-Wentworth	Nathaniel & Margaret	bp Jan 1 1775
Martha-Saunders	Samuel & Elizabeth	bp Feb 23 1772
Anna	Samuel & Elizabeth	bp Jan 9 1774
Joseph-Trumbull	Samuel & Elizabeth	bp May 10 1778
Peggy	Samuel & Elizabeth	bp Nov 28 1779
Samuel	Samuel & Elizabeth	bp June 17 1781
John	Samuel & Elizabeth	bp Aug 11 1782
Sukey	Samuel & Elizabeth	bp Nov 2 1783
John	Samuel & Mary	bp May 2 1784
Samuel	Samuel & Mary	bp Apr 10 1785
Sally-Preston	Samuel & Mary	bp Dec 31 1786
Sally-Preston	Samuel & Mary	bp June 8 1788
Negro of Thomas		bp 1741

Hephzibah & Barnabas Clarke	m. Apr 25 1748
John & Elizabeth Edwards	m. June 19 1755
Elizabeth & Jonathan Snelling	m. Mar 7 1758
William & Abigail Bradford	m. June 20 1758
Sarah & Thomas Fletcher	m. Sept 4 1760
Martha & James Cox	m. Oct 15 1761
Anna & Henry Hill	m. July 3 1762
Sarah & Smith Freeman	m. Mar 27 1766
Hephzibah & John Symmes	m. June 2 1766
Susanna & Rev. P. Bowen	m. Apr 21 1768
Elizabeth & Thomas Knox	m. Feb 5 1770
Samuel & Elizabeth Salisbury	m. May 9 1771
Polly & Samuel Bartlett	m. Sept 29 1776
Margaret & Benjamin Hammatt	m. May 15 1777
Elizabeth & William Cunningham	m. Oct 19 1777
Sarah & Samuel Cabot	m. Nov 27 1781
Isaac & Hannah Trask	m. Dec 4 1788
Mary & James Grant	m. July 31 1791
Margaret & Roger Ripley	m. May 10 1792
Sally & Benjamin Roberts	m. Apr 24 1794
Becky & Benjamin Burrows	m. Sept 4 1795

BARRINGTON

Sarah	Adm.	July 28 1717

BARRINGTON (con't)

Sarah	Richard & Sarah	bp Sept 1 1717

BARTER

James	Adm.	Apr 3 1721
(By Dismission from Old North Suspended		Nov 1 1730)
Mary	Cov't.	May 3 1761
Abiel-Page	Cov't.	Mar 4 1797
Margaret	James & Elizabeth	bp May 20 1722
Benjamin	James & Elizabeth	bp Oct 4 1724
Grace	James & Elizabeth	bp Nov 13 1726
Joseph	Joseph & Susanna	bp Mar 25 1739
James	Joseph & Susanna	bp Mar 25 1739
Susanna	Joseph & Susanna	bp Mar 22 1740/1
Elizabeth	Joseph & Susanna	bp Feb 20 1742/3
Sarah	Joseph & Susanna	bp Jan 24 1747/8
Sarah	Joseph & Susanna	bp Sept 15 1751
James	James & Mary	bp May 17 1761
Mary	James & Mary	bp Nov 8 1761
Anna-Chamberlain	Jonathan-Page & Abiel-Page	bp Mar 19 1797

James & Mary Page	m. Jan 15 1761
Jonathan-Page & Abiel-Page Chamberlain	m. May 18 1796

BARTLETT

Samuel	Adm.	Dec 22 1771
(Dism. to Concord Ch.		Dec 26 1782)
Mary	Roger & Anna	bp Mar 3 1750/1
Anna	Roger & Anna	bp Aug 31 1755
Isaac	Roger & Anna	bp Sept 11 1757
Benjamin	Roger & Anna	bp Nov 18 1759
Ebenezer-Frost	Roger & Anna	bp Apr 21 1765

Elizabeth & Enoch Rust	m. Jan 22 1750
Sarah & Francis Jones	m. Nov 21 1751
Lucretia & John Laha	m. Oct 10 1754
John & Ruth Sargeant	m. Oct 4 1756
Ann & Jarvis Starr	m. Sept 12 1757
Mary & William White	m. Oct 15 1772
Samuel & Polly Barrett	m. Sept 29 1776

BASS

Mary	Cov't.	July 6 1718
Bethiah	Adm.	June 20 1725
Philip	Philip & Mary	bp Aug 3 1718
Philip	Philip & Mary	bp Oct 28 1722
Kemble	Philip & Mary	bp July 26 1724
Philip	Philip & Mary	bp Jan 22 1726/7
Elisha	Philip & Mary	bp Feb 2 1728/9
Mary	Philip & Mary	bp Aug 30 1730
Elisha	Philip & Mary	bp July 9 1732
William	Philip & Mary	bp June 2 1734

BASS (con't)

John	Philip & Mary	bp Mar 6 1736/7
Lydia	Philip & Mary	bp Feb 25 1738/9
Sarah	Philip & Mary	bp Feb 15 1740/1
Martha	Adult	bp May 24 1791

(*sua domo*, the day before her death)

Sarah & Nathaniel Norton	m. May 13 1762
Aldin & Hannah Tyler	m. Jan 9 1766

BASSET

Zephaniah	Edward & (blank)	bp Oct 4 1772

BATES

Hannah	Adm.	Jan 17 1773

Elizabeth & James Weating	m. Jan 31 1750/1
Elihu & Mary Leach	m. Sept 6 1797

BATTLES

Mary	Edward & Mary	bp Oct 4 1747
John	Edward & Mary	bp Jan 15 1748/9
Edward	Edward & Mary	bp Jan 7 1749/50
Samuel	Edward & Mary	bp Apr 26 1752

Mary & Samuel Jones	m. Nov 14 1757

BAXTER

Thomas	Adm.	July 10 1737
Susanna	Adm.	July 10 1737
Ebenezer	Cov't.	Feb 7 1779
Caleb-Lyman	Thomas & Susanna	bp Aug 14 1737
Susanna	Thomas & Susanna	bp Nov 26 1738
Susanna	Thomas & Susanna	bp June 15 1740
Dorothy	Thomas & Susanna	bp Dec 27 1741
Margery-Blanchard	Ebenezer & Susanna	
(by Dr. Mayhew)		bp Feb 7 1779
Susanna	Ebenezer & Susanna	bp Apr 8 1781
Thomas-Barton-Simpkins	Ebenezer & Susanna	bp May 4 1783
Hannah	Ebenezer & Susanna	bp May 28 1786
William-Simpkins	Ebenezer & Susanna	bp Jan 24 1790
Mary-Wilson	Ebenezer & Susanna	bp Apr 19 1795

Susanna & Benjamin Vickery	m. Nov 22 1764
Sarah & Edward Kneeland	m. Mar 9 1775
Ebenezer & Susanna Blanchard	m. Apr 9 1777

BEAL etc.

Othniel	Adm.	Oct 20 1717
Christian	Adm.	Feb 8 1718/9
William	Adm.	Sept 27 1741
Othniel	Adm.	Sept 27 1741
Mercy	Cov't.	Sept 5 1773
Samuel	Cov't.	June 27 1779

BEAL etc. (con't)

Elizabeth	Adult	bp May 29 1715
John, Sarah & Edward children of John & Elizabeth		bp May 29 1715
Solomon	(blank) & Elizabeth	bp Oct 16 1715
Elizabeth	John & Elizabeth	bp Mar 2 1717/8
Stanyer (s.)	John & Elizabeth	bp Sept 18 1720
Sarah	John & Elizabeth	bp Sept 8 1723
Mary	John & Elizabeth	bp Dec 10 1727
John	Othniel & Abigail	bp June 1 1718
Othniel	William & Mary	bp May 29 1726
Mary	William & Mary	bp Dec 22 1728
John	William & Mary	bp Dec 24 1732
Samuel	Samuel & Rebeckah	bp June 27 1779
William	Samuel & Rebeckah	bp May 6 1781
(by Mr. Barnard of Salem)		
Thomas	Samuel & Rebeckah	bp Nov 30 1783
Rebecca	Samuel & Rebeckah	bp Aug 19 1787
Lydia	Samuel & Rebeckah	bp Sept 20 1789
John-Wilkinson	Samuel & Rebeckah	bp Sept 30 1791
Ruthy	Samuel & Rebeckah	bp Oct 13 1793
Isaac-Munis-Cardoso	Samuel & Rebeckah	bp Nov 1 1795
Mercy	[adult]	bp Oct 24 1773
Caleb	Caleb & Mercy	bp June 8 1773
Betsy	Caleb & Mercy	bp Aug 23 1789
William	Caleb & Mercy	bp Mar 17 1791
(*sua domo*)		

Caleb & Mercy Harris	m. Oct 8 1772
Samuel & Rebecca Wilkinson	m. July 16 1778
Caleb & Susanna Clarke	m. June 21 1795

Mr. Samuel, ae 36,	d. Nov 15 1795
Miss, called one of our Society, ae 67 y.	d. Mar 13 1796

BEAN

Joseph	Adm.	Dec 3 1727
Joseph & wf. dism. Ch. in Cambridge		Nov 14 1731
Joseph	Joseph & Hannah	bp Mar 22 1718/9
Cutting	Joseph & Hannah	bp June 19 1720
Cutting	Joseph & Hannah	bp May 27 1722
Hannah	Joseph & Hannah	bp Nov 3 1723
Thomas	Cutting & Susanna	bp July 2 1749
Joseph	Cutting & Susanna	bp Aug 4 1754
Thomas-Stacy	Cutting & Susanna	bp Sept 18 1757
Hannah-Pim	Cutting & Susanna	bp Apr 18 1762

BEARD

Ruth	Cov't.	June 5 1757
Archibald	Archibald & Ruth	bp Oct 22 1758
Sarah	Archibald & Ruth	bp Oct 12 1760

BEARD (con't)
Archibald & Ruth Dompkin		m. July 30 1752
Ruth & Magnes Tillock		m. Mar 4 1762

BEATY
Mary & Thomas Blassland		m. May 13 1795

BEECH
Nathan & Susanna Pierce		m. May 7 1747

BELCHER
Jeremiah	Adm.	July 31 1715
Elizabeth	Joseph & Elizabeth	bp Oct 15 1727
Joseph	Joseph & Elizabeth	bp Apr 20 1729
Martha	Joseph & Elizabeth	bp July 26 1730
James	Joseph & Elizabeth	bp July 29 1733
William	Joseph & Elizabeth	bp Oct 26 1735
Mary-Thompson	Samuel & Deborah	bp Feb 7 1773
Susanna & John Thompson		m. July 25 1763
Debby & Edward Reynolds		m. June 20 1790
John-Hill & Elizabeth Rumney		m. July 25 1793
Elizabeth & Nathaniel Moody		m. Oct 26 1749

BELFORY
Sarah	Adult	bp Apr 20 1729
John	John & Sarah	bp Aug 3 1729

BELKNAP
Rev. Jeremy & Ruth Eliot		m. June 15 1767

BELL
Judith	Cov't.	July 27 1788
Elisabeth	John & Rachel	bp Sept 30 1754
John-Briggs	John & Rachel	bp Oct 31 1756
Rachel	John & Rachel	bp July 23 1758
Dorothy	John & Rachel	bp Nov 11 1759
Edward	John & Rachell	bp Oct 18 1761
Sally	of Judith Bell	bp Aug 14 1788
the father died before the ch. was born		
Sally	of Judith Bell	bp Sept 7 1788
the father died before child born		
(2 entries on same page)		
John & Rachel Briggs		m. Oct 11 1753
Daniel & Mary Greenleaf		m. Apr 20 1775
James & Judith Spear		m. Feb 26 1786

BELT
Hannah	William & Elisabeth	bp Mar 1 1729/30

BEMUS : BEMIS
Margaret	Adm.	Aug 20 1721

BEMUS : BEMIS (con't)
Alexander	Isaac & Margaret	bp Aug 28 1720
Mary	Isaac & Margaret	bp June 9 1723
Isaac	Isaac & Margaret	bp June 27 1725
John	Isaac & Margaret	bp Oct 22 1727
Sarah	Isaac & Margaret	bp July 13 1729
Margaret	Isaac & Margaret	bp Oct 10 1731
Hannah & Benjamin Sumner		m. Feb 3 1761
Margaret & Zephaniah Hart		m. Dec 8 1776

BENJAMIN
Sarah	Adm.	May 30 1756
Annible	of Daniel	bp Mar 12 1769
Hannah	Daniel & Mary	bp Sept 15 1771
Sarah & Samuel Clark		m. June 3 1765

BENNETT
Mary	Cov't.	Mar 27 1726
Hannah	Adm.	Sept 10 1732
Elishaby (female)	Adm.	Mar 6 1763
John	John & Mary	bp Apr 24 1726
Sarah	John & Mary	bp Nov 12 1727
John	John & Hannah	bp Dec 10 1732
Hannah	John & Hannah	bp Mar 9 1734/5
Martha	John & Hannah	bp Dec 26 1736
Rowland	John & Hannah	bp May 20 1739
Benjamin	John & Hannah	bp Apr 19 1741
Elisabeth	John & Hannah	bp Oct 9 1748
John	John & Hannah	bp Aug 23 1752
Martha	Rowland & Elishaby	bp Apr 24 1763
(by Mr. Adams)		
Elizabeth & William Norton		m. Feb 9 1743/4
Sarah & Thomas Dorr		m. Mar 5 1750/1
Rowland & Elishaby Townsend		m. June 10 1762
Katharine & James Seward		m. Dec 22 1757
Martha & George Nowell		m. Nov 27 1764
Sarah & James Boies		m. Dec 28 1752
		(BRCR - Nov)

BENTLY etc.
Susanna	Adm.	Mar 31 1728
Susanna	Cov't.	Oct 10 1725
Elizabeth	Cov't.	Mar 12 1758
Elizabeth	Adm.	Apr 15 1764
Mary	Cov't.	Oct 5 1788
Thomas	Thomas & Susanna	bp Nov 7 1725
James	Thomas & Susanna	bp Nov 7 1725
Joshua	Thomas & Susanna	bp Jan 22 1726/7
Thomas	Thomas & Susanna	bp Mar 2 1728/9
Susanna	Thomas & Susanna	bp Dec 27 1730
Alice	Thomas & Susanna	bp Dec 3 1732
Caleb	Thomas & Susanna	bp Jan 26 1734/5

BENTLY etc. (con't)

Mary	Thomas & Susanna	bp Nov 7 1736
Dorothy	Thomas & Susanna	bp Dec 24 1738
Nathaniel	Thomas & Susanna	bp Sept 6 1741
Nathnaiel	Thomas & Susanna	bp Aug 28 1743
Alice	Thomas & Susanna	bp Feb 17 1744/5
Ruth	Thomas & Susanna	bp Aug 10 1746
Martha	Thomas & Susanna	bp Aug 16 1747
Joshua	Joshua & Elizabeth	bp May 14 1758
William	Joshua & Elizabeth	bp June 24 1759
Joshua	Joshua & Elizabeth	bp Apr 19 1761
Thomas (twin)	Joshua & Elizabeth	bp Jan 15 1764
John (twin)	Joshua & Elizabeth	bp Jan 15 1764
John	Joshua & Elizabeth	bp Nov 24 1765
Mary-Pain	Joshua & Elizabeth	bp Jan 17 1768
Elizabeth	Joshua & Elizabeth	bp Dec 17 1769
Samuel	Joshua & Elizabeth	bp Dec 8 1771
Susanna	Joshua & Elizabeth	bp Aug 28 1774
Samuel	Joshua & Elizabeth	bp June 20 1779
Thomas	Thomas & Mary	bp Nov 16 1788
Richard	Thomas & Mary	bp Nov 16 1788
Polly	Thomas & Mary	bp Jan 24 1790
Polly	Thomas & Mary	bp May 22 1791
Betsy	Thomas & Mary	bp Dec 22 1793
Thomas	Thomas & Mary	bp Apr 5 1795
William	Thomas & Mary	bp July 8 1792

Susanna & Percival Farmer	m. July 19 1759
Mary & Jonathan Hayden	m. Nov 11 1762
Dorothy & William Wheat	m. Mar 20 1765
Samuel & Hephsibah Goldsmith	m. Jan 14 1781
Mary & Robert Dawes	m. Nov 8 1790
Susanna & Charles Walley	m. Apr 4 1796

Son of Mr. T., ae 4 y.	d. June 7 1792
Son Mr. Thomas, 1y., 2m.,	d. Aug 10 1793

BERRY

Elizabeth	Adm.	Oct 21 1716
(dism. from yᵉ South Ch.)		
Mary	Adm.	Feb 5 1726/7
Elisabeth	Adm.	Apr 2 1727
Daniel	Henry & Elisabeth	bp June 4 1727
Mary	Ebenezer & Mary	bp Mar 9 1728/9
Polly & Mark Paul		m. June 4 1782
Eleanor & Greenman Gere		m. May 17 1795

BESTER

Agnis	Adm.	Jan 28 1781

BICKFORD

Abigail	Cov't.	Jan 3 1724/5
Mary	Cov't.	Nov 4 1744
Aaron	Adm.	Jan 11 1756

BICKFORD (con't)

Abigail	Thomas & Abigail	bp Mar 14 1724/5
Elizabeth	Thomas & Abigail	bp Apr 2 1727
Aaron	Aaron & Mary	bp Dec 2 1744
Mary	Aaron & Mary	bp Aug 3 1746
Henry	Aaron & Mary	bp Dec 20 1747
Richard	Aaron & Mary	bp Sept 17 1749
Mary	Aaron & Mary	bp July 14 1751
Mildred	Samuel & Mildred	bp Mar 6 1747/8
Aaron & Mary Gooding		m. Mar 1 1742/3
Aaron & Susanna Presson		m. May 31 1753

BICKNER

Mildred	Cov't.	Jan 3 1747/8
Mary	Cov't.	Sept 23 1753
William	William & Mary	bp Nov 4 1753
Samuel & Mildred Stanbridge		m. Feb 12 1746/7
William & Mary Stone		m. Feb 5 1753

BIGELOW

Daniel	Cov't.	July 27 1783
Maria	Daniel & Mary	bp July 27 1783
Daniel	Daniel & Mary	bp Oct 17 1784
George	Daniel & Mary	bp Oct 17 1784
Daniel	Daniel & Mary	bp May 6 1787
Lucy	Daniel & Mary	bp Sept 14 1788
Daniel & Mary Jepson		m. Sept 29 1782

BILL

Jonathan	Adm.	Mar 15 1740/1
Benjamin	Hezekiah & Hannah	bp July 23 1732
Hannah	Hezekiah & Hannah	bp Jan 19 1734/5
Mary, Hannah & Anne	Jonathan & Hannah	bp Sept 20 1741
Jonathan	Jonathan & Hannah	bp Aug 9 1747
John & Susanna Hall		m. Jan 9 1755
Hannah & James Floyd		m. Mar 3 1757
Benjamin & Martha Cotton		m. Nov 11 1762
Mrs., widow, ae 61,		d. Feb 1 1792

BILLINGS

Joseph & Abigail Doble	m. June 3 1756

BILLION

Anne	Adm.	July 5 1741

BINGHAM

Sophy	Caleb & Hannah	bp Jan 14 1787
Electa	Caleb & Hannah	bp Aug 17 1788

BIRD
John	Adm.	Dec 3 1727
Sarah	Adm.	Mar 10 1744/5

Deborah & John S. Green   m. Oct 29 1787

BISH
John & Sarah Clarke   m. Feb 25 1747/8

BISHOP
Lydia   Cov't.   May 28 1786

John & Lydia Holmes   m. Aug 9 1782

BLACKADER
Mary   Adm.   Apr 9 1744

BLACKBURT
John & Betsy Shepherd   m. Aug 25 1785

BLACKIE etc.
James   James & Ann   bp July 1 1764

James & Ann Gutteridge   m. Aug 9 1762

BLACKLER
Ruthy & Edward Lambert   m. Sept 26 1797

BLACKMAN
Peter	Peter & Hannah	bp Feb 13 1742/3
Elizabeth	Peter & Hannah	bp Dec 9 1744

Sarah & Daniel Kneeland	m. Aug 21 1747
John & Esther Brazier	m. Dec 2 1784
Ruth & Peter Burgan	m. Jan 2 1745/6
	(BRCR - 1745)

BLAKE
Abigail	Cov't.	Nov 21 1736
	Adm.	Oct 29 1738
Sarah	James & Abigail	bp Jan 9 1736/7
Abigail	James & Abigail	bp Sept 13 1741
Abigail	James & Abigail	bp Sept 19 1742

Nancy & Edward Oliver	m. Sept 30 1787
Nathaniel & Lucy Parker	m. Feb 25 1794

BLANCHARD : BLANCHER
Elisa	Adm.	June 28 1741
Thomas	Cov't.	Oct 20 1754
Elizabeth	Thomas & Margery	bp Nov 3 1754
Margery	Thomas & Margery	bp Apr 18 1756
Sarah	Thomas & Margery	bp Nov 6 1757
Susanna	Thomas & Margery	bp Sept 30 1759

Elizabeth & Ebenezer Leadbetter   m. Mar 31 1743

BLANCHARD : BLANCHER (con't)
Thomas & Margery Simpkins	m. Jan 10 1754
Mary & William Trout	m. June 8 1758
Susanna & Ebenezer Baxter	m. Apr 9 1777
Elizabeth & Elisha Welds	m. Nov 14 1784
Nathaniel & Nabby Curtin	m. Mar 2 1794

BLASDEL
John	Henry & Sarah	bp May 13 1739
John	Henry & Sarah	bp Oct 5 1740
Jonathan	Henry & Sarah	bp Apr 11 1742
Martha	Henry & Sarah	bp Oct 9 1743
Henry	Henry & Sarah	bp Dec 1 1745
Lydia	Henry & Sarah	bp Feb 7 1747/8
John	Henry & Sarah	bp Apr 8 1750
William	Henry & Sarah	bp Oct 29 1752
Ephraim	Henry & Sarah	bp June 2 or 9 1754
Mary	Henry & Sarah	bp Feb 12 1758

Henry & Sarah Sladen   m. Oct 26 1742

Mr., ae 84 y.,   d. Aug 1794

BLASLAND
Prudence	Cov't.	June 14 1772
Mary	William & Prudence	bp July 12 1772
Thomas	William & Prudence	bp May 15 1774
Stephen	William & Prudence	bp Nov 26 1780
Elizabeth	William & Prudence	bp Aug 15 1784

William & Prudence Swanton	m. Jan 26 1771
Thomas & Mary Beaty	m. May 13 1795

BLOUET : BLEWET
John	Adm.	Oct 15 1727
Sarah	John & Sarah	bp Nov 26 1732
Rachel	John & Sarah	bp Apr 15 1733
Mary	John & Sarah	bp Aug 17 1735
John	John & Sarah	bp Jan 1 1737/8

Mary & Joseph Verge   m. May 8 1755

BLUNT : BLOUNT
Mary	Cov't.	Oct 9 1715
	Adm.	Apr 3 1726
Mary	Adm.	Sept 27 1741
Mary	Samuel & Mary	bp Nov 6 1715
Hannah	Samuel & Mary	bp Nov 6 1715
Samuel	Samuel & Mary	bp Aug 17 1718
Susanna	Samuel & Mary	bp Oct 18 1724
Mary	John & Mary	bp Dec 3 1749
Ann	John & Ann	bp June 16 1751
John	John & Ann	bp July 1 1753

Mary & Elisha Browne   m. Nov 20 1748

BOAD : BODE : BOWD
Ferdinando	Adm.	June 28 1741
Hannah	Ferdinando & Sarah	bp Aug 14 1748
Rebecca	Ferdinando & Sarah	bp Oct 8 1749
Mehitabel	Ferdinando & Sarah	bp Oct 6 1751
Hannah	Ferdinando & Sarah	bp Aug 11 1754
Rebecca	Ferdinando & Sarah	bp Aug 15 1756
Joanna	Ferdinando & Sarah	bp Mar 11 1759

BOARDMAN
Elizabeth	Aaron & Bethesda	bp Sept 22 1734

BODGE
Hannah	Adult	bp June 9 1728

BOIES : BOYES
James & Sarah Bennet		m. Nov 28 1752
Robert & Hanah Merrow		m. Sept 8 1763

BOIL (see Boyle)
John & Sarah Brown		m. Aug 3 1769

BOLOSON
Sarah & David Low		m. Apr 16 1753

BOLLOM
Elisabeth	Adm.	July 15 1764

BOND
William & Hannah	Adm.	Jan 7 1727/8
Sarah	William & Hannah	bp Jan 2 1725/6
Hannah	William & Hannah	bp July 16 1727
John	William & Hannah	bp Mar 23 1728/9
Abiel	William & Hannah	bp Nov 15 1730
Abijah	Nathan & Joanna	bp Mar 7 1784
Charles	Nathan & Joanna	bp June 12 1785
Nathan	Nathan & Joanna	bp June 11 1786
Charles	Nathan & Joanna	bp June 11 1786
Nathan & Mrs. Joanna Doane		m. June 11 1783

BOOKER
Mary	Adm.	Feb 5 1726/7

BOSWORTH
Ephraim	Adm.	June 28 1741

BOTER
Ann	Cov't.	Sept 5 1784
Rebecca-Elizabeth	Cornelius & Ann	bp Sept 5 1784

BOTHWICK
Hannah & Jedidiah Parker		m. Oct 24 1793

BOURN(E)
Martha	Cov't.	Mar 11 1759
	Adm.	Dec 9 1759
Sarah	Peter & Martha	bp Mar 18 1759
Nathaniel	Peter & Martha	bp Aug 17 1760
Michael-Malcolm	Peter & Martha	bp Dec 13 1761
Martha	Peter & Martha	bp Aug 7 1763
Peter & Martha Malcom		m. Mar 23 1758

BOUVE : BOUVEY
Elizabeth	Cov't.	Apr 25 1725
	Adm.	Mar 3 1728
Mary	Cov't.	Apr 7 1754
Mary	Cov't.	Oct 22 1758
Elisabeth	Cov't.	May 2 1762
Elisabeth	Cov't.	Apr 6 1763[5?]
Elisabeth	Cov't.	Jan 11 1767
Elisabeth	John & Elisabeth	bp May 23 1725
John	John & Elisabeth	bp Aug 6 1727
Sarah	John & Elisabeth	bp Oct 19 1729
Anna	John & Elisabeth	bp Aug 15 1731
Jonathan	John & Elisabeth	bp Sept 15 1734
Sarah	John & Elisabeth	bp Jan 30 1736/7
Gibbons	John & Elisabeth	bp May 13 1739
William	John & Elisabeth	bp Apr 19 1741
William	John & Elisabeth	bp Sept 11 1743
James	John & Elizabeth	bp Apr 12 1747
Gibbons-Sharp	John & Mary	bp May 26 1754
John	Jonathan & Mary	bp Sept 3 1758
Jonathan	Jonathan & Mary	bp Dec 17 1758
Elisabeth-Carr	Jonathan & Mary	bp Nov 16 1760
Elisabeth	Gibbins & Elisabeth	bp May 16 1762
Alexander	Gibbins & Elizabeth	bp Feb 8 1767
Mary	Gibbins & Elizabeth	bp May 8 1768
Polly	Gibbins & Elizabeth	bp July 16 1769
Sally	Gibbins & Elizabeth	bp Nov 11 1770
Susanna	Gibbins & Elizabeth	bp Jan 5 1772
Nancy	Gibbins & Elizabeth	bp Feb 7 1773
Hepzibah	Gibbins & Elizabeth	bp Nov 27 1774
Gibbins	Gibbins & Elizabeth	bp Sept 8 1776
John	Gibbins & Elizabeth	bp Jan 18 1778
Alexander-Scammell	Gibbins & Elizabeth	bp Oct 7 1781
Sukey	Gibbins & Elizabeth	bp Dec 8 1782
Thomas	Gibbins & Elizabeth	bp Feb 6 1785
Betsy	Gibbins & Elizabeth	bp Dec 31 1786
Elisabeth	William & Elisabeth	bp Apr 6 1766
Jonathan	(no parents)	bp Mar 6 1768
Elizabeth & Thomas Robinson		m. May 25 1750
John & Mary Nulton		m. Dec 19 1751
Sarah & Issac Haws		m. July 14 1757
Jonathan & Mary Furbur		m. Dec 15 1757
William & Elizabeth Foot		m. Nov 21 1765
Jonathan & Lydia Frothingham		m. June 12 1783

BOWDEN : BODEN

Mary	Adm.	Mar 6 1719/20

James & Mary Buley	m. Dec 31 1766
Ann & James McIntire	m. Mar 14 1773
Eleanor & John Milk	m. June 6 1790
Sampson & Mary Howard	m. Apr 12 1795

BOWDOIN

Polly & John Hosier	m. Aug 10 1783

BOWEN

Frances	Pennel & Susanna	bp Mar 2 1777

Rev. Pennel & Susanna Barrett	m. Apr 21 1768
Mary & Edward Lambert	m. Feb 8 1796
Peter & Catherine Willington	m. Feb 28 1796

BOWES

Dorcas	Adm.	Mar 31 1728

BOWLAND : BOWLIN

Benjamin	Adm.	July 5 1741
Hannah	Adm.	Aug 13 1769
Benjamin	Adult	bp July 5 1741
Judith	Benjamin & Mary	bp Dec 25 1743
Benjamin	Benjamin & Mary	bp Nov 3 1745
Benjamin	Benjamin & Hannah	bp Sept 3 1769
John	Benjamin & Hannah	bp Oct 13 1771
Polly-Langdon	Benjamin & Hannah	bp Oct 24 1773
Hannah	Benjamin & Hannah	bp May 19 1776

Mary & Benjamin White	m. Dec 13 1750
Judith & Nathan Townsend	m. May 26 1768
Benjamin & Hannah Parkman	m. Nov 10 1768

BOWLES

Sarah	Adm.	Apr 16 1786
Samuel-Harris	Samuel & Sarah	bp Apr 16 1786
Ralph-Hart	Samuel & Sarah	bp Jan 28 1787
Samuel	Samuel & Sarah	bp Jan 27 1788
John	Samuel & Sarah	bp Jan 11 1790

(sua domo)

Lydia Bowles & Joseph Austin	m. July 19 1786

BOWMAN

Jonathan	Cov't.	Dec 2 1716
Mary	Adm.	May 4 1718
Jonathan	Adm.	Nov 13 1720
Sarah	Adm.	Feb 12 1743/4
Ann	Cov't.	July 1 1753
Jonathan	Jonathan & Mary	bp Dec 2 1716
Thomas	Jonathan & Mary	bp Sept 7 1718

BOWMAN (con't)

Joseph	Jonathan & Mary	bp July 2 1721
Mary	Jonathan & Mary	bp Mar 24 1722/3
Samuel	Jonathan & Mary	bp Sept 19 1725
John	Jonathan & Mary	bp Jan 22 1726/7
David	Jonathan & Mary	bp Sept 15 1728
Ebenezer	Jonathan & Mary	bp May 10 1730
John	Jonathan & Mary	bp Apr 30 1732
Martha	Jonathan & Mary	bp July 27 1735
Ann	Ebenezer & Ann	bp Aug 5 1753
Ebenezer	Ebenezer & Ann	bp Mar 7 1756

Ebenezer & Ann Oliver	m. Oct 19 1752

BOYES (see Boies)

BOYLE (see Boil)

John & Betsy Casneau	m. June 20 1778

BRACKET

Richard & Mary Burt	m. Feb 14 1755

BRADFORD

Elizabeth	Adm.	Mar 4 1759
Job	Adm.	Feb 3 1760
Dorcas	Adm.	Feb 2 1777
Abigail	Adm.	Sept 27 1789
Susanna	Joseph & Susanna	bp May 14 1758
Elisabeth	Job & Elisabeth	bp July 1 1759
Dorcas	Job & Elisabeth	bp June 22 1760
Samuel	Job & Elisabeth	bp Aug 9 1761
William-Bowes	Job & Elisabeth	bp Aug 8 1762
Abigail	Job & Elisabeth	bp July 24 1763
Samuel	Job & Elisabeth	bp Mar 17 1765
Job	Job & Elisabeth	bp Oct 18 1767

(by Mr. Bowen)

Rufus	Job & Elisabeth	bp June 18 1769
Joseph-Nash	Job & Elisabeth	bp Sept 30 1770

Thomas & Lucy Coolidge	m. Sept 11 1755
Joseph & Susanna Edes	m. Jan 20 1757
Job & Elisabeth Parkman	m. Jan 26 1758
Abigail & William Barrett	m. June 20 1758
Susanna & Samuel Haynes	m. Dec 11 1760
Mary & Josiah Carter, Jr.	m. June 23 1763
Elizabeth & Benjamin Child	m. Jan 23 1777
Dorcas & Silas Noyes of Newbury	m. Feb 4 1790
Abigail & Rev. Allyne	m. July 20 1791

BRADDEN

Richard & Lucy Walker	m. Aug 30 1795

BRADLEY

Isaac	Cov't.	Feb 27 1780
Mary	Isaac & Sarah	bp Feb 27 1780
Betsy	Isaac & Sarah	bp June 2 1782

BRADLEY (con't)

Isaac	Isaac & Sarah	bp Jan 15 1786
Nancy	Samuel & Patience	bp Oct 9 1787
(sua domo)		
John	Isaac & Joey	bp Oct 17 1790

BRADSHAW

Benjamin	Adm.	Apr 15 1769
Dism. to New Braintree		Nov 25 1776

BR(O)ADSTREET

Susanna & Nicholas Tucker		m. Sept 21 1747

BRAGGE

Abigail	Cov't.	July 4 1762
Abigail	(blank) & Abigail	bp July 11 1762

BRANCH

Ephraim	Daniel & Abigail	bp Sept 30 1739

"BRARD"

Mr., abt. 24 or 25,		d. May 1794

BRASLEY

Sally-Bond	William & Prudence	bp Aug 3 1788

BRASIER : BRAZIER

Edward	Adm.	Apr 29 1740
(by dismission from Charlestown)		
Mary	Cov't.	Jan 13 1754
Edward	Edward & Esther	bp Nov 13 1726
Thomas	Edward & Esther	bp Jan 11 1729/30
Edward	Edward & Mary	bp Feb 17 1754
Thomas	Edward & Mary	bp Feb 15 1756
Mary	Edward & Mary	bp Jan 15 1758
Esther	Edward & Mary	bp Feb 3 1760
Sarah	Edward & Mary	bp Aug 29 1762
Elizabeth	Edward & Mary	bp May 12 1765
Hannah	Edward & Mary	bp May 17 1767
Thomas	Edward & Mary	bp June 4 1769
William	Edward & Mary	bp Mar 1 1774
Edward & Ann Negus		m. Jan 10 1750/1
Edward, Jr. & Mary Mills		m. May 15 1753
Edward, Jr. & Susanna Salter		m. Jan 5 1775
Alice & Joseph Cross		m. Nov 4 1777
Mary & Samuel Ives		m. May 9 1784
Esther & John Blackman		m. Dec 2 1784

BRECK (see Brock)

Joseph	Adm.	July 9 1769
(later suspended)		
Hannah	Adm.	July 9 1769
Robert, Jr. & Sarah Tyler		m. May 22 1759

BRECK (see Brock) (con't)

Child of Mr. ae. 1 or 2 m.,		d. Oct 1794
another child of Mr., three weeks		d. Oct 1794

BREED

Elisabeth	Adm.	May 1 1726
Allen	Adm.	Oct 5 1735
Anna	Adm.	May 1 1748
Hannah	Cov't.	Oct 8 1752
Elisabeth	Amos & Elisabeth	bp May 8 1726
Anna	Amos & Elisabeth	bp June 9 1728
Mary	Amos & Elisabeth	bp Sept 30 1733
Mary	Amos & Elisabeth	bp June 13 1736
Samuel	Samuel & Hannah	bp Oct 15 1752
Samuel	Samuel & Hannah	bp Jan 26 1755
Hannah	Samuel & Hannah	bp May 2 1756
Elisabeth	Samuel & Hannah	bp Oct 15 1758
Mary	Samuel & Hannah	bp Sept 14 1760
Sarah	Samuel & Hannah	bp July 4 1762
Abigail	Samuel & Hannah	bp Feb 19 1764
John-Colesworthy	Samuel & Hannah	bp July 13 1766
Samuel	Samuel & Hannah	bp Mar 26 1769
Elizabeth	Samuel & Hannah	bp Apr 29 1770
Samuel & Hannah Colesworthy		m. Mar 7 1750/1
Anna & John Bulfinch		m. Sept 10 1754
Mary & Jeremiah Bumstead		m. Mar 20 1756

BRENNOCK

John & Rebecca Swan		m. Oct 18 1795

BRENTON

Rachel	Adm.	June 7 1772
Samuel	Benjamin & Rachel	bp June 28 1772
Benjamin	Benjamin & Rachel	bp June 14 1772

BRETT (see Britt)

Abigail	Cov't.	Feb 22 1756
Ann	James & Abigail	bp Feb 22 1756
Abigail	James & Abigail	bp June 22 1760
Elisabeth	James & Abigail	bp May 19 1765
James	James & Abigail	bp July 5 1767
Ann & Joseph Child		m. Oct 30 1774
Nabby & Newall Martin		m. Apr 23 1797

BREWER

Abigail	Cov't.	Oct 18 1719
John	John & Abigail	bp Feb 28 1719/20
Josiah & Margaret Kennedy		m. May 21 1761

BRIDGE

Ebenezer - desired by the Chh. to preach as candidate for the Pulpit   Dec 3 1739

Ebenezer & Mary Mountfort   m. Jan 25 1787

BRIDGHAM

Abigail	Adm.	Oct 26 1727
Hannah	Joseph & Abigail	bp Aug 9 1730
Sarah	Joseph & Abigail	bp July 9 1732
Katherine	Joseph & Abigail	bp May 30 1736
Charles	James & Martha	bp Mar 26 1780
James-Lewis	James & Martha	bp Sept 2 1781

Rev. Mr. James & Mary Goldthwait   m. Sept 22 1763
James, Esq. & Martha Goldthwait   m. May 8 1777

BRIGGS

Rachel	Adm.	Nov 12 1749
Anthony	Edward & Elisabeth	bp Mar 15 1729/30
Rachel	Edward & Elisabeth	bp Jan 9 1731/2
Katherine	Adult	bp Apr 19 1761

Rachel & John Bell   m. Oct 11 1753

BRIGHTMAN

Mary	Adm.	July 24 1726
Joseph	Adm.	Mar 23 1734/5

BRIMMER

Susanna & Edward Sohier   m. Mar 13 1760

BRINK

Ann	Cov't.	Nov 22 1730
James	James & Anna	bp Nov 22 1730

BRINSFORD

Elisabeth	Adm.	Dec 2 1733

BRINTNALL

Phoebe	James & Mary	bp Sept 26 1731
Joseph	James & Mary	bp Sept 7 1740
Anne	James & Mary	bp Nov 14 1742
Rachel	Benjamin & Rachel	bp Apr 24 1774
Betsy	Jonathan & Mary	bp Oct 22 1786

BRITT

Thomas & Ann Simpson   m. Oct 10 1759

BRITTON

Lydia & Ebenezer Sumner   m. Apr 21 1757
Susanna & Thomas Bayley   m. June 1 1771

BROCK (see Breck)

John	Adm. (ae 84)	Apr 17 1774
Margaret	Adult	bp May 21 1727
Abigail	John & Margaret	bp May 21 1727
Margaret	John & Margaret	bp Aug 13 1727

BROMMETT

Joseph	Lambert & Susanna	bp June 2 1776
Matthew	Lambert & Susanna	bp Jan 4 1778
Polly	Lambert & Susanna	bp Dec 5 1779
Lambert	Lambert & Susanna	bp Dec 2 1781
Sally	Lambert & Susanna	bp June 29 1783
William	Lambert & Susanna	bp July 3 1785
John	Lambert & Susanna	bp Jan 23 1791

Lambert & Susanna Griffin   m. May 20 1775

BROOKS

Mary & Andrew Hall   m. Aug 12 1766

BROUGHTON

Nicholson	Adm.	Aug 30 1741

(Dismissed to 1st Ch. in Marblehead   Jan 31 1773)

BROWN

Mary	Adm.	Mar 11 1715/6
Rachel	Adm.	Apr 2 1721
John	Cov't.	Oct 20 1723
Margaret	Adm.	Dec 10 1727
Hannah	Adm.	Dec 31 1727
Abigail	Adm.	Jan 28 1727/8
Elisabeth	Adm.	Nov 5 1732
Samuel	Adm.	Dec 20 1741
Margaret	Adm.	July 4 1742
Jane	Cov't.	Feb 28 1742/3
William	Cov't.	Nov 4 1744
Mercy	Cov't.	Feb 21 1747/8
Jane	Adm.	Dec 11 1748
Benjamin	Cov't.	Feb 23 1755
Elisabeth	Cov't.	Oct 3 1756
Susannah	Cov't.	Sept 4 1763
Sarah	Cov't.	June 22 1766
Sarah	Cov't.	Jan 11 1767
Sarah	Adm.	May 21 1769
Susanna	Cov't.	July 18 1779
Timothy	Adm.	Aug 5 1787
Ann	Adm.	Aug 5 1787
John	Adm.	Oct 18 1795
Mary	Adm.	Oct 18 1795
Sarah	Adult	bp Mar 25 1715
Rebecca	Benjamin & Mary	bp Apr 8 1716
Elizabeth	Benjamin & Mary	bp June 29 1718
Ebenezer	Benjamin & Mary	bp Oct 2 1720
John	John & (blank)	bp Oct 20 1723
Benjamin	Benjamin & Anna	bp Nov 9 1735
Margaret	Adult	bp July 4 1742

BROWN (con't)

Name	Parents	Date
Rachel	William & Rachel	bp July 16 1721
William	William & Rachel	bp Mar 31 1723
Anne	William & Rachel	bp May 9 1725
John	William & Rachel	bp Dec 11 1726
John	William & Rachel	bp Sept 11 1728
Susanna	William & Rachel	bp Oct 5 1729
John	William & Rachel	bp Dec 13 1730
Timothy	William & Rachel	bp June 9 1734
Joseph	William & Rachel	bp Mar 7 1735/6
Samuel	William & Rachel	bp July 31 1737
Rachel	William & Rachel	bp Aug 6 1738
Hannah	William & Rachel	bp Sept 30 1739
William	William & Rachel	bp Apr 19 1741
Susanna	William & Rachel	bp July 4 1742
Rachel	William & Rachel	bp Dec 5 1742
Thomas	William & Rachel	bp Apr 29 1744
Henry	William & Rachel	bp Jan 5 1745/6
Rachel	William & Rachel	bp May 8 1748
Aaron	William & Rachel	bp Dec 3 1749
James	William & Rachel	bp Apr 21 1751
Sarah	William & Rachel	bp June 10 1753
Susanna	John & Susanna	bp Feb 13 1725/6
Mary	John & Susanna	bp Aug 25 1728
Sarah	John & Susanna	bp Jan 3 1730/1
William	John & Susanna	bp July 1 1733
Abigail	John & Susanna	bp Dec 14 1735
Elizabeth	John & Susanna	bp Dec 25 1737
Benjamin	John & Susanna	bp Nov 23 1740
Joseph	John & Susanna	bp Sept 19 1742
Samuel	John & Susanna	bp Jan 13 1744/5
Thomas	Adult	bp June 17 1739
Thomas	Thomas & Elisabeth	bp Aug 5 1739
Elisabeth	Thomas & Elisabeth	bp June 14 1741
Timothy	Thomas & Elisabeth	bp Mar 6 1742/3
Elizabeth	Thomas & Elisabeth	bp June 16 1745
Abigail	Thomas & Elisabeth	bp Apr 26 1747
Jane	Thomas & Jane	bp Mar 13 1742/3
Thomas	Thomas & Jane	bp Dec 1 1745
William	Adult	bp June 25 1743
William	William & Mindwell	bp Nov 4 1744
Benjamin	William & Mindwell	bp Oct 5 1746
Timothy	William & Mindwell	bp Feb 5 1748/9
Mindwell	William & Mindwell	bp Aug 5 1753
Jonathan	William & Mindwell	bp Oct 20 1754
Sarah	William & Mindwell	bp Aug 29 1756
Samuel	William & Mindwell	bp Dec 18 1757
Rachel	William & Mindwell	bp June 8 1760
Timothy	William & Mindwell	bp Oct 24 1762
Samuel	Samuel & Mercy	bp Mar 13 1747/8
Elisabeth	Samuel & Mercy	bp Oct 22 1749
John	Samuel & Mercy	bp May 13 1753
Rebecca	George & Rebecca	bp June 23 1751
Joseph-Lasinby	Ebenezer & Elizabeth	bp Sept 16 1753
Elizabeth	Ebenezer & Elizabeth	bp Apr 11 1756
Elisabeth	Benjamin & Anne	bp Apr 6 1755
Benjamin	Benjamin & Anne	bp Jan 5 1757

BROWN (con't)

Name	Parents	Date
Ann	Benjamin & Anne	bp Jan 20 1760
Sarah	Benjamin & Anne	bp May 22 1763
John	John & Elisabeth	bp Nov 14 1756
John	John & Elisabeth	bp Jan 18 1761
John	John & Elisabeth	bp Aug 15 1762
Elisabeth	John & Elisabeth	bp Sept 16 1764
Abigail	John & Elisabeth	bp Oct 4 1767
Susanna	Samuel & Susanna	bp Sept 18 1763
Ann	Samuel & Susanna	bp May 5 1765
John	Samuel & Susanna	bp Mar 1 1767
Samuel	Samuel & Susanna	bp Feb 12 1769
Samuel	Samuel & Susanna	bp Nov 18 1770
Nathaniel	Samuel & Susanna	bp Apr 4 1773
John	Daniel & Sarah	bp Aug 3 1766
Elisabeth	Daniel & Sarah	bp Oct 4 1767
Daniel	Daniel & Sarah	bp June 18 1769
Daniel	Daniel & Sarah	bp Jan 20 1771
Mary	Ebenezer & Sarah	bp Jan 18 1767
Mary	Ebenezer & Sarah	bp Aug 13 1769
Sally	Ebenezer & Sarah	bp Feb 16 1772
Betsy-Parkman	Ebenezer & Sarah	bp Nov 27 1774
Sarah	Adult	bp Oct 6 1776
Polly	Jonathan & Sarah	bp Oct 13 1776
Jonathan	Jonathan & Sarah	bp Apr 25 1779
Sally	Jonathan & Sarah	bp Feb 11 1781
Samuel	Samuel & Susanna	bp Apr 19 1778
Suky	Joseph & Sucky	bp Aug 29 1779
Betsy	Joseph & Susanna	bp July 15 1781
Nancy	Joseph & Susanna	bp Aug 24 1783
Timothy	William & Elizabeth	bp Aug 5 1781
Edmund-Vail	Edward-Vail & Elizabeth	bp Oct 28 1781
Eunice	Edward & Elizabeth	bp Nov 2 1783
Eunice-Sanders	Edward & Elizabeth	bp Mar 11 1787
Edward-Vail	Edward & Elizabeth	bp Sept 28 1788
Nancy-Hinds	Edward & Elizabeth	bp Oct 10 1790
Polly	of Hannah	bp Feb 12 1792
Nancy-Dudley	John & (blank) (*sua domo*)	bp Aug 9 1793
Mary	John & Mary	bp Apr 3 1796
Samuel & Mercy Holland		m. Jan 10 1744/5
Eunice & Samuel Whitman		m. Feb 26 1746/7
Ebenezer & Elizabeth Lasenby		m. Oct 20 1748
Elisha & Mary Blount		m. Nov 20 1748
Mary & William Fullerton		m. Nov 26 1750
Sarah & Seth Webber		m. Feb 13 1752
Benjamin, Jr. & Ann Lappish		m. Jan 17 1754
Samuel & Elizabeth Parkman		m. Nov 15 1754
Jonathan & Elizabeth Clough		m. Oct 7 1756
Abigail & Abraham Hayward		m. Dec 21 1758
Mercy & Benjamin Hammatt		m. Nov 11 1762
Samuel & Susanna Holman		m. Dec 2 1762
Susanna & John Milk		m. Feb 3 1763
Ebenezer & Sarah Burt		m. Aug 1 1765
Daniel & Sarah Morgan		m. Apr 3 1766

BROWN (con't)

Ann & Jonathan Hunting		m. Oct 21 1766
Mary & Nathaniel Woodward		m. Sept 29 1767
Rebecca & William Leslie		m. Dec 11 1767
Elizabeth & Moses Grant		m. Mar 31 1768
Susanna & Jonathan Crosby		m. May 26 1768
Sarah & John Boil		m. Aug 3 1769
William & Dorah Wainwright		m. June 2 1774
Peter & Sarah Pulling		m. Jan 15 1775
Isabella & Joshua Pico		m. Aug 2 1778
Rachell & William Darricott		m. June 29 1780
Nancy & Elijah Swift		m. Apr 22 1781
Elizabeth & Benjamin Eustis		m. June 7 1781
Ludwick-Joseph & Salome Ryford		m. Oct 17 1782
Timothy & Susanna Smith		m. Mar 13 1785
Sarah & Edward Stone		m. July 8 1786
Betsy & John McKensie		m. Oct 3 1790
Nabby & John Graigham		m. Oct 3 1790
Betsy & Elijah Townsend		m. Nov 8 1792
Enoch & Betsy Barnard		m. Dec 20 1792
Timothy & Abigail Chapelle		m. Jan 29 1797
Child of John, 1y., 7m.,		d. Aug 11 1793
Mrs., ae 84,		d. Apr 1794
Wife Mr. T., ae 34,		d. Oct 1794
Mrs., ae 78, Ch. Memb.		d. Sept 18 1795
Mrs., ae 57 y.,		d. May 1796

BRUCE

James & Sarah Hart		m. Oct 1 1789

BRYANT : BRIANT

Joseph & Elisabeth Cowell		m. Nov 1 1753
Tamson & Issac Taft		m. Apr 23 1778
James & Arodi Tilton		m. Mar 30 1783
Thomazin & Thomas Stephens		m. Nov 30 1794

BUCHANAN

Margaret	Robert & Margaret	bp Apr 10 1796

BUCKMASTER

Judith	Adm.	Mar 18 1759
Richard	Richard & Abiel	bp Jan 9 1736/7
Abiel	Richard & Judith	bp Apr 8 1759
Rachel	Richard & Judith	bp Dec 14 1760
Rachel	Richard & Judith	bp Mar 21 1762

BUFFORD

Mary	Adult	bp Apr 13 1735
Nicholas	Nicholas & Mary	bp Apr 2 1735
Charles	Nicholas & Mary	bp Aug 14 1737
Rebecca	Nicholas & Mary	bp Feb 11 1738/9
Mary	Nicholas & Mary	bp May 18 1740
John	Nicholas & Mary	bp Nov 7 1742
Isaac	Nicholas & Mary	bp Aug 12 1744
Benjamin	Nicholas & Mary	bp Apr 6 1746
Elisabeth	Nicholas & Mary	bp Jan 15 1748/9

BULEY

Mary & James Boden		m. Dec 30 1766

BULFINCH

John	John & Anne	bp July 20 1755
Elisabeth	John & Anne	bp Sept 26 1756
John	John & Anne	bp Aug 27 1758
Jeremiah	John & Anne	bp Aug 24 1760
Anna	John & Anne	bp July 18 1762
Sarah	John & Anne	bp Feb 26 1764
Samuel	John & Anne	bp Feb 16 1766
John & Anne Breed		m. Sept 10 1754

BULKLEY

Hannah & Joseph Grant		m. Aug 15 1776

BULLEN

Hannah & George Hatfield (mulattoes)		m. May 4 1768

BULNER

John & Lydia Yendell		m. Nov 15 1776

BUMSTEAD

Nabby	Jeremiah & Mary	bp Feb 16 1777
Jeremiah & Mary Breed		m. Mar 20 1756
Anne & Joseph Dyer		m. Jan 23 1766
Thomas & Abigail Langdon		m. Nov 17 1767

BUNDY

Moses & Elisabeth Moulton		m. July 15 1776

BUNKER

Benjamin	Adm.	Jan 8 1726/7

BUNTEAD

Polly & Samuel Symmes		m. Aug 16 1796

BUNTHORNE

Katherine & Charles Lugg		m. Dec 23 1755

BURBANK

Abigail & Peter King		m. Nov 25 1760

BURBECK

Elizabeth	Cov't.	July 4 1784
Jerisha	Cov't.	Dec 25 1785
Sarah	Cov't.	June 6 1790
Joseph	Joseph & Elizabeth	bp July 4 1784
William	Joseph & Elizabeth	bp Mar 3 1788
Henry	Joseph & Elizabeth	bp Dec 26 1790
Henry	Joseph & Elizabeth	bp Dec 22 1793
Robert-Saunders	Joseph & Elizabeth	bp Mar 12 1797
Jerusha-Cathcart	John & Jerusha	bp Feb 19 1786

BURBECK (con't)
Sally	John & Jerusha	bp July 27 1788
Betsy-Baker	John & Jerusha	bp May 30 1790
(at the Castle by Rev. Mr. Turner)		
John	John & Jerusha	bp May 27 1792
William-Henry	John & Jerusha	bp June 27 1795
(at the Castle)		
Thomas	Thomas & Sarah	bp July 25 1790
Sally-Tally	Thomas & Sarah	bp Sept 16 1792
Susanna	Thomas & Sarah	bp Aug 7 1796

Edward & Jane Milk	m. Mar 26 1761
	(BRCR - Mar 23)
Joseph & Elizabeth Saunders	m. Mar 14 1784
John & Jerusha Baker	m. Nov 11 1784
Thomas & Sarah Coverly	m. Oct 14 1787

BURCH
James	Adm.	Sept 20 1719

BURCHSTEAD
Benjamin-Bream & Elizabeth Skilling	m. Apr 3 1760

BURDITT
Lydia	Cov't.	May 24 1767
William	William & Lydia	bp Aug 9 1767
Lydia	William & Lydia	bp Aug 9 1767
Rebecca	William & Lydia	bp Aug 9 1767

William & Lydia Collins	m. Aug 2 1762

BURGAN : BORGAN
Hannah	Cov't.	Apr 21 1742
Ruth	Cov't.	Sept 14 1746
Abigail	Peter & Hannah	bp Jan 9 1742/3
Peter	Peter & Hannah	bp Aug 5 1744
Ruth	Peter & Ruth	bp Sept 28 1746
Peter	Peter & Ruth	bp Sept 6 1747
Ebenezer	Peter & Ruth	bp Apr 9 1749
Sara	Peter & Ruth	bp Apr 9 1749
Mary	Peter & Ruth	bp Sept 2 1750
Ruth	Peter & Ruth	bp Sept 29 1751
Abigail	Peter & Ruth	bp June 24 1753
Eliakim	Peter & Ruth	bp Oct 6 1754
Jane	Peter & Ruth	bp Oct 12 1755
Elisabeth	Peter & Ruth	bp Mar 20 1757
Mary Ann	Peter & Ruth	bp June 18 1758

Peter & Ruth Blackman	m. Jan 2 1744/5

BURGE
Hannah & Daniel Gelly	m. Nov 23 1786

BURGER
Andrew & Hannah Day	m. Dec 8 1756

BURGIS
Silas & Sarah Conew	m. Feb 23 1775

BURKE
William & Polly Hervey	m. June 10 1778

BURNAL
Elizabeth	Adm. & bp	Mar 17 1727/8

BURR
John	Adm.	Mar 29 1724

Tamme & William McCluer	m. July 10 1777

BURRIL etc.
Elizabeth	Adm.	Aug 2 1741
Susanna	Adm.	Oct 16 1726
(by dismission from Reading)		
Joseph	Adm.	Dec 3 1727
Mary	Adm.	Oct 30 1737
Joseph	Joseph & Susanna	bp June 6 1725
Joseph	Joseph & Susanna	bp April 9 1727
Susanna	Joseph & Susanna	bp June 1 1729
Joseph	Joseph & Jane	bp Aug 23 1730
Samuel	Joseph & Jane	bp Sept 24 1732
Sarah	Joseph & Jane	bp Jan 11 1735/6
Abraham	Joseph & Jane	bp Jan 29 1737/8
Elizabeth	Adult	bp Dec 31 1749

Reuben & Sarah Payne	m. May 27 1772
Alden & Elizabeth Hammatt	m. Oct 22 1782
(BRCR "Alden of Lynn"	m. Aug 15 1782)

BURROWS
Sally-Turner	Benjamin & Rebecca	bp Oct 23 1796

Benjamin & Becky Barrett	m. Sept 4 1795

BURROUGHS
Ezechel & Sally Torey	m. Nov 19 1794
William & Betsy Fullerton	m. Sept 22 1797

BURT
John	Adm.	July 29 1716
Abigail	Adm.	July 29 1716
John	Adm.	Mar 20 1736
Mary	Cov't.	Nov 18 1750
Ann	Cov't.	Mar 15 1767
John	John & Abigail	bp Dec 30 1716
Abigail	John & Abigail	bp Mar 30 1718
Sarah	John & Abigail	bp Nov 27 1720
Elizabeth	John & Abigail	bp July 29 1722
William	John & Abigail	bp Sept 1 1723
Samuel	John & Abigail	bp Sept 6 1724
William	John & Abigail	bp Sept 11 1726
Sarah	John & Abigail	bp Sept 11 1726

BURT (con't)

Benjamin	John & Abigail	bp Jan 4 1729/30
Susanna	John & Abigail	bp Aug 15 1731
Mary	William & Mary	bp Feb 3 1750/1
Mary	Edward & Ann	bp Apr 12 1767
Sarah-Bounds	Edward & Ann	bp Jan 29 1769
Hannah	Edward & Ann	bp Feb 3 1771
Sarah & Francis Shaw		m. Sept 22 1747
William & Mary Glidden		m. Apr 27 1749
Mary & Richard Brackett		m. Feb 14 1755
Sarah & Ebenezer Brown		m. Aug 1 1765
Hannah & Silas Allen		m. Oct 18 1768

John Burt Chosen to Preach on Probation for the vacancy May 28 1739
John Burt Dismissed to Bristol to become Pastor May 3 1741

BURTON

Jane	Cov't.	Oct 6 1765
James	James & Jane	bp Oct 13 1765
Joseph	James & Jane	bp Mar 27 1768
Anne	James & Jane	bp Jan 21 1770
William	James & Jane	bp Feb 2 1772
John	James & Jane	bp Apr 30 1775
Benjamin	James & Jane	bp May 25 1777
Elizabeth	James & Jane	bp Jan 16 1780
William	William & Margaret	bp June 4 1775
Lucretia & Archibald Luttridge		m. Nov 3 1768

BUSHNAL etc.

Custin	Adm.	June 28 1741
John	Custin & Elisabeth	bp Aug 23 1752
Thomas	Custin & Elisabeth	bp Apr 14 1754
Custin	Custin & Elisabeth	bp Dec 19 1756
Michael	Custin & Elisabeth	bp Dec 19 1756
Elisabeth	Custin & Elisabeth	bp Sept 10 1758
Custin & Elisabeth Fling		m. Sept 21 1750

BUTCHER

Catherine	Adm.	Nov 10 1751
Susanna & James French		m. Jan 19 1743/4

BUTLER

Matthew	9th Signer of the Church Articles	1714
Susanna	Adm.	Mar 11 1715/6
Mary	Cov't.	July 27 1718
Joseph	Adm.	Nov 25 1739
Sarah	Adm.	Nov 25 1739
Martha	Adm.	Dec 21 1740
Mary	Cov't.	Jan 22 1764

BUTLER (con't)

Susanna	Matthew & Sarah	bp Oct 16 1715
Martha	Matthew & Sarah	bp Jan 26 1717/8
George	George & Mary	bp Sept 28 1718
Mary	George & Mary	bp July 24 1720
Rachel	George & Mary	bp Aug 5 1722
Sarah	Joseph & Sarah	bp Dec 9 1739
Joseph	Joseph & Sarah	bp Jan 25 1740/1
Matthew	Joseph & Sarah	bp Jan 8 1743/4
Sarah	Joseph & Sarah	bp May 11 1746
Susanna	Joseph & Sarah	bp Oct 16 1748
Sarah	Joseph & Sarah	bp Apr 22 1750
Ephraim	Joseph & Sarah	bp Aug 30 1752
Sarah	Joseph & Sarah	bp Sept 15 1754
Mary	James & Mary	bp Mar 4 1764
James-Davie	James & Mary	bp Oct 6 1765
Anthony	James & Mary	bp Oct 11 1767
Elizabeth	James & Mary	bp Feb 18 1770
Hannah	James & Mary	bp Dec 15 1771
John	James & Mary	bp July 11 1773
James & Mary Sigourney		m. May 9 1763
Daniel & Anna Welsh		m. Mar 3 1794
Mr., ae 80, Member of the Chh.		d. Mar 9 1793

BYLES

Daniel & Sarah Doubleday		m. Jan 21 1762
Sarah & Edward Proctor		m. Dec 21 1783

CABOT

Edward	Cov't.	Aug 7 1774
Rebecca	Edward & Sarah	bp Aug 7 1774
Joseph	Aaron & Mary	bp Feb 4 1781
Sally	Aaron & Mary	bp Mar 7 1784
Samuel & Sarah Barrett		m. Nov 27 1781
Mary & John Wales		m. Mar 22 1787

CADE : CADES

Abigail	Adm.	July 14 1765
John	Adm.	Feb 16 1772
Ruth	Adm.	Feb 22 1784
Elisabeth	John & Elisabeth	bp Apr 1 1733
John	John & Abigail	bp July 28 1765
Edward-Ewen	John & Abigail	bp July 28 1765
Abigail	John & Abigail	bp July 28 1765
Abigail	John & Abigail	bp Apr 27 1766
William-Whitel	John & Abigail	bp July 26 1767
Elizabeth	John & Abigail	bp Dec 4 1768
Joanna	John & Abigail	bp Feb 3 1771
Samuel	John & Abigail	bp Oct 10 1773
Penelope	John & Abigail	bp Feb 12 1775
Mary	John & Abigail	bp Aug 24 1777

CADE : CADES (con't)
Elizabeth & Richard Gilbert		m. Nov 4 1754
John & Ruth Lash		m. Oct 19 1777
Nabby & Benjamin Varney		m. Apr 24 1788
Penelope & Samuel White		m. June 2 1795
Joey, ae. 22.,		d. Oct 6 1792

CADDALL : CADWEL
Sarah	Robert & Sarah	bp Aug 7 1737
Robert	Robert & Sarah	bp Jan 27 1739/40
Robert & Jerusha Colter		m. May 10 1763

CALDAR
Lydia	Adm.	June 3 1753

CALDWELL (see Chadwell)
Polly	Robert & Fanny	bp. Aug 25 1785

CALL
Timothy	Adm.	Feb 5 1748/9
Sarah	Cov't.	Apr 15 1781
Sally	Benjamin & Sarah	bp Apr 15 1781
Jonathan (not of Boston) & Phillipe French		m. June 18 1745
Martha & Magnus Tillock		m. Aug 27 1765

CALLENDER
Priscilla	Adm.	Sept 16 1722
Jane	John & Priscilla	bp Jan 26 1717/8
Joseph & Elisabeth Layton		m. July 9 1789

CALLEY
Samuel	Adm.	June 6 1742
Dismissed to Rev. Mr. Sparhawk's Ch. in Salem		May 6 1750

CAMPBELL
Mary	Daniel & Elisabeth	bp Jan 21 1727/8
Sarah	James & Sarah	bp Oct 16 1757
Thomas	James & Sarah	bp May 13 1759
John	James & Sarah	bp Nov 23 1760
Joseph	James & Sarah	bp Sept 5 1762
Ann	Alexander & Mary	bp June 18 1775
(*sua domo*)		
James	Donald & Mary	bp Aug 8 1784
Rebecca-Page	Donald & Mary	bp Aug 6 1786
William & Rebecca Flanagan		m. Jan 28 1762
Rebecca & John Ballard		m. July 12 1778

CANDISH
Joseph & Katharine Lord		m. Dec 5 1752

CAPRON
Elizabeth	Adm.	May 5 1717
Thomas	Adm.	Jan 23 1774
(Thomas dismissed to Rev. Mr. Weld's Ch. in Braintree		Jan 27 1799)
Dorothy	Adm.	Jan 23 1774
Elizabeth	Adult	bp Dec 23 1716
Christopher	Adult	bp Apr 21 1717
Christopher	Christopher & Mary	bp May 4 1718
Christopher	Christopher & Mary	bp Mar 20 1719/20
Eleazer	Christopher & Mary	bp Dec 3 1721
Stephen	Christopher & Mary	bp Dec 15 1723
Thomas	Christopher & Mary	bp Jan 30 1725/6
Joanna	Christopher & Mary	bp Apr 21 1728
Mary	Christopher & Mary	bp Oct 11 1730

CAREY : CARY
Bulah (a negro)	Cov't. & bp	Aug 2 1789
Isabella & James Gun (blacks)		m. June 20 1791

CARGILL
Margaret & John Cunningham		m. Dec 19 1776

CARLETON
[Blank] & Marcy Farmer		m. May 1 1777
(BRCR - William & Mary Farmer)		

CARLISLE
Thomas	Cov't.	Oct 29 1727
John	Thomas & [blank]	bp Oct 29 1727

CARNEL
Elizabeth	Adm.	Aug 27 1749
(Dism. from 1st Ch. in Concord)		

CARNES
John, Jr.	Adm.	Jan 18 1740/1
Student at H College		
Sarah	Adm.	June 6 1742
Elisabeth	Adm.	Jan 8 1748/9
Mary	Adm.	Dec 9 1750
Joanna	Cov't.	Nov 4 1753
Elisabeth	Cov't.	Sept 5 1756
Hannah	Adm.	May 1 1757
John	John & Sarah	bp July 14 1723
Sarah	John & Sarah	bp Feb 14 1724/5
Elizabeth	John & Sarah	bp Apr 17 1726
Mary	John & Sarah	bp Apr 17 1726
Anne	John & Sarah	bp July 7 1728
Hannah	John & Sarah	bp July 13 1729
Edward	John & Sarah	bp Sept 13 1730
Thomas	John & Sarah	bp Sept 19 1731
Joseph	John & Sarah	bp Nov 26 1732

CARNES (con't)

Hannah	John & Sarah	bp Sept 22 1734
Jerusha	John & Sarah	bp Jan 4 1735/6
Jane	John & Sarah	bp May 15 1737
Benjamin	John & Sarah	bp Sept 3 1738
Hephzibah	John & Sarah	bp Jan 13 1739/40
Thomas-Jenners	Edward & Joanna	bp Dec 23 1753
Edward	Edward & Joanna	bp Feb 23 1755
Joanna	Edward & Joanna	bp Sept 12 1756
David	Edward & Joanna	bp July 23 1758
Samuel	Edward & Joanna	bp Sept 27 1761
John	Edward & Joanna	bp July 31 1763
Grace-Stevens	Edward & Joanna	bp July 28 1765
Elisabeth	Thomas & Elisabeth	bp Oct 3 1756
Sarah	Thomas & Elisabeth	bp Oct 2 1757
Dorothy	Thomas & Elisabeth	bp Dec 24 1758
John	Thomas & Elisabeth	bp Apr 6 1760
Mary	Thomas & Elisabeth	bp Oct 3 1762
Ann	Thomas & Elisabeth	bp Sept 25 1763
Susanna	Thomas & Elisabeth	bp Nov 18 1764
Thomas	Thomas & Elisabeth	bp Aug 3 1766

Ann & Reuben Chandler	m. May 8 1753
Sarah & George Cross	m. Aug 23 1757
Joseph & Mary Pritchard	m. Sept 13 1758
Hannah & John Homer	m. July 2 1772

CARPENTER

Frederick	Cov't.	Nov 5 1797
Diana	Frederick & Diana	bp Nov 12 1797
Samuel	Richard & Elizabeth	bp Oct 22 1775

Frederick & Diana Heath	m. Dec 4 1796

CARR

Elizabeth	Adm.	July 5 1741

CARTER

Mary	Adm.	May 24 1744
Thomas	Adm.	Sept 15 1728
Nathaniel	Adm.	Sept 8 1734
Jane	Cov't.	Sept 3 1738
James	Cov't.	Jan 5 1772
Mary	Adult	bp May 24 1724
John	John & Jane	bp Dec 3 1738
Mary	John & Jane	bp July 12 1741
James	John & Jane	bp Aug 26 1744
Thomas	John & Jane	bp July 5 1747
Jane	John & Jane	bp July 15 1750
Anna	John & Jane	bp Dec 7 1755
Sally	James & Elizabeth	bp Feb 2 1772
James	James & Elizabeth	bp Feb 20 1774
Elizabeth	James & Elizabeth	bp Mar 29 1778

Josiah, Jr. & Mary Bradford	m. June 23 1763
Deborah & William Darricott	m. Nov 11 1787

CARTERET : CARTWRIGHT

Amos	Amos & Mary	bp July 4 1731
Sarah	Amos & Mary	bp Apr 1 1733
Philip	Philip & Rebecca	bp Dec 20 1741
Rebecca	Philip & Rebecca	bp May 1 1743
Jonathan	John & Mary	bp Sept 27 1778

(By Mr. Eliot of Fairfield)

John de Carteret & Mary Crosby	m. Sept 5 1768
Lydia & William Kirkwood	m. Nov 21 1784

CARVER

Susanna	Adm.	Jan 28 1727/8

CATES

Alice & Isaac Doggett	m. Jan 8 1761

CATHCART

Mary	Adm.	July 22 1798

John & Mary Sigourney	m. Dec 27 1790
Capt., ae. 44, d. abroad & heard of his death	May 24 1796

CAUSEY

Cato & Betsy Jones	m. Nov 7 1792

CAZNEAU : CASNEAU

Elisabeth	Cov't.	June 24 1753
Mary	Adm.	July 15 1781
Isaac	Adm.	May 3 1795
Anna	Adm.	May 3 1795
Joseph-Johnson	Isaac & Elisabeth	bp Aug 12 1753
Elisabeth	Isaac & Elisabeth	bp Mar 14 1756
Margaret	Isaac & Elisabeth	bp June 25 1758
Sarah	Isaac & Elizabeth	bp Sept 7 1760
Isaac	Isaac & Elizabeth	bp Aug 12 1764
Andrew	Isaac & Elizabeth	bp Oct 19 1766
Abigail	Isaac & Elizabeth	bp July 30 1769
Lydia	Isaac & Elizabeth	bp Feb 16 1772
Turell	William & Mary	bp Aug 26 1781

(by Mr. Jackson of Brookline)

William & Mary Turrell	m. Mar 26 1772
Betsy & John Boyle	m. June 20 1778
Lydia & William Palfrey	m. Dec 14 1794
Sarah & Isaiah Simmons	m. July 29 1781
Margaret & Simeon Skillen	m. Oct 1 1782

CHACE

Sarah	Adult	bp May 10 1719
Edward	Josiah & Sarah	bp May 31 1719

CHADWELL (see Caldwell)

Sarah	Cov't.	Apr 9 1749
Elisabeth	Cov't.	Dec 11 1763

CHADWELL (see Caldwell) (con't)

Sarah	Benjamin & Sarah	bp Aug 12 1750
Benjamin	Benjamin & Sarah	bp Jan 21 1753
Mary	Benjamin & Sarah	bp Aug 24 1754
Mary	Samuel & Elisabeth	bp Jan 15 1764
Elisabeth	Samuel & Elisabeth	bp Nov 10 1765
Mary	Samuel & Elisabeth	bp Nov 1 1767
Ann	Samuel & Elisabeth	bp Nov 12 1769
Moses & Mary Newel		m. Nov 26 1747
Benjamin & Sarah Wright		m. May 19 1748
Samuel & Elizabeth Sweet		m. Mar 17 1763

CHADWICK

Elisabeth	Adult	bp Feb 4 1727/8
Stephen-Kent	Nathan & Sybil	bp Sept 9 1787

CHAFFIN

Joseph & Marill Davis	m. Sept 12 1765

CHAMBERLIN etc.

Jane	Adm.	Feb 4 1727/8
Elizabeth	Adm.	Feb 25 1727/8
Rebecca	Cov't.	Jan 9 1774
Thomas	Cov't.	July 29 1781
Thomas	Thomas & Rebecca	bp Mar 13 1774
Edward	Thomas & Rebecca	bp June 23 1776
Abial-Page	Thomas & Rebecca	bp Nov 23 1777
Thomas	Thomas & Rebecca	bp Jan 16 1780
Anna	Thomas & Anna	bp July 29 1781
Hannah & Josiah Snelling		m. Aug 19 1755
Thomas & Rebecca Page		m. May 3 1773
Thomas & Anna Colins		m. Aug 17 1780
Abial-Page & Jonathan-Page Barter		m. May 18 1796

CHAMBLET

Sarah	Adm.	Oct 25 1741
Hannah	Adult	bp Sept 7 1718
Sarah	Adult	bp Oct 25 1741
Mary & Frederick Porter		m. Nov 4 1751

CHAMPLIN

Elizabeth	Philip & Elisa	bp July 4 1742

CHAMPNIES

Sarah & Stephen Safford	m. May 17 1744

CHANDLER

Anna	Cov't.	Aug 29 1784
Ann	Reuben & Ann	bp Mar 3 1754
Bethiah	Reuben & Ann	bp Apr 4 1756
Sarah	Reuben & Ann	bp July 17 1757

CHANDLER (con't)

Dorothy	Reuben & Ann	bp June 24 1759
(by Rev. Mr. Adams)		
Reuben	Reuben & Ann	bp June 14 1761
Samuel	Samuel & Ann	bp Aug 29 1784
John-Brown	Samuel & Ann	bp Oct 30 1785
Thomas	of Ann	bp Jan 13 1788
(the father died before the birth)		
Reuben & Ann Carnes		m. May 8 1753
Bethiah & Benjamin White		m. Dec 12 1779
William & Ann Chandler		m. Aug 11 1791
Mrs., ae 29,		d. Oct 1794

CHAPELLE

Abigail	William & Abigail	bp Nov 6 1791
William	William & Abigail	bp Sept 29 1793
Abigail & Timothy Brown		m. Jan 29 1797

CHAPIN

Aaron	Adm.	May 6 1744

CHAPMAN

Hannah & Nathaniel Hopkins	m. Sept 23 1797

CHARD

Susanna	Cov't.	Jan 29 1764
Susanna	John & Susanna	bp Mar 11 1764
John & Susanna Dowel		m. Mar 5 1761

CHARTER

Alice	Cov't.	Mar 27 1774
Polly	of Alice	bp Mar 27 1774

CHEEVER

Joshua		1714
(The 16th Signer of the Church Articles)		
Chosen Deacon		Nov 1 1720
Chosen Ruling Elder		July 11 1736
Elizabeth	Adm.	Aug 28 1715
Sarah	Adm.	Oct 21 1716
Sarah	Adm.	Dec 24 1727
Jacob	Adult	bp Sept 16 1770
(Cov't. & bp at his house he being in low state of health)		
Elder Cheever's Negro		bp 1743
Rev. Israel & Susanna Nichols		m. May 3 1762
Cloe & London Austin		m. Jan 11 1787

CHEVALIER

Martha	Cov't.	Sept 25 1769

CHEVALIER (con't)
Elizabeth	Peter & Martha	bp Nov 19 1769
Mercy	Peter & Martha	bp July 21 1771
Susanna-Winslow	Peter & Martha	bp Oct 18 1772

Peter & Martha Hunt — m. Feb 16 1769

CHICK
Mary	Adm.	Feb 18 1727/8
Mary	Adult	bp Nov 11 1716
John	Clement & Mary	bp Dec 9 1716
Mary	Clement & Mary	bp Nov 9 1718
Clement	Clement & Mary	bp Mar 25 1721/2
Philip	Clement & Mary	bp Nov 20 1726
Joseph	Clement & Mary	bp Oct 20 1728

CHILD
Elizabeth	Cov't.	Nov 12 1780

Benjamin-Warden of Elizabeth   bp Dec 17 1780
(the father of this child died several months before it was born)

Joseph & Ann Brett — m. Oct 30 1774
Benjamin & Elizabeth Bradford — m. Jan 23 1777

Mr. Child, ae 75, — d. Jan 1796

CHRISTIE
Sarah	Adm.	Feb 22 1735/6

(She was removed having joined the Baptists June 15 1747)

Thomas	Adm.	June 21 1761
James	David & Sarah	bp Feb 29 1735/6
Sarah	David & Sarah	bp Feb 29 1735/6
Mary	David & Sarah	bp May 8 1737
Rebecca	David & Sarah	bp Apr 8 1739
David	David & Sarah	bp June 19 1743
Thomas	Thomas & Hannah	bp July 26 1761
Elizabeth	Thomas & Hannah	bp Apr 17 1763
Thomas	Thomas & Hannah	bp Apr 7 1765
Hannah	Thomas & Hannah	bp May 10 1767
Sarah	Thomas & Hannah	bp May 7 1769
Rowland	Thomas & Hannah	bp Jan 15 1771
James	Thomas & Hannah	bp Jan 17 1773
Sarah	Thomas & Hannah	bp Feb 19 1775
Nancy	Thomas & Hannah	bp May 25 1777
Lydia	Thomas & Hannah	bp Jan 6 1782

(by Mr. Lothrop)

John	Thomas & Hannah	bp Jan 6 1782

Rebecca & Dolling Edwards — m. Sept 21 1758
Sarah & Richard Greenough — m. Nov 30 1758
Thomas & Hannah Cocks — m. Oct 28 1760
Mary & John Hinks — m. Dec 14 1777
Mary & Robert Dickson — m. Apr 20 1783

CHRISTIE (con't)
Mary & William Paine — m. Feb 1 1784
Ruth-Jordan & Robert Lyons — m. Oct 5 1786
Thomas & Betsy Milk — m. Mar 9 1794

CHUB
Benjamin	Adm.	Dec 10 1727
Benjamin	Benjamin & Lydia	bp Sept 14 1729
Nathaniel	Benjamin & Lydia	bp May 23 1730

Benjamin & Mary Stanley — m. May 22 1766

CISTERN (see Sistens)
Elizabeth & John Salmon — m. Dec 25 1791

A woman, mother of Mrs. Cistern, ae 94y., d. July 27 1794

CLAMSON
Sarah	Cov't.	Apr 15 1764

CLARK
Patience	Cov't.	Apr 5 1719
Sarah	Adm.	Dec 6 1724
Sarah	Cov't.	July 31 1726
Sarah	Adm.	Jan 28 1727/8
Mercy	Cov't.	May 6 1733
John	Cov't.	May 27 1733
Hannah	Adm.	Dec 29 1734
Ruth	Cov't.	Sept 19 1736
Sibill	Adm.	Jan 21 1738/9
Sarah	Adm.	July 5 1741
Barnabas	Cov't.	Aug 20 1749
Susanna	Adm.	Nov 1 1772
Elizabeth	Adm.	July 31 1791
Mehitable	Cov't.	May 22 1795
Sally	Cov't.	Apr 22 1798
Sarah	Samuel & Patience	bp May 17 1719
Hannah	Samuel & Patience	bp Feb 5 1720/1
Patience	Samuel & Patience	bp June 30 1722
Samuel	Samuel & Patience	bp Aug 4 1723
James	Samuel & Patience	bp Nov 15 1724
Samuel	Samuel & Patience	bp Jan 16 1725/6
Gamaliel	Gamaliel & Sarah	bp July 1 1722
Robert	Gamaliel & Sarah	bp May 2 1725
Mary	Josiah & Priscilla	bp July 5 1724
James	James & Sarah	bp Sept 24 1726
Sarah	James & Sarah	bp Jan 19 1728/9
Sarah	James & Sarah	bp July 5 1730
Rebecca	James & Sarah	bp June 11 1732
Elisabeth	James & Sarah	bp May 19 1734
Samuel	Samuel & Elizabeth	bp May 3 1730
Nathaniel	Samuel & Elizabeth	bp Oct 10 1731
Samuel	Samuel & Elizabeth	bp May 12 1734
Abigail	John & Mercy	bp June 3 1733
Mary	John & Mercy	bp Sept 29 1734

CLARK (con't)

Name	Parents	Date
Hannah	Thomas & Hannah	bp Feb 2 1734/5
Sarah	Thomas & Hannah	bp Feb 2 1734/5
James	James & Ruth	bp Sept 19 1736
Ruth	James & Ruth	bp Sept 24 1738
James	James & Ruth	bp Sept 14 1740
Buckland	James & Ruth	bp July 21 1745
Samuel	James & Sarah	bp Oct 3 1736
Joseph	James & Sarah	bp Dec 28 1740
William	William & Sibill	bp Feb 25 1738/9
Mary	William & Sibill	bp Nov 2 1740
Abigail	William & Sibill	bp Oct 10 1742
Samuel	William & Sibill	bp Oct 21 1744
Sarah	William & Sibill	bp Oct 9 1748
Mary	William & Ruth	bp Oct 31 1742
Nathaniel	Barnabas & Hephzibah	bp Aug 20 1749
Hephzibah	Barnabas & Hephzibah	bp Apr 19 1752
Samuel	Barnabas & Hephzibah	bp Nov 17 1754
Hephzibah	Barnabas & Hephzibah	bp Jan 9 1757
James	James & Priscilla	bp Apr 9 1758
Priscilla	James & Priscilla	bp May 4 1760
George	James & Priscilla	bp Aug 21 1763
Sarah	James & Priscilla	bp Apr 20 1766
Arthur-Revely	Arthur & Elisabeth	bp July 12 1767
Elizabeth	Arthur & Elisabeth	bp Dec 23 1770
Nathaniel	Nathaniel & Susanna	bp Aug 22 1773
Prudence	Nathaniel & Susanna	bp Jan 4 1778
Samuel	Nathaniel & Susanna	bp May 28 1780
William-Webber	Jonathan & Sarah	bp Apr 25 1779
(by Mr. Clark of Lexington)		
Mehitable	James & Mehitabel	bp Apr 5 1795
Joseph	James & Mehitabel	bp Apr 5 1795
Sally	James & Mehitabel	bp Apr 5 1795
James	James & Mehitabel	bp Apr 5 1795
Nathaniel	James & Mehitabel	bp Apr 5 1795
Samuel	James & Mehitabel	bp Apr 5 1795
John	James & Mehitabel	bp Apr 5 1795

These children excepting the last, John, were bapt. in private after divine service.

Sarah & John Bish	m. Feb 25 1747/8
Margaret & Joshua Emmes	m. Nov 11 1747
Barnabas & Hephzibah Barrett	m. Apr 25 1748
Sarah & John Glen	m. July 18 1751
Rebecca & Abraham Hill	m. Apr 18 1754
Samuel & Sarah Benjamin	m. June 3 1765
Arthur & Elizabeth Gatchell	m. June 3 1766
Elizabah & James Conolly	m. Dec 7 1782
Nathaniel & Susanna Baker	m. Dec 29 1768
Mrs. Susanna & Moses Pike	m. July 12 1784
John & Mary Curtin	m. Oct 27 1793
(BRCR - Nancy Curtin)	
Sally & George Davison	m. Apr 27 1794
Elizabeth & Benjamin Lincoln	m. Oct 9 1794
Susanna & Caleb Beal	m. June 21 1795
Daniel & Sukey Clough	m. Dec 12 1793
Hannah & Champlin Gardener	m. Nov 30 1797

CLARK (con't)

Samuel, ae. 18, coming from West Indies	d. Feb 1795
Joseph, 54,	d. June 1794
Child of James, 2 yrs.,	d. June 6 1796
Child of James, 5 yrs.,	d. Oct 10 1797

CLARKSON

Andrew & Lydia Holland	m. Sept 30 1748
Capt. James & Sarah Holland	m. Sept 8 1762

CLAY

Mary	Adm.	Apr 10 1743
Mary & John Ross		m. Dec 25 1751
Elizabeth & Davis Whitman		m. Mar 4 1756
Hannah & Samuel Emmes		m. Mar 12 1761

CLEASBY

Abigail	Cov't.	Dec 4 1715
Abigail	Adm.	Jan 12 1717/8
Sarah	Cov't.	Dec 16 1739
Mary	Cov't.	Oct 30 1748
Ezekiel	Ezekiel & Abigail	bp Dec 18 1715
Abigail	Ezekiel & Abigail	bp Sept 29 1717
Joseph	Ezekiel & Abigail	bp Dec 7 1718
Abigail	Ezekiel & Abigail	bp Mar 19 1721
Joseph	Ezekiel & Abigail	bp Mar 19 1723
Mary	Ezekiel & Abigail	bp May 28 1727
Ezekiel	Ezekiel & Sarah	bp Feb 3 1739/40
Joseph	Ezekiel & Sarah	bp Aug 2 1741
Sarah	Ezekiel & Sarah	bp Mar 13 1742/3
Zachariah	Ezekiel & Sarah	bp Dec 23 1744
Obadiah	Ezekiel & Sarah	bp Feb 18 1749/50
Mary	Ezekiel & Sarah	bp Dec 21 1746
Mary	Joseph & Mary	bp Oct 30 1748
Rebecca	Joseph & Mary	bp Dec 17 1749
Joseph	Joseph & Mary	bp Dec 16 1750
William	Joseph & Mary	bp Nov 26 1752

CLEMENTS : CLEMENS

Henry & Sarah Peak	m. Oct 4 1759
Mary & Robert-Garland Cranch	m. Mar 24 1774

CLOUGH

Ebenezer	3rd Signer of the Ch. Articles	1714
Thankfull	Adm.	Dec 15 1717
Ebenezer	Adm.	Apr 6 1718
Anne	Adm.	Mar 29 1724
Elisabeth	Adm.	Nov 26 1738
Elisabeth	Cov't.	Sept 20 1741
Timothy	Adm.	Apr 11 1742
(Dismissed to the Chh. at Middleton, Conn.		
		July 15 1744)
John	Cov't.	Jan 26 1745/6
Thankful	Adm.	Jan 27 1771
John	Adm.	Mar 14 1773

CLOUGH (con't)

Rebecca	Adm.	April 1773
Abigail	Adm.	Feb 23 1783
Mary Ann	Cov't.	May 28 1786

Ebenezer	Ebenezer & Thankfull	bp Dec 2 1716
John	Ebenezer & Thankfull	bp Feb 14 1719/20
Mary	Ebenezer & Anne	bp July 9 1721
Gibson	Ebenezer & Anne	bp Oct 6 1723
William	Ebenezer & Anne	bp Nov 5 1727
Ebenezer	Ebenezer & Anne	bp Feb 7 1730/1
Thankfull	Ebenezer & Elizabeth	bp Jan 14 1738/9
Ebenezer	Ebenezer & Elisabeth	bp June 22 1740
Elisabeth	Ebenezer & Elisabeth	bp May 23 1742
Susanna	Ebenezer & Elisabeth	bp May 6 1744
Mary	Ebenezer & Elisabeth	bp June 22 1746
Thomas	Ebenezer & Elisabeth	bp Mar 13 1747/8
Mary	James & Mary	bp Aug 14 1726
Elisabeth	James & Mary	bp Mar 10 1727/8
James	James & Mary	bp Mar 15 1729/30
Elizabeth	Joseph & Elizabeth	bp Nov 1 1741
Lydia	John & Lydia	bp Jan 26 1745/6
Thomas-Goodwil	John & Lydia	bp Nov 6 1748
Rebecca	John & Lydia	bp Dec 9 1750
John	John & Lydia	bp Aug 16 1752
John	John & Abigail	bp Aug 19 1759
Stephen	John & Abigail	bp Sept 27 1761
Ebenezer	John & Abigail	bp Feb 6 1763
Abigail	John & Abigail	bp Oct 28 1764
Ebenezer	John & Abigail	bp Apr 12 1767
William	John & Abigail	bp Aug 21 1768
Elizabeth	John & Abigail	bp Feb 18 1770
Anna	John & Abigail	bp Mar 26 1780
Susanna	John & Abigail	bp July 25 1773
Thomas	Thomas & Mary Ann	bp June 11 1786
John	Thomas & Mary Ann	bp June 11 1786
Mary Ann	Thomas & Mary Ann	bp Feb 17 1788
Nathaniel	Thomas & Mary Ann	bp Apr 25 1790

Elizabeth & Jonathan Brown	m. Oct 7 1756
Lydia & Capt. Wyat St. Barbe	m. Oct 13 1768
Thankful & Rev. Asaph Rice	m. Feb 14 1771
Sukey & Daniel Clark	m. Dec 12 1793

Child of Mr., 7 y.,	d. Mar 25 1793
Mrs., ae. 59, Ch. Mem.	d. Feb 13 1795

COATES

Benjamin & Nabby King   m. May 25 1790

COBBET

Martha	Adm.	Apr 28 1728
Thomas	Nathaniel & Martha	bp Oct 13 1734

COCHRIN

David & Ann Babbidge   m. May 2 1751

CODE

Mary	Adult	bp Sept 25 1715
Mary	Stephen & Mary	bp Mar 17 1716/7

COFFIN

Charles	Adm.	Aug 19 1722
(Suspended		Aug 9 1742)
Joseph	Adm.	Dec 3 1727
Joseph	Cov't.	Dec 10 1727
(Joseph & Abigail dismissed to Rev. John Lowell's		
Ch. in Newbury		Feb 5 1743/4)
Daniel	Cov't.	July 27 1729
Elisabeth	Adm.	Dec 15 1745
Lydia	Adm.	May 30 1756
Mercy	Adm.	June 17 1764
Mary	Adult	bp Apr 22 1716
John	William & Experience	bp July 28 1717
Henry	Adult	bp Nov 22 1719
Mercy	Henry & Mercy	bp Nov 22 1719
Henry	Henry & Mercy	bp Dec 20 1719
Charles	Adult	bp Aug 19 1722
Samuel	Charles & Mary	bp May 16 1725
Charles	Charles & Mary	bp May 15 1726
Mary	Charles & Mary	bp May 21 1727
Nathaniel	Charles & Mary	bp Oct 6 1728
James	Charles & Mary	bp Sept 7 1729
Sarah	Charles & Mary	bp May 21 1732
Katherine	Charles & Mary	bp Sept 9 1733
Lydia	Charles & Mary	bp Aug 15 1736
Susanna	Charles & Mary	bp Aug 13 1738
Mercy	Charles & Mary	bp July 8 1739
Anne	Daniel & Mary	bp July 27 1729
Newcomb-Blague	Daniel & Mary	bp July 19 1730

Sarah & John Leach	m. July 24 1750
Charles & Susanna Shiddley	m. Nov 26 1751
(BRCR - Susanna Studley)	
Lydia & John Tileston	m. Oct 23 1760
William & Mary Langdon	m. Mar 31 1778

COGSWELL

John	Adm.	May 19 1765
William	Adm.	Feb 18 1771
(Dismissed to Old South, Mr. Hunt's		Feb 19 1775)
Abiel	Adm.	Feb 23 1783
Abigail	John & Abigail	bp July 13 1766
Sarah	John & Abigail	bp Feb 21 1768
Nabby	John & Abigail	bp Jan 7 1770
Betsy	John & Abigail	bp Nov 8 1772
Betsy	John & Abigail	bp Nov 28 1773
Samuel-Gooding	John & Abigail	bp Nov 10 1776

John & Abigail Gooding	m. Dec 2 1762
Sarah & Thomas Page	m. Nov 13 1785
Nabby & Daniel Lillie	m. Feb 26 1792
Elizabeth & Thomas Avis	m. Feb 12 1795

COLE

Hannah	Cov't.	July 13 1766
Charles	Cov't.	Feb 2 1777
Rachel	Adult	bp Apr 15 1716
William	Jacob & Hannah	bp Aug 17 1766
William	Jacob & Hannah	bp Sept 17 1769
Jacob	Jacob & Hannah	bp Mar 15 1772
Nancy-Burnum	Jacob & Hannah	bp Feb 28 1773
Jacob	Jacob & Hannah	bp July 10 1774
Rhoda	Charles & Rhoda	bp Feb 2 1777

Jacob & Hannah Kanney	m. Apr 18 1765
Polly & Benjamin Mayhew	m. May 2 1790

COLE(s)WORTHY

George	Cov't.	Nov 26 1727
Mary	Cov't.	Oct 21 1744
Samuel	Cov't.	Nov 16 1760
Lydia	Cov't.	Dec 14 1777
Polly	Cov't.	Apr 8 1798
Elizabeth	Thomas & Sarah	bp May 22 1715
Abigail	Thomas & Sarah	bp Feb 17 1716/7
Thomas	Thomas & Sarah	bp July 14 1719
Gilbert	Thomas & Sarah	bp June 18 1721
Hannah	Adult	bp June 9 1728
Samuel	Samuel & Hannah	bp Aug 11 1728
Hannah	Samuel & Hannah	bp June 8 1729
Hannah	Samuel & Hannah	bp May 30 1731
Samuel	Samuel & Hannah	bp Apr 15 1733
John	Samuel & Hannah	bp Jan 25 1735/6
Thomas	Samuel & Hannah	bp Jan 21 1738/9
Joseph	Samuel & Hannah	bp Feb 1 1740/1
Joseph	Samuel & Hannah	bp May 6 1744
Nathaniel	Samuel & Hannah	bp Aug 21 1748
Mary	George & Judith	bp Jan 7 1727/8
Joanna	George & Judith	bp Apr 6 1729
Gilbert	Gilbert & Mary	bp Dec 23 1744
Jonathan	Gilbert & Mary	bp Oct 12 1746
Mary	Gilbert & Mary	bp Dec 18 1748
Thomas	Gilbert & Mary	bp Mar 31 1751
Susannah	Gilbert & Mary	bp May 10 1752
Thomas	Gilbert & Mary	bp Aug 18 1754
Newcomb	Gilbert & Mary	bp June 26 1757
Thomas	Gilbert & Mary	bp Jan 27 1760
Sarah	Gilbert & Mary	bp Jan 27 1760
Ann	Gilbert & Mary	bp Oct 17 1762
Samuel	Samuel & Mary	bp Nov 16 1760
Ann	Samuel & Mary	bp Sept 18 1763
Samuel	Samuel & Mary	bp Oct 7 1764
William-Clough	Samuel & Mary	bp July 5 1767
Nathaniel	Samuel & Mary	bp Nov 25 1770
Nancy	Samuel & Mary	bp Jan 24 1773
Daniel-Pecker	Samuel & Mary	bp Dec 14 1777
Nathanael	Samuel & Mary	bp Dec 5 1779
Sarah	Nathaniel & Lydia	bp Dec 28 1776
Charles-Baxter	Nathaniel & Lydia	bp Aug 12 1787

COLE(s)WORTHY (con't)

Debby-Goodin	Nathaniel & Lydia	bp Jan 18 1784
Hannah & Samuel Breed		m. Mar 7 1750/1
Mary & James Forbus		m. Oct 21 1755
Samuel & Mary Gibson		m. Feb 11 1760
Nancy & William Larkin		m. Sept 27 1796
Nathaniel & Polly White		m. July 2 1797

COLLIER

Susanna	Adm.	Jan 3 1762
Isaac	Moses & Susanna	bp Aug 24 1755
John	Moses & Susanna	bp Jan 2 1757
Susanna	Moses & Susanna	bp Sept 24 1758
Moses	Moses & Susanna	bp May 17 1760

COLLINS

Samuel	Adm.	Dec 24 1727
Daniel	Adm.	June 28 1741
Mary	Cov't.	Oct 20 1745
Eleanor	Cov't.	June 4 1769
Hannah	Samuel & Hannah	bp July 2 1732
Samuel	Samuel & Hannah	bp June 3 1733
Samuel	Samuel & Hannah	bp Apr 21 1734
Palfry	Samuel & Hannah	bp Aug 3 1735
Rebecca	Samuel & Hannah	bp Mar 6 1737
Richard	Samuel & Hannah	bp Feb 4 1738/9
Lydia	Samuel & Hannah	bp Sept 7 1740
Daniel	Samuel & Hannah	bp June 27 1742
Hannah	Samuel & Hannah	bp July 15 1744
Elisabeth	Adult	bp June 10 1733
Katherine	Josiah & Elisabeth	bp June 10 1733
Elisabeth	Josiah & Elisabeth	bp July 14 1734
Josiah	Josiah & Elisabeth	bp July 13 1735
James	Josiah & Elisabeth	bp July 25 1736
Joseph	Josiah & Elisabeth	bp Oct 16 1737
Elisabeth	Josiah & Elisabeth	bp Oct 15 1738
Rachel	Josiah & Elisabeth	bp Jan 25 1740/1
Henry	Josiah & Elisabeth	bp Apr 17 1743
John	John & Mary	bp Jan 12 1745/6
Mary	John & Mary	bp June 21 1747
Eleanor	of Eleanor	bp July 30 1769
Mary & Jonathan Storer		m. Feb 6 1749/50
Lydia & William Burditt		m. Aug 2 1762
Clement & Hannah Jenkins		m. Nov 8 1764
Clement & Sarah Martin		m. Oct 18 1772
Anna & Thomas Chamberlayne		m. Aug 17 1780
Daniel & Martha Fuller		m. Feb 7 1790

COLLIS

Hannah	John & Hannah	bp Mar 8 1740/1
John	John & Hannah	bp Aug 15 1742

COLQUHOUN

Peter	Adm.	June 28 1741

COLTER
Jerusha & Robert Caddall		m. May 10 1763

COLVILL
Jane-Hallett	Robert & Fanny	bp Feb 5 1787

COMPTON
Sarah & John Tyler		m. Sept 18 1764

COMRIN
Sarah	John & Sarah	bp Mar 24 1733/4

CONANT
Mary	Cov't.	July 13 1783
Samuel	Samuel & Mary	bp Aug 17 1783
Polly	Samuel & Mary	bp July 24 1785
Rebecca	Samuel & Mary	bp Apr 8 1787
Samuel & Mary Parker		m. Mar 7 1782

CONDUN : CONDON
John	John & Mary	bp Oct 1 1738
Mary	John & Mary	bp Oct 26 1740
Samuel	John & Mary	bp Mar 13 1742/3
Constantia & Thomas Sinclair		m. Aug 16 1768

CONEW
Sarah & Silas Burgis		m. Feb 23 1775

CONEY
Mary	Adm.	Apr 9 1744
Elizabeth	Nathaniel & Abigail	bp May 20 1716
Samuel	Nathaniel & Abigail	bp Apr 20 1718
Mary	Nathaniel & Abigail	bp Mar 20 1719/20
Sarah	Adult	bp June 23 1734
Owen	Daniel & Sarah	bp July 21 1734
Daniel	Daniel & Sarah	bp Dec 14 1735
Sarah	Daniel & Sarah	bp Apr 16 1738
Sarah	Daniel & Sarah	bp Apr 20 1740
Ruth	Daniel & Sarah	bp Dec 30 1744
Abigail	Daniel & Sarah	bp Jan 25 1746/7
Sarah & John Owen		m. Dec 19 1758
Ruth & Capt. Mungo Mackay		m. Aug 22 1763

CONNIL
Eleanor & John Lynes		m. Nov 15 1753

CONOLLY : CONNOLY
Mary	Cov't.	Apr 26 1767
Mary	of Mary	bp Apr 26 1767
William & Elizabeth Kirkwood		m. May 14 1780
James & Elizabeth Clarke		m. Dec 7 1782

COOK : COOKE
Rachel	Adm.	Apr 1 1722
Philip	Adm.	Nov 13 1726
William	Adm.	Mar 31 1728
Mary	Cov't.	Mar 14 1773
Rachel	Adult	bp Apr 8 1722
William	Adult	bp Mar 31 1728
Nathaniel	Nathaniel & Mary	bp Apr 18 1773
Elisabeth	Nathaniel & Mary	bp Sept 18 1774
Ansel & Lydia-Tileston Leach		m. Sept 17 1795
Mary & Henry Kenny		m. Sept 15 1774

COOKSON
John	Obadiah & Margaret	bp Apr 16 1738

COOLIDGE
Martha	Adm.	Nov 21 1742
Sarah	Adm.	Mar 9 1745/6
William	John & Lydia	bp Oct 12 1777
Martha & Return Poole		m. Nov 15 1744
Lucy & Thomas Bradford		m. Sept 11 1755
Sarah & Samuel Pierce		m. Aug 1 1765
Sally & Thomas Dolliver		m. Nov 16 1796

COOPER
William	Benjamin & Rachel	bp July 26 1761
Samuel	Benjamin & Rachel	bp Sept 4 1763
John	Benjamin & Rachel	bp June 16 1765
Isaac	Benjamin & Rachel	bp June 16 1765
Samuel	Benjamin & Rachel	bp Mar 28 1773
Sarah	Benjamin & Rachel	bp Jan 15 1769
Jemima & William Cordwell		m. May 29 1755
Sarah & Thomas Fricker		m. Feb 17 1757
Samuel-Grant & Rebecca Curtin		m. Oct 13 1793
Hannah & Francis Hilton		m. July 24 1795

COPELAND
Ephraim	Adm.	Mar 5 1720/1
(Dismissed to embody in a new church at that part of the town called New Boston		Dec 24 1736)
Hannah	Ephraim & Mercy	bp July 5 1724
Ephraim	Ephraim & Mercy	bp Feb 5 1726/7

COPP
Ruth	Cov't.	Feb 6 1725/6
Ruth	Adm.	Feb 18 1727/8
Eunice	Adm.	Aug 25 1745
(Eunice Waldron formerly Copp dismissed to 1st church at Marblehead		Aug 5 1750)
Margarett	Cov't.	Aug 13 1780
Sarah	Thomas & Ruth	bp Feb 6 1725/6

COPP (con't)
Eunice	Thomas & Eunice	bp Oct 29 1727
Samuel	John & Margaret	bp Aug 13 1780

Sarah & Zephaniah Hart   m. Nov 24 1748

CORBIN
Elizabeth	Cov't.	July 19 1761
Nathaniel	Nathaniel & Elisabeth	bp July 26 1761
Elisabeth	Nathaniel & Elisabeth	bp July 26 1761
William	Nathaniel & Elisabeth	bp May 8 1763
James	Nathaniel & Elisabeth	bp Aug 24 1766

CORDWELL
Hannah	Adm.	Feb 1 1778
("died in 1806")		
Sarah	Adm.	Dec 23 1787
Elizabeth	Adm.	July 4 1790
Hannah	Adm.	Aug 21 1796
Thomas-Tilson	William & Hannah	bp Feb 1 1778
George	William & Hannah	bp May 9 1779
John	William & Hannah	bp Feb 11 1781
Sally	William & Sarah	bp Jan 27 1788
Nancy-Greenough	William & Sarah	bp Jan 3 1790
Hannah	William & Sarah	bp Oct 16 1791
(Pres't Willard baptised it)		
William	William & Sarah	bp July 14 1793
William-Lewis	William & Sarah	bp Apr 24 1797
(*sua domo*)		

William & Jemima Cooper   m. May 29 1755
William & Sally Greenough   m. Nov 26 1786

Mr., ae. 66 y.,   d. Oct 29 1795
Mrs., ae 28 y., Church mem.   d. Apr 24 1797

CORIGEL
James & Mary Martin   m. July 5 1753

CORNETT
Mary & Alexander Russell   m. June 1 1747

COSS
Giles	Giles & (blank)	bp Mar 20 1714/5

COTENEY
Dorcas	Adult	bp Feb 5 1720/1

COTTERIN
Betsy	Cov't.	Apr 15 1781
Betsy	Adult	bp Apr 15 1781

Betsy & William Francis   m. June 4 1786

COTTON
Martha (dismiss'd to 1st Ch. Falmouth   July 11 1756)

Martha & Benjamin Bill   m. Nov 11 1762

COTTONCE
Mary & Alexander Gibson   m. Jan 27 1757

COLTER : COULTER
Abigail	Philip & Mary	bp Apr 9 1732
Mary	Philip & Mary	bp July 4 1736
Sarah	Philip & Mary	bp Oct 22 1738
Jerusha	Philip & Mary	bp Nov 29 1741
Elizabeth	Philip & Mary	bp May 30 1745

Sarah & Thomas Seward   m. Oct 17 1763
Jerusha & Robert Caddall   m. May 10 1763
(see Eliz Harris   bp 1771)

COURSE
Thomasin	Adm.	Jan 17 1773

Hugh & Thomasin Cunningham   m. June 27 1771

COVERLY
Mary	Adm.	June 7 1741

Thomas & Abigail Parkman   m. Nov 25 1762
                                      (BRCR - 1761)
Abigail & Nathaniel Baker   m. Oct 5 1780
Sarah & Thomas Burbeck   m. Oct 14 1787

COWDREY : COWDRY
Samuel	Adm.	Nov 11 1722
Samuel	Adult	bp Nov 11 1722
Samuel	Samuel & Sarah	bp Sept 8 1723
John	Samuel & Sarah	bp Mar 7 1724/5

COWEL : COWELL
Elizabeth	Cov't.	Mar 20 1747/8
Elizabeth	Pearn & Elizabeth	bp July 29 1744
Sarah	Pearn & Elizabeth	bp May 18 1746
Pearn	Pearn & Elizabeth	bp May 1 1748
Rebecca	Pearn & Elizabeth	bp Oct 8 1749
Elias-Parkman	Pearn & Elizabeth	bp Oct 28 1750
Rebecca	Pearn & Elizabeth	bp Feb 25 1753

Pearn & Elizabeth Parkman   m. June 11 1747
Elizabeth & Joseph Bryant   m. Nov 1 1753

COWLEY
Elisabeth	Cov't.	Apr 15 1764

COX : COCK : COCKS
William	Adm.	May 4 1718

COX : COCK : COCKS (con't)

Sarah	Adm.	June 26 1720
Elisabeth	Adm.	Dec 10 1727
Aliter	Adm.	Sept 14 1729
William	Adm.	Sept 30 1739
James	Adm.	May 10 1741
Anna	Cov't.	Oct 26 1760
David	Jonathan & Jane	bp Nov 25 1716
Sarah	Adult	bp Mar 13 1719/20
William	William & Elizabeth	bp Aug 28 1720
Elizabeth	William & Elizabeth	bp Oct 14 1722
John	William & Elizabeth	bp Apr 19 1724
Samuel	William & Elizabeth	bp Mar 27 1726
Hannah	William & Elizabeth	bp Feb 11 1727/8
Robert	William & Elizabeth	bp Apr 12 1730
Robert	Elias & Aliter	bp Oct 26 1729
Ruth	Elias & Aliter	bp May 2 1731
Elias	Elias & Aliter	bp June 17 1733
Mary	Elias & Aliter	bp Sept 14 1735
Aliter	Elias & Aliter	bp June 25 1738
James	Adult	bp May 10 1741
Samuel	Samuel & Abigail	bp June 23 1745
Anna	James & Anna	bp Nov 23 1760
William & Sarah Thomas		m. Jan 26 1743/4
Benjamin & Elizabeth Manwarring		m. Oct 19 1752
Hannah & Thomas Christy		m. Oct 28 1760
James & Martha Barrett		m. Oct 15 1761
Margaret & John Rush		m Feb 28 1765
Betsy & Samuel Wild		m. Mar 26 1783

CRANCH

Robert-Garland & Mary Clemens	m. Mar 24 1774

CRANK

John & Elisabeth Harris	m. May 13 1783

CRAWFORD

William & Peggy Whitney	m. Dec 1 1796

CRAWLEY

Mary	Adult	bp Feb 4 1727/8

CREHORE

Hannah	Adm.	Aug 1 1742
Hannah & Thomas Crois		m. Jan 21 1754

CROCKER

Abigail	Cov't.	Dec 23 1781
Francis	John & Abigail	bp Dec 23 1781
Dr. John & Abigail Shaw		m. Dec 23 1779

CROIS

Thomas & Hannah Crehore	m. Jan 21 1754

CROSBY : CROSSBY

Timothy	Adm.	May 10 1741
Sarah	Adm.	Mar 10 1744/5
Susanna	Cov't.	May 5 1771
Jonathan	Jonathan & Sarah	bp Mar 17 1744/5
Sarah	Jonathan & Sarah	bp Dec 20 1747
Thomas	Jonathan & Sarah	bp Oct 8 1749
Mary	Jonathan & Sarah	bp July 14 1751
Susanna	Jonathan & Susanna	bp June 16 1771
John-Browne	Jonathan & Susanna	bp Oct 3 1773
Sally	Jonathan & Susanna	bp Nov 17 1776
Jonathan & Susanna Brown		m. May 26 1768
Mary & John DeCorteret		m. Sept 5 1768
Eunice & Amos Rice		m. Nov 26 1787

CROSS

Ann	Cov't.	Aug 23 1752
Mercy	Cov't.	June 12 1753
George	George & Hannah	bp Mar 17 1727/8
George	George & Ann	bp Aug 23 1752
Sarah	George & Sarah	bp June 18 1758
Hannah	George & Sarah	bp Nov 18 1759
Joseph	Joseph & Mercy	bp Apr 3 1763
Benjamin-Skillins	Joseph & Mercy	bp Apr 7 1765
William-Wright	Joseph & Mercy	bp May 29 1768
Thomas	Theodore & Elizabeth	bp Apr 23 1769
Thomas	Theodore & Elizabeth	bp Dec 23 1770
Mary	Theodore & Elizabeth	bp May 2 1773
William	Theodore & Elizabeth	bp Jan 1 1775
Elsy	Joseph & Elsy	bp Sept 17 1780
(by Mr. Haven of Dedham)		
Patty	Joseph & Elsy	bp May 5 1782
George & Ann Hunt		m. Oct 11 1750
George & Sarah Carnes		m. Aug 23 1757
George & Abigail Mitton		m. Mar 18 1762
Joseph & Mercy Skillins		m. June 17 1762
Abigail & Zechariah Mayhew		m. Apr 27 1769
Joseph & Alice Brazier		m. Nov 4 1777
Peter & Hannah Millar		m. Mar 31 1793

CROTTON

Philip & Sarah Pulcifer	m. Oct 27 1763

CROW : CROWE

Asahel & Martha Montgomery	m. Feb 18 1747
Jonathan & Louis Hearsey	m. Oct 14 1766

CROWELL

Lydia & Samuel Bayley	m. Oct 13 1791

CROXFORD

James	Adult	bp Apr 29 1716
Solomon	James & Mary	bp Aug 12 1722

CRUFF : CRUFT

Mercy	Adm.	Dec 19 1742
(d. 1804)		
Elisabeth	Adm.	Feb 6 1757

Mercy & Samuel Gooding	m. Feb 26 1750/1
Elizabeth & Joseph Gendell	m. Dec 8 1757
Abigail & William Tomson	m. Sept 10 1791
Sarah & Joseph Pierce Jr.	m. June 14 1750

CUMMINS

Mary	Adm.	Aug 30 1741

CUMMINGS

Rev. Alexander & Elizabeth Goldthwait
  m. July 12 1763
Elizabeth & Rev. John Bacon m. Nov 4 1771

CUNNINGHAM

Joanna	Adm.	Sept 16 1750
William	Cov't.	Sept 19 1773
Mary	Adm.	Feb 19 1775

Thomasin	Thomas & Joanna	bp Mar 25 1750
Thomas	Thomas & Joanna	bp Oct 6 1751
Agnes	Thomas & Joanna	bp Aug 5 1753
John	Thomas & Joanna	bp Nov 23 1755
Margaret	Thomas & Joanna	bp Oct 16 1757
John	Thomas & Joanna	bp Dec 30 1759
James	Thomas & Joanna	bp Feb 22 1761
Isaac	Thomas & Joanna	bp Aug 29 1762
Elisabeth	Thomas & Joanna	bp July 22 1764
Rachel	Thomas & Joanna	bp Aug 3 1766
Mary	Thomas & Joanna	bp June 12 1768
Joanna	Thomas & Joanna	bp Apr 29 1770
William	William & Mary	bp Sept 19 1773
Polly	Joseph & Mary	bp Feb 19 1775
Polly	Joseph & Mary	bp Mar 28 1779
Lydia	Joseph & Mary	bp Mar 19 1780
Joseph-Webb	Joseph & Mary	bp Mar 31 1782
Lydia	Joseph & Mary	bp Dec 21 1783
John-Barrett	William & Elizabeth	bp Oct 8 1780
Sally-Barrett	William & Elizabeth	bp Mar 24 1782
Henry-Hill	William & Elizabeth	bp Dec 28 1783
Peggy	William & Elizabeth	bp Aug 28 1785
Betsy	William & Elizabeth	bp Dec 6 1789
Joanna	of Love	bp Sept 23 1781
Thomas	of Love	bp Sept 23 1781
Silas	of Love	bp Sept 23 1781
Love	of Love	bp Sept 23 1781

(The father died before they were baptized: The mother a Baptist; and their Grandmother engaged to bring them up.)

Thomas & Joanna Pierce	m. Mar 24 1746
Thomasin & Hugh Course	m. June 27 1771
Joseph & Mary Nickerson	m. Feb 1 1774

CUNNINGHAM (con't)

Rachel & William Stevens	m. July 26 1776
John & Margaret Cargill	m. Dec 19 1776
William & Elizabeth Barrett	m. Oct 19 1777
Sarah & Robert McNeal	m. Nov 7 1779
Elizabeth & William Snowton	m. Mar 17 1785
Rachel & John Newman	m. Dec 8 1785
Isaac & Elisabeth Smith	m. Oct 1 1786
Joanna & Richard Tucker	m. Mar 14 1790

William, ae. 48 y., d. Sept 7 1794

CURRIER

Jeffery & Sarah Barber m. Mar 26 1752

CURTAIN : CURTIN

Nabby	Adm.	May 18 1733
Nabby	Adult	bp May 18 1733

Sally & David Shillaber	m. Aug 29 1790
Rebecca & Samuel-Grant Cooper	m. Oct 13 1793
Nancy & John Clarke	m. Oct 27 1793
Nabby & Nathaniel Blanchard	m. Mar 2 1794
Polly & Leach Harris	m. Jan 31 1796

CURTIS

Elizabeth	Cov't.	Mar 25 1770
Polly	Cov't.	June 11 1797

Benjamin	Benjamin & Elisabeth	bp Apr 8 1770
Mary Ann	Thomas & Polly	bp July 2 1797

Peter & Sarah Edwards	m. Dec 13 1759
Benjamin & Elizabeth Seward	m. June 29 1769
Thomas & Polly Kissick	m. Jan 7 1796
Joseph & Judith Thaxter	m. Jan 31 1796

CUSHING

Jeremiah	Adm.	Aug 21 1726
Benjamin	Adm.	Aug 21 1726
Anne	Adm.	Feb 4 1727/8
Elisabeth	Adm.	Mar 31 1728
Ebenezer	Cov't.	July 29 1733
Sarah	Adm.	Aug 29 1742
Anne	Adm.	Nov 17 1745
Mary	Adm.	Nov 11 1759
Elizabeth	Adm.	Apr 15 1769
Elisabeth	Adm.	Sept 9 1781

(Dismissed to Church in Marietta Ohio Oct 6 1806)

Elizabeth	Cov't.	Aug 3 1777
Samuel	Cov't.	Oct 23 1796
Sarah W.	Cov't.	May 11 1799

Judith	Benjamin & Elizabeth	bp Aug 28 1726
Elisabeth	Benjamin & Elizabeth	bp Nov 26 1727
Benjamin	Benjamin & Elizabeth	bp Mar 1 1729/30
Nathaniel	Benjamin & Elizabeth	bp Oct 10 1731

CUSHING (con't)

Name	Parents	Date
Jeremiah	Benjamin & Elizabeth	bp Sept 30 1733
Anne	Jeremiah & Anne	bp Nov 20 1726
Jeremiah	Jeremiah & Anne	bp July 28 1728
Hephzibah	Jeremiah & Anne	bp Aug 9 1730
Mary	Jeremiah & Anne	bp Mar 26 1732
Jeremiah	Jeremiah & Anne	bp Apr 21 1734
Hannah	Jeremiah & Anne	bp Feb 8 1735/6
Philip	Jeremiah & Anne	bp Apr 9 1738
Susanna	Jeremiah & Anne	bp Mar 16 1739/40
Sarah	Jeremiah & Anne	bp May 2 1742

(by Rev. Mr. Eliot)

Name	Parents	Date
John-Parmenter	Jeremiah & Anne	bp Oct 28 1744
Hannah	Jeremiah & Anne	bp Oct 11 1747
Elisabeth	Ebenezer & Elisabeth	bp July 29 1733
Ebenezer	Ebenezer & Elisabeth	bp June 1 1735
Jonathan	Ebenezer & Elisabeth	bp Apr 10 1737
Benjamin	Ebenezer & Elisabeth	bp July 15 1739
Elisabeth	Ebenezer & Elisabeth	bp Nov 1 1741
Zebadiah	Ebenezer & Elisabeth	bp May 27 1744
Bethiah	Jonathan & Bethiah	bp Sept 7 1754
Bethiah	Jonathan & Bethiah	bp Sept 25 1763
Jeremiah	Jonathan & Bethiah	bp Sept 25 1763
Phebe	Jonathan & Bethiah	bp Sept 25 1763
William	Jonathan & Bethiah	bp Mar 31 1765
Mary	Jonathan & Bethiah	bp Nov 30 1766
William	Jonathan & Bethiah	bp Oct 9 1768
Sarah	Jonathan & Bethiah	bp Aug 26 1770
Mary	Ebenezer & Mary	bp Dec 30 1759
Jonathan	Ebenezer & Mary	bp Jan 23 1763
Ebenezer	Ebenezer & Mary	bp Feb 10 1765
Hannah	Ebenezer & Mary	bp Apr 12 1767
Benjamin	Ebenezer & Mary	bp Sept 23 1770
Betty	Ebenezer & Mary	bp Nov 7 1773
Elizabeth	of Elizabeth	bp Sept 14 1777
Sally	Nathaniel & Elizabeth	bp Aug 29 1779
Nathaniel-Stone	Nathaniel & Elizabeth	bp Oct 7 1781
Mary	Samuel & Patience	bp Oct 23 1796

Mary & Benjamin Wheaton	m. Oct 1 1751
Anne & John Adams	m. Sept 17 1754
Ebenezer & Mary Townsend	m. Nov 20 1758
Benjamin & Susanna Salter	m. Oct 13 1761
Susanna & Jonathan Stoder	m. Nov 25 1761
Samuel & Patience Singleton	m. Jan 4 1795

Mrs., ae. 78 y.,   d. Sept 3 1792

CUTLOVE

Sarah   Adm.   Dec 15 1717

CUTTER

Polly & Samuel Turell	m. Jan 7 1789
Gershom & Deborah Torey	m. Mar 15 1789

DAKIN

Jonathan   Adm.   Jan 21 1727/8
(Had gone over to Ch. of England prior to June 15 1747)

Name	Parents	Date
Jonathan	Jonathan & Sarah	bp June 13 1729
Benjamin	Jonathan & Sarah	bp Apr 23 1738
Hannah	Jonathan & Sarah	bp Apr 23 1738
Hannah	Jonathan & Sarah	bp Feb 17 1739/40
Mary	Jonathan & Sarah	bp Jan 10 1741/2
Elisabeth	Jonathan & Sarah	bp Dec 4 1743

Jonathan & Elizabeth Orne   m. Dec 25 1753

DALTON

Sally & John Homans   m. Sept 15 1785

DANFORTH

Hannah   Adm.   Dec 8 1771

Name	Parents	Date
Hannah	Samuel & Hannah	bp Feb 2 1772
Samuel	Samuel & Hannah	bp Jan 24 1773
Thomas	Samuel & Hannah	bp Aug 7 1774

Samuel & Hannah Watts   m. Dec 24 1770

DANIEL : DANIELS

Name	Parents	Date
Joseph	Cov't.	Feb 1 1778
Sarah	Zebadiah & Elizabeth	bp Aug 4 1723
William	Zebediah & Elizabeth	bp Feb 6 1725/6
Sally-Pierce	Joseph & Agnes	bp Feb 1 1778
Issac-Pierce	Joseph & Agnes	bp June 20 1779
Joseph	Joseph & Agnes	bp Oct 15 1780

Joseph & Agnes Pierce   m. Oct 31 1776

DARBY (see Dorby)

Catherine   of Hannah   bp Nov 25 1750

DARGE : DARKE

Name	Parents	Date
Sarah	Adult	bp Aug 25 1796
John	John & Sarah	bp Aug 25 1796

John & Sally Lambert   m. Dec 1 1793

Mrs., ae. 20 yrs.,   d. Sept 3 1796

DAROMPLE

Thomas & Mary Fowle   m. May 31 1756

DARRAH

Sarah & James Lifford   m. Dec 23 1782

DARRALL : DARRELL

Name	Parents	Date
Rachel	Thomas & Hannah	bp Nov 22 1741
John	Thomas & Hannah	bp Nov 14 1742
Mehitable	Thomas & Hannah	bp Nov 14 1742

DARRALL : DARRELL (con't)

Hannah	Thomas & Hannah	bp Apr 22 1744
Hannah	Thomas & Hannah	bp June 9 1745
Anna	Thomas & Anna	bp Aug 10 1746
Thomas	Thomas & Hannah	bp Aug 23 1747
Thomas	Henry & Mary	bp June 5 1748
Mary	Henry & Mary	bp Apr 12 1752

Henry & Mary Heyler	m. Aug 13 1747
Mary & Rev. Nathaniel Edes	m. Oct 11 1753

DARRICOTT etc.

Rachel	Cov't.	Apr 1 1781
William	William & Rachel	bp Apr 1 1781

William & Rachel Browne	m. June 29 1780
William & Mary Barnard	m. Dec 25 1783
William & Deborah Carter	m. Nov 11 1787

DART

Nancy & John Farrie	m. Mar 30 1794

DAVENPORT

Mary & John Rogers	m. Mar 13 1745/6

DAVIS

Jacob	Adm.	Apr 3 1726
(Jacob & wf. Jemima dismissed to 2d		
Ch. in Roxbury		Dec 1 1734)
Mary	Cov't.	May 27 1744
Elisabeth	Cov't.	Oct 30 1774

James	Adult	bp Feb 14 1724/5
Katherine	James & Katherine	bp Aug 4 1734
Katherine	James & Katherine	bp Oct 12 1735
Henry-Johnson	of Mary	bp May 27 1744
Mary	Solomon & Mary	bp Oct 30 1757
Mary	Solomon & Mary	bp Oct 5 1760
Betsy	Elisha & Elizabeth	bp Oct 30 1774
Elijah	Elijah & Elisabeth	bp Nov 3 1776
Becky-Sampson	Elijah & Elizabeth	bp Dec 20 1778
(by Mr. White)		

William & Mary Philips	m. Dec 29 1748
Jonathan & Sarah Garner	m. Sept 24 1759
Benjamin & Tabitha Doak	m. Dec 29 1763
Marill & Joseph Chaffin	m. Sept 12 1765
Rebecca & William Hitchins	m. June 11 1773
Mary & Edward Sohier	m. Aug 8 1786
Elizabeth & Benjamin Morgan	m. July 8 1790
Mime & Timothy McMillan	m. Sept 30 1792
William & Betsy Harris	m. May 30 1793
(BRCR - Patty Harris)	

DAVISON : DAVIDSON

Martha	Cov't.	Mar 3 1727/8
Alexander	Cov't.	July 10 1768
Alexander	Adm.	July 7 1771
Ann	Adm.	July 7 1771
Mary	Cov't.	Feb 8 1795

William	James & Martha	bp Mar 17 1727/8
James	James & Martha	bp Nov 9 1729
George	Alexander & Ann	bp July 31 1768
Mary-Kneeland	Alexander & Ann	bp July 1 1770
Alexander	Alexander & Ann	bp Jan 3 1773
Mary Ann-Goddard	George & Mary	bp Mar 22 1795

George & Sally Clarke	m. Apr 27 1794

DAWES

Mary	Cov't.	July 24 1791
Maria	Robert & Mary	bp Aug 19 1792

William & Hannah Gair	m. Aug 27 1764
Elizabeth & Nehemiah Somes	m. Apr 22 1775
Robert (altered in pencil from Reuben)	
& Mary Bentley	m. Nov 8 1790

DAWSON

Isabella	Cov't.	Dec 17 1758
Isabella	Henry & Isabella	bp Jan 28 1759
Isabella	Henry & Isabella	bp Dec 21 1760
James	Henry & Isabella	bp Apr 10 1763

DAY

Hannah	Adm. & bp	Oct 22 1752
Rebecca	Adult	bp Apr 15 1716

Hannah & Andrew Burger	m. Dec 8 1756

DeCARTERT (see Carteret)

DEHON

Timothy & Frances Dickson	m. Nov 12 1759

DELANO

William	Benjamin & Lydia	bp Nov 16 1760

DELONY

Joseph & Sarah Hill	m. May 29 1785

DEMERY

Silas	Adm.	July 5 1741
Ann	Adm.	July 5 1741

Ann & Thomas Jarvis	m. June 4 1778

DEMING

Sarah Deming (formerly West) dismissed to
 Old South Ch.   June 16 1771

John & Sarah West   m. Feb 27 1752

DENIZOT

Bertron	Cov't.	Apr 24 1720
Mary	Bertron & Martha	bp Apr 24 1720

DENNIS

Mrs. Sarah & Thomas Mitchell   m. Jan 7 1785

Mr., ae 23,   d. Mar 13 1793

DESHON : DISHON

Pierces	Moses & Pierces	bp Oct 1 1732
Moses	Moses & Pierces	bp Nov 11 1733
Susanna	Moses & Pierces	bp May 22 1735

DERHAM

Mary   Adm.   Dec 31 1727

DEVINS

Sarah	Cov't.	June 10 1753
Mary	Charles & Sarah	bp Aug 12 1753
Sarah	Charles & Sarah	bp Dec 22 1754
Thomas-Melendy	Charles & Sarah	bp Oct 24 1756

DEXTER

Samuel	Adm.	June 28 1741
(Dismissed to 1st Ch. in Dedham		Apr 8 1764)
Samuel	Samuel & Hannah	bp Mar 18 1749/50
Andrew	Samuel & Hannah	bp May 5 1751
Mary	Samuel & Hannah	bp Aug 19 1753
Catherina Maria	Samuel & Hannah	
		bp Apr 13 1760
Samuel	Samuel & Hannah	bp May 17 1761
Sally	Richard & Lydia	bp Aug 24 1794
Richard	Richard & Lydia	bp Mar 6 1796

Samuel & Hannah Sigourney   m. June 23 1748
Samuel & Rachel Newman   m. Dec 13 1789
Richard & Lydia Perkins   m. Nov 7 1793

Child of Richard, ae. 2 yrs.   d. Sept 1795

DIAMOND : DIMON

Elizabeth	Adm.	Jan 23 1736/7
Sarah	Cov't.	Sept 9 1759
Sarah	Cov't.	June 8 1783
Hannah	John & Hannah	bp Nov 10 1723
William	John & Hannah	bp Jan 16 1725/6
Mary	John & Hannah	bp July 7 1728

DIAMOND : DIMON (con't)

Martha	John & Hannah	bp Feb 21 1730/1
Thomas	John & Hannah	bp Apr 8 1733
Thomas-Smith	John & Elisabeth	bp Mar 27 1737
Priscilla	John & Elisabeth	bp Dec 10 1738
Anne	John & Elisabeth	bp Oct 4 1741
Elizabeth	John & Elisabeth	bp Oct 12 1746
John-Webster	John & Elisabeth	bp Mar 18 1749/50
William	John & Elisabeth	bp July 27 1755
Sarah	Thomas-Smith & Sarah	bp Nov 11 1759
Rebecca	Thomas Smith & Sarah	bp Aug 23 1761
Thomas-Webster	John & Sarah	bp June 8 1783
Joseph-Bradford	John & Sarah	bp June 8 1783

Thomas-Smith & Sarah Lord   m. Nov 23 1758
Sarah & Benjamin Howard   m. Jan 14 1781

DE St. PRE (see St. Pre)

DICKERS

Abigail   Adm.   Aug 2 1741

DICKINSON

Abigail & John-Montague Topp   m. Dec 10 1772

DICKMAN

Mary	Adm.	Sept 28 1788
(ob. June 1792)		
Isaac	Joseph & Mary	bp Sept 28 1788
(sua domo)		
Betsy	Joseph & Mary	bp June 28 1789
Polly	Joseph & Mary	bp May 25 1792
(sua domo)		
Joseph	Joseph & Elizabeth	bp Dec 8 1793

Joseph & Polly Tucker   m. Mar 9 1786
Joseph & Elizabeth Gatchell   m. Dec 6 1792

Mrs., ae 29 yrs.,   d. June 16 1792
Child of Mr., 4 mo.,   d. Aug 27 1792
Mrs., ae 56 yrs.   d. Oct 23 1792
Mr. Joseph, ae 32 yrs.   d. Dec 6 1795

DICKSON (see Dixon)

DILLAWAY

Mercy	Thomas & Mercy	bp Feb 4 1749/50
Abigail	Thomas & Mercy	bp Sept 1 1751
Thomas	Thomas & Mercy	bp Aug 19 1753
Mary	Thomas & Mercy	bp Dec 29 1754
Mary	Thomas & Mercy	bp Oct 31 1756
Hephzibah	Thomas & Mercy	bp Nov 5 1758
John	Thomas & Mercy	bp Jan 25 1761
William	Thomas & Mercy	bp Jan 30 1763
William	Thomas & Mercy	bp Oct 20 1765
Henry	Thomas & Mercy	bp Oct 30 1768
Elizabeth	Thomas & Mercy	bp Aug 4 1771

DILLAWAY (con't)
Mary & Richard Humphreys		m. Dec 31 1747
William & Mary Westley		m. June 26 1787
(BRCR - Mary Westby)		

DINHAM
Susanna & Hugh Holman		m. July 1 1762

DINSDELL
John & Susanna Ballard		m. June 4 1795

DISMORE
Fanny	Thomas & Fanny	bp Oct 2 1785
Nancy	Thomas & Ann	bp Dec 5 1790
Debby	Thomas & Ann	bp Aug 19 1792
Sarah	Thomas & Ann	bp Feb 16 1794
Nabby	Thomas & Ann	bp Oct 23 1796
Thomas & Ann Howard		m. Jan 10 1790

DISPAR
Ebenezer & Mary Thomas		m. May 1 1760

DIXON : DICKSON
Robert	Cov't.	Jan 16 1725/6
Mary	Cov't.	Dec 21 1783
Thomas	Robert & Katherine	bp Jan 16 1725/6
Barnard	Robert & Katherine	bp June 25 1727
John-Hincks	Robert & Mary	bp Feb 1 1784
Mary	Robert & Mary	bp Aug 20 1786
Rebecca	Robert & Mary	bp Aug 8 1790
Jenny	Robert & Mary	bp Aug 8 1790
Samuel-Hemmenway	Robert & Mary	bp Nov 3 1793
Frances & Timothy Dehon		m. Nov 12 1759
Robert & Mary Christy		m. Apr 20 1783
Child of Dixon's, ae. 2 yrs.,		d. Nov 23 1795

DIXWELL
John	Adm.	May 6 1716
Chosen Deacon		1717
Chosen Ruling Elder		Sept 7 1720
Died in 44th yr.		Apr 21 1725
Mary	Adm.	June 3 1716
Elizabeth	John & Mary	bp Apr 15 1716
John	John & Mary	bp May 18 1718
Mary	John & Mary	bp Nov 6 1720

DOAK : DOAKES : DOKES
Lydia & Thomas Pooke		m. Nov 15 1795
Tabitha & Benjamin Davis		m. Dec 29 1763
Bridget & John Shelton		m. Jan 8 1792
Mary & William Dyer		m. Apr 19 1795

DOAK : DOAKES : DOKES (con't)
Mr., under 30,		d. Feb 1796

DOANE
Nehemiah	Cov't.	May 1 1720
Nehemiah	Nehemiah & Martha	bp June 19 1720
Jane	Nehemiah & Jane	bp Feb 14 1724/5
Ephraim & Jane Judevine		m. Oct 4 1753
Hannah & Jesse Newcomb		m. Nov 30 1767
Mrs. Joanna & Nathan Bond		m. June 11 1783

DOBLE
Abigail & Joseph Billings		m. June 3 1756
John & Ann Scranton		m. Sept 30 1757
Joseph & Mary Williams		m. Jan 8 1761

DOCKUM
Samuel	William & Frances	bp Jan 13 1754

DODGE
James & Abigail Oliver		m. Mar 31 1794
Mrs., wf. Capt. James, a 25 y.,		d. Mar 29 1796

DOGGETT
Bethiah & Robert Kinsman		m. Sept 27 1749
Isaac & Alice Cates		m. Jan 8 1761

DOLBEAR
Sarah	Cov't.	Nov 23 1755
Susanna	Adm.	Feb 5 1758
William	Cov't.	June 19 1772
Susanna	Adult	bp. Feb 5 1758
Edmund	Edmund & Sarah	bp Mar 13 1757
Benjamin	Edmund & Sarah	bp Oct 13 1759
Sarah	Edmund & Sarah	bp Jan 3 1762
Thomas	Edmund & Sarah	bp July 20 1766
Joseph	Edmund & Sarah	bp Aug 21 1768
Abigail	Edmund & Sarah	bp Oct 21 1770
Ruth	Edmund & Sarah	bp June 27 1773
Patty	William & Sarah	bp Nov 14 1773
Martha	William & Sarah	bp Mar 12 1775
Sally	William & Sarah	bp July 19 1772
John & Elizabeth Sergeant		m. Aug 15 1754
John & Phebe Huton		m. Apr 27 1764
Thomas & Joanna Allen		m. Apr 30 1786

DOLLIVER
Thomas & Sally Coolidge		m. Nov 16 1796

DOMPKIN
Ruth & Archibald Beard		m. July 30 1752

DONELLAN

Matthew	Adm.	June 28 1741

DONHAM

Elisha & Sarah Gray	m. Aug 5 1747
John & Mary Venn	m. Nov 23 1748
Solomon & Sarah Manson	m. Dec 14 1769

DONNELL (see Dunnell)

DORBY

Eleazer	Adm.	May 8 1715
Dismissed to Old South		Nov 10 1751

DORR

Harbottle	Adm.	Sept 27 1741
(by dismission from Old South)		
Susanna	Adm.	Mar 11 1743/4
Sarah	Cov't.	Nov 17 1751
Harbottle	Adm.	Oct 2 1774
(ob. 1794)		

Dorothy	Harbottle & Dorothy	bp Aug 24 1735
Ebenezer	Harbottle & Dorothy	bp July 27 1740
Sarah	Thomas & Sarah	bp Jan 5 1752
Thomas-Weld	Thomas & Sarah	bp Sept 30 1753

Thomas & Sarah Bennett	m. Mar 5 1750/1
Sarah & Freeman Pulsifer	m. Mar 9 1773

Harbottle, Ch. Member, ae 64 y.,	d. June 1794

DOSSIE

Martha	Cov't.	July 11 1773
Jeremiah	Jeremiah & Martha	bp Aug 1 1773

DOTE

Elizabeth & Edward Hunt	m. Feb 19 1767

DOUBLEDAY

Elijah	Cov't.	Aug 28 1726
Dorcas	Elijah & Dorcas	bp Aug 28 1726
Elijah	Elijah & Dorcas	bp July 14 1728
Benjamin	Elijah & Dorcas	bp Feb 1 1729/30
John	Elijah & Dorcas	bp Nov 21 1731
Benjamin	Elijah & Dorcas	bp Mar 17 1733/4
Joseph	Elijah & Dorcas	bp May 11 1735
Sarah	Elijah & Dorcas	bp Feb 13 1736/7
Abigail	Elijah & Dorcas	bp Apr 16 1738
Mehitable	Elijah & Dorcas	bp Feb 17 1739/40
Samuel	Elijah & Martha	bp Aug 1 1742

Sarah & Daniel Byles	m. Jan 21 1762

DOUBT

Rebecca	Adm.	Apr 1 1722

DOUBT (con't)

Nyott	Adm.	July 13 1755
Sarah	Adm.	Mar 7 1756
Elizabeth	Isaac & Rebecca	bp Sept 1 1723
Isaac	Isaac & Rebecca	bp Sept 1 1723
Elizabeth	Isaac & Rebecca	bp Oct 31 1725
Nyet	Isaac & Rebecca	bp July 23 1727
Thomas	Isaac & Rebecca	bp Oct 12 1729
Sarah	Isaac & Rebecca	bp Dec 16 1733
Sarah	Nyott & Sarah	bp July 13 1755
Rebecca	Nyott & Sarah	bp Jan 16 1757
Nyott	Nyott & Sarah	bp Apr 22 1759
Katharine	Nyott & Sarah	bp Sept 20 1761
Mary	Nyott & Sarah	bp July 24 1763

Sally & Dr. William Gammage	m. Nov 11 1777

DOWBANKS

Alice	Cov't.	Oct 7 1770
Thomas	(blank) & Alice	bp Oct 7 1770

DOWEL

Susanna & John Chard	m. Mar 5 1761

DOWNE : DOWNS etc.

William	Adm.	Mar 4 1739/40
(by dismission from Ch. in London)		
Polly-Holms	Adm.	Sept 20 1795
Polly	Nathan-Holmes & Polly-Homes	bp May 29 1796
Elizabeth-Symmes	Nathan-Holmes & Mary-Homes	bp Sept 3 1797

Susanna & Robert Edwards	m. Mar 17 1754/5
Elizabeth & Abraham Howard	m. Mar 7 1790
Jane & Robert Jackson	m. May 19 1791
Nathan-Homes & Polly-Homes Symmes	m. July 28 1793

DOWNING

John	Cov't.	Nov 25 1750
John	John & Abigail	bp Dec 5 1750

John & Abigail Vining	m. June 7 1750

DOWSE

Mary & Michael Ryan	m. Nov 13 1770

DRESSER

Lydia	Cov't.	May 29 1715
Mary	Benjamin & Lydia	bp June 19 1715
Elizabeth	Benjamin & Lydia	bp Aug 17 1718
Lydia	Benjamin & Lydia	bp Aug 28 1720

DREW

Rachel	Cov't.	Jan 23 1774
Susanna	Adm.	Jan 31 1779
Sally	Charles & Rachel	bp Jan 3 1779
Katy-Blackedore	Charles & Rachel	bp Jan 3 1779
Charles	Charles & Rachel	bp Apr 29 1781
Polly-Montgomery	Charles & Rachel	bp Jan 23 1774
Susanna	John & Susanna	bp Mar 28 1779
John	John & Susanna	bp Mar 18 1781

Charles & Rachel Badger m. Dec 24 1772
John & Susanna Symmes m. Feb 10 1778

DRING

Elisabeth	Adm.	May 24 1730
John	John & Elizabeth	bp May 30 1731
Joseph	John & Elizabeth	bp May 5 1734
Thomas	John & Elizabeth	bp Dec 5 1736

DRINKER

Edward	Adm.	June 3 1716
Sarah	Cov't.	Dec 2 1744
Edward	Adult	bp Aug 28 1715
Tabitha	Edward & Tabitha	bp Mar 15 1718/9
Sarah	Edward & Tabitha	bp Oct 23 1720
Edward	Edward & Tabitha	bp July 8 1722
Rebecca	Edward & Tabitha	bp Apr 19 1724
John	Edward & Tabitha	bp Nov 7 1725
Nathaniel	Edward & Tabitha	bp Aug 27 1727
Ruth	Edward & Tabitha	bp Jan 26 1728/9
Mary	Edward & Tabitha	bp Nov 28 1731
Mary	Edward & Tabitha	bp Dec 3 1732
Samuel	Edward & Tabitha	bp June 22 1735
Mary	Joseph & Sarah	bp Sept 16 1733
Edward	Edward & Sarah	bp Dec 2 1744
John	Edward & Sarah	bp May 8 1748

Edward & Sarah Peake m. Dec 22 1743

DRISDEL

Eleonor	Adm.	Sept 26 1742
Alithea	Adult	bp Sept 17 1721

DRUMMOND

Joseph	Andrew & Mary	bp June 9 1771
Andrew	Andrew & Mary	bp June 9 1771
Mary	Andrew & Mary	bp Mar 21 1773
Thomas	Andrew & Mary	bp Jan 8 1775

DUCKENFIELD

Samuel	Samuel & Sarah	bp June 21 1761

Samuel & Sarah Martin m. July 17 1760

DUDLEY

John & Sarah Hooper m. May 7 1761
Eunice & Nicholas Manson m. Apr 5 1787

DUFF

William & Rebecca-Swan Webb m. Sept 15 1785

DUNLOP

Sarah	Cov't.	Sept 2 1798

John & Sarah Hunter m. July 6 1796
 (BRCR - 1794)

DUNN

Deborah	Adm.	July 3 1715
	(dismissed from Salem)	
Mary	Cov't.	May 25 1746
Deborah	Nicholas & Deborah	bp Oct 21 1716
Dorcas	Nicholas & Deborah	bp Nov 3 1717
Mary	Arthur & Mary	bp July 13 1746
Martha	Arthur & Mary	bp Aug 4 1748
Arthur	Arthur & Mary	bp Apr 15 1750
Mary	Arthur & Mary	bp Aug 4 1751
John	Arthur & Mary	bp July 29 1753
John	Arthur & Mary	bp Oct 13 1754
Jonathan	Arthur & Mary	bp Aug 31 1755
David	Arthur & Mary	bp Aug 31 1755
Sarah	Arthur & Mary	bp Sept 25 1757
Andrew	Arthur & Mary	bp Mar 11 1759

DUNNELL etc.

Jemima	Adm.	Mar 21 1735/6
Zaccheus-Norwood	Adult	bp Mar 22 1772
Samuel	Zaccheus-Norwood & Susanna	bp Mar 22 1772
Nabby-Sumner	Zaccheus-Norwood & Susanna	bp Apr 3 1774
John-Hancock	Zaccheus-Norwood & Susanna	bp Nov 23 1776
Lydia	of Lydia Perkins by her 1st husband Jonathan Dunnells	bp May 8 1791
Jonathan	of Lydia Perkins by her 1st husband Jonathan Dunnells	bp May 8 1791
Henry-Davis	of Lydia Perkins by her 1st husband Jonathan Dunnells	bp May 8 1791

Lydia & John Perkins m. Feb 23 1789

DUPEE

Elias Jr. & Elizabeth Sweetzer m. Feb 27 1751

DWIGHT

Mary	Jonathan & Mary	bp Feb 6 1731/2

DYAR : DYER

Lydia	Adm.	Dec 14 1718

DYAR : DYER (con't)

Mary	Adm.	Nov 27 1768
Mary	Cov't.	Nov 21 1762
William	Cov't.	June 9 1771
Elizabeth	Cov't.	Feb 23 1772
Joseph	Joseph & Lydia	bp Feb 8 1718/9
William	Joseph & Lydia	bp Apr 16 1721
Joseph	Joseph & Abiel	bp June 13 1742
Lydia	Joseph & Abiel	bp Mar 18 1743/4
William	Joseph & Abiel	bp Nov 3 1745
Joseph	Joseph & Abiel	bp Aug 16 1747
John	Joseph & Abiel	bp Nov 19 1749
Lydia	Joseph & Abiel	bp Oct 13 1751
Mary	Joseph & Abiel	bp Aug 12 1753
John	Joseph & Abiel	bp May 11 1755
Lydia	Joseph & Abiel	bp June 5 1757
John	John & Mary	bp Dec 19 1762
Mary	John & Mary	bp Sept 16 1764
Elisabeth	John & Mary	bp June 15 1766
Sarah	John & Mary	bp Apr 24 1768
(by Mr. Bowen)		
John-Dumaresque	John & Mary	bp June 11 1769
Jacob	John & Mary	bp July 29 1770
Katherine-Sweetser	John & Mary	bp Oct 27 1771
William	John & Mary	bp Jan 30 1774
Ann	John & Mary	bp Apr 16 1774
Nabby	William & Abigail	bp June 9 1771
Nabby	William & Abigail	bp Mar 28 1773
William	William & Abigail	bp Jan 15 1775
John-Fowle	William & Abigail	bp July 20 1777
Smith	William & Abigail	bp Aug 15 1779
Edward	William & Abigail	bp Aug 19 1781
Sarah	Joseph & Amey	bp Jan 3 1768
Jeremiah	Joseph & Amey	bp Nov 24 1771
Elizabeth	Joseph & Amey	bp Jan 23 1774
John	Joseph & Amey	bp Nov 19 1769
Joseph	Joseph & Elizabeth	bp Mar 15 1772
Joseph	Joseph Jr. & Elizabeth	bp Feb 27 1774
Elisabeth	Joseph & Elizabeth	bp Sept 14 1777
John-Nichols	Joseph & Elizabeth	bp Nov 8 1778
(by Mr. Osgood of Medford)		
Sally	of Elizabeth	bp Sept 21 1783
(Mr. E. Fairfield the father of this child died before it was born)		
John & Elizabeth Furber		m. July 9 1752
John & Mary Sweetser		m. Sept 24 1761
Joseph & Ame Bumstead		m. Jan 23 1766
William & Mary Doake		m. Apr 19 1795
John, ae. 64 y.,		d. Mar 4 1792

EANGER

Elizabeth	John & Elizabeth	bp Apr 5 1719

EATON

Daniel	Adm.	Sept 25 1791

EATON (con't)

Dorothy	Adm.	Sept 25 1791
Abigail	Benjamin & Sarah	bp Mar 20 1742/3
Israel	Benjamin & Sarah	bp Mar 17 1744/5
Ebenezer	Benjamin & Sarah	bp Mar 15 1746/7
Mary	Benjamin & Sarah	bp Dec 11 1748
Joseph	Benjamin & Sarah	bp July 29 1750
Elisabeth	Benjamin & Sarah	bp Mar 29 1752
Mary	Jacob & Mary	bp Oct 14 1744

EAYRES

Emmy & Isaac Malsingham		m. July 14 1757

EDDY

Joseph	Adm.	Aug 2 1741
Joseph	Adult	bp June 7 1741

EDES etc.

Sarah	Adm.	Dec 8 1728
(d. 1790)		
Susanna	Adm.	Mar 28 1731
Sarah	Cov't.	Sept 9 1739
Rebekah	Cov't.	Dec 30 1747
Hannah	Adm.	Apr 21 1765
Elisabeth	Adm.	May 21 1769
(d. Jan 6 1794)		
Larrabee	Adm.	Feb 18 1770
Jonathan W.	Cov't.	Jan 25 1778
Ebenezer	Cov't.	Mar 19 1780
Susanna	Adm.	Oct 8 1780
(d. Feb 1793)		
Pomp	Adm.	Aug 11 1782
(free negro)		
Thomas	Edward & Susanna	bp Apr 17 1715
William	Edward & Susanna	bp Mar 16 1718
Sarah	Adult	bp Dec 8 1728
Sarah	Edward & Sarah	bp Apr 20 1729
Edward	Edward & Sarah	bp Oct 10 1731
Martha	Edward & Sarah	bp July 22 1733
John	Edward & Sarah	bp Sept 7 1735
Susanna	Edward & Sarah	bp May 15 1737
Mary	Edward & Sarah	bp Mar 23 1739/40
Edward	Edward & Sarah	bp June 13 1742
Naomi	Edward & Sarah	bp Aug 28 1743
William	Edward & Sarah	bp Jan 12 1745/6
Elisabeth	Edward & Sarah	bp Jan 31 1747/8
Rebecca	Edward & Sarah	bp Sept 16 1750
Thomas	Thomas & Sarah	bp Nov 11 1739
Sarah	Thomas & Sarah	bp Nov 22 1741
John	Thomas & Sarah	bp Feb 5 1743/4
Edward	Thomas & Sarah	bp Feb 23 1745/6
Benjamin	Thomas & Sarah	bp June 5 1748
Larrabee	Thomas & Sarah	bp July 16 1749
Elisabeth	Thomas & Sarah	bp Sept 29 1751

EDES etc. (con't)

Name	Parents	Date
Ebenezer	Thomas & Sarah	bp Nov 23 1755
Susannah	Thomas & Sarah	bp Jan 22 1758
Rebecca	Thomas & Sarah	bp Nov 16 1760
Susanna	William & Rebecca	bp Jan 17 1747/8
William	William & Rebecca	bp Aug 20 1749
Jonathan-Welsh	William & Rebecca	bp Feb 3 1750/1
Benjamin	William & Rebecca	bp May 31 1752
Josiah	William & Rebecca	bp Apr 14 1754
Samuel	William & Rebecca	bp Aug 24 1755
Rebecca	William & Rebecca	bp May 15 1757
Elizabeth	Edward & Elizabeth	bp May 21 1769
Sarah	Edward & Elizabeth	bp July 1 1770
Edward	Edward & Elizabeth	bp Apr 19 1772
Thomas	Edward & Elizabeth	bp Nov 21 1773
Samuel-Haynes	Edward & Elizabeth	bp Feb 5 1775
William	Edward & Elizabeth	bp June 1 1777
Henry	Edward & Elizabeth	bp Nov 8 1778
(by Mr. Osgood of Medford)		
Sarah	Edward & Elizabeth	bp Sept 3 1780
Samuel	Edward & Elizabeth	bp Oct 13 1782
Susanna	Edward & Elizabeth	bp Mar 7 1784
Nancy	Edward & Elizabeth	bp June 18 1786
Charlotte	Edward & Elizabeth	bp June 15 1788
Maria	Edward & Elizabeth	bp Dec 19 1790
Hannah	Larrabee & Mary	bp June 20 1773
(by Mr. Bridge)		
Hannah	Larrabee & Mary	bp Mar 26 1775
Thomas	Larrabee & Mary	bp July 13 1777
Polly	Larrabee & Mary	bp Dec 12 1779
Larabee	Larrabee & Mary	bp Oct 14 1781
Thomas	Larrabee & Mary	bp Feb 8 1784
Betsy-Green	Larrabee & Mary	bp Oct 1 1786
Sukey	Larrabee & Mary	bp Sept 28 1788
Sally	Larrabee & Mary	bp Mar 25 1792
John-Bowles	Ebenezer & Mary	bp Mar 19 1780
Polly-Hart	Ebenezer & Mary	bp Sept 23 1781
Ebenezer	Ebenezer & Mary	bp June 1 1783
Polly	Ebenezer & Mary	bp Jan 7 1785
Sally	Ebenezer & Mary	bp Oct 1 1786
Elizabeth-Carter	Ebenezer & Mary	bp Oct 12 1788
Ralph-Hart	Ebenezer & Mary	bp Nov 21 1790
Mary	Ebenezer & Mary	bp Sept 1 1793
Thomas	Ebenezer & Mary	bp Jan 17 1796
Samuel-Barrett	Jonathan-Welsh & Susanna	bp Jan 25 1778
William	Jonathan & Susanna	bp May 5 1782
William	Jonathan & Susanna	bp Feb 1 1784
David	David & Susanna	bp Oct 8 1780
Judy	Pomp & Bulah	bp Aug 11 1782
Nancy	Pomp & Bulah	bp June 28 1784
Prince-Jeru	Pomp & Bulah	bp Mar 19 1786
William	John & Rhoda	bp May 11 1783
David	John & Rhoda	bp May 11 1783
Isaa-Harris	John & Rhoda	bp Aug 29 1784
Sukey-Richardson	John & Rhoda	bp May 14 1786
Sally	John & Rhoda	bp July 17 1791

EDES etc. (con't)

Name	Parents	Date
Harriot	John & Rhoda	bp July 17 1791
William & Rebecca Hawkins		m. Mar 5 1746/7
Sarah & William H. Prentice		m. Apr 12 1753
Rev. Nathaniel & Mary Darrall		m. Oct 11 1753
John & Hannah Hollowell		m. June 12 1760
Martha & John Thomas		m. May 16 1754
Susanna & Joseph Bradford		m. Jan 20 1757
Naomi & Samuel Weld		m. Sept 16 1765
Edward & Elizabeth Edes		m. July 14 1768
Elizabeth & Edward Edes		m. July 14 1768
Rebecca & James Littlefield		m. Jan 2 1772
David & Susanna Story		m. Nov 16 1779
Rebecca & James Avery		m. Dec 13 1781
Susanna & William Allen		m. Aug 30 1789
John & Sarah Nations		m. May 23 1794
Edward & Mary Gardner		m. Sept 18 1795
Hannah & Thomas Lillie		m. Oct 8 1795
Child of Mr. Ed., 14 mos.		d. Feb 1 1792
Mrs. Elizabeth, a. 45, Ch. Member,		d. Jan 5 1794
Thomas, a. 80 yrs.,		d. Sept 1794
Child of Mr. Isaac, a. 2 mos., (never baptised)		d. Jan 5 1794
Child of Mr. Eben., a. 2 yrs.,		d. Sept 5 1795

EDMUNDS

Name	Parents	Date
Walter	Cov't.	Mar 24 1722/3
John	Adm.	July 5 1741
Elisabeth	Adm.	Nov 16 1746
Jonathan	Jonathan & Sarah	bp Apr 20 1718
Sarah	Adult	bp Apr 6 1718
John	Walter & Jane	bp Mar 24 1722/3
Jane	Walter & Jane	bp Aug 22 1725
Robert	Walter & Jane	bp Nov 5 1727
Walter	Walter & Jane	bp May 31 1730
Sarah	Walter & Jane	bp May 7 1732
Walter	Walter & Jane	bp July 28 1734
Nehemiah	Walter & Kezia	bp Apr 18 1736
Jonathan	Walter & Kezia	bp Jan 1 1737/8
Kezia	Walter & Kezia	bp Oct 21 1739
Hannah	Walter & Kezia	bp Aug 2 1741
David	Walter & Kezia	bp Aug 17 1743
Robert	Walter & Kezia	bp Feb 23 1745/6
Elizabeth	Walter & Kezia	bp May 31 1747
John & Priscilla Roberts		m. Dec 3 1751
Joseph & Mercy Greenleaf		m. Nov 25 1756
Priscilla & Benjamin White		m. May 29 1760
Joseph & Hannah Warner		m. June 15 1794
Mrs., ae. 58,		d. Sept 3 1792

EDWARDS

Hannah	Adm.	Nov 2 1735
Edward	Cov't.	Sept 24 1758

EDWARDS (con't)

Rebecca	Cov't.	July 1 1759
Sarah	Adm.	June 10 1787
Mary	Thomas & Mary	bp Mar 22 1729/30
Edward	Thomas & Mary	bp Feb 13 1731/2
Elisabeth	Thomas & Mary	bp Sept 15 1734
Mary	Thomas & Mary	bp Mar 7 1735/6
Sarah	Thomas & Mary	bp Aug 14 1737
Abigail	Thomas & Mary	bp June 1 1740
Benjamin	Edward & Elisabeth	bp Sept 24 1758
Sarah	Edward & Elisabeth	bp Sept 24 1758
John	Dolling & Rebecca	bp Aug 19 1759
Sarah	Dolling & Rebecca	bp Sept 20 1761
Rebecca	Dolling & Rebecca	bp Dec 18 1763
Benjamin	Dolling & Rebecca	bp Apr 14 1765
Rebecca	Dolling & Rebecca	bp Oct 20 1768
Mary	Edward & Sarah	bp June 22 1760
Edward	Edward & Sarah	bp Mar 28 1762
Elisabeth	Edward & Sarah	bp Dec 18 1763
Thomas	Edward & Sarah	bp Nov 24 1765
Abraham	Edward & Sarah	bp July 16 1769
Hannah-Stevens	Edward & Sarah	bp Apr 18 1773
Sarah-Lewis	Thomas & Sarah	bp June 10 1787
Elizabeth	Thomas & Sarah	bp July 27 1788
Thomas	Thomas & Sarah	bp Mar 14 1790
Catherine	Thomas & Sarah	bp May 8 1791
Mary Ann	Thomas & Sarah	bp Aug 26 1792
Catherine	Thomas & Sarah	bp Sept 15 1793
Goldthwait	Thomas & Sarah	bp July 26 1795

Robert & Susanna Downe	m. Mar 17 1755
Elizabeth & John Barret	m. June 19 1755
Henry & Mary Hadden	m. June 16 1757
Anna & Samuel Barnard	m. Aug 3 1758
Dolling & Rebecca Christie	m. Sept 21 1758
Sarah & Peter Curtis	m. Dec 13 1759
Abigail & William Laughton	m. July 25 1763
Thomas & Sarah Goldthwait	m. Mar 1 1785
Abraham & Mary Mason	m. Aug 28 1791

Infant of Mr. Thos.	d. Oct 1 1793
Mrs., ae. 38, Church Member,	d. May 19 1796

ELDER

Margaret	Robert & Susanna	bp Dec 20 1724
Eliasabeth	Robert & Susanna	bp Mar 26 1727

ELION

Elizabeth	Adm.	Dec 19 1773

ELIOT

Andrew Desired by church to preach as candidate
Aug 18 1741
Chosen Pastor Jan 11 1741/2
Adm. to church by dis. from Camb. Apr 11 1742
Elizabeth Adm. Mar 10 1754
died June 14 1795

ELIOT (con't)

Andrew Jr. Adm. Dec 1 1765
Dismissed to Fairfield to become their Pastor
June 12 1774
John Invited to preach as candidate
May 13 1779
Chosen Pastor Aug 23 1779
Adm. to Ch. on dismission from 1st Church
Dedham Oct 31 1779

Anna	Adm.	Aug 3 1788
Ephraim	Cov't.	Sept 12 1790
Ann	Adm.	Nov 21 1790
Mary	Adm.	Nov 27 1793
Andrew	Andrew & Elisabeth	bp Jan 15 1743/4
Josiah	Andrew & Elisabeth	bp Feb 2 1745/6
Elisabeth	Andrew & Elisabeth	bp May 10 1747
Samuel	Andrew & Elisabeth	bp June 19 1748
Mary	Andrew & Elisabeth	bp Jan 27 1750/1
John	Andrew & Elisabeth	bp June 2 1754
Sarah	Andrew & Elisabeth	bp Nov 9 1755
Susanna	Andrew & Elisabeth	bp Feb 25 1759
Ephraim	Andrew & Elisabeth	bp Jan 3 1762
(born Dec. 29 1761)		
Anna	Andrew & Elisabeth	bp Apr 28 1765
(born April 27)		
Ruth	Andrew & Elisabeth	bp Oct 8 1749
David	David & Martha	bp Oct 24 1784
Daniel-Malcom	David & Martha	bp Aug 12 1791
(*sua domo*)		
Samuel	Samuel & Elizabeth	bp Mar 8 1772
Elizabeth	Samuel & Elizabeth	bp Jan 9 1774
Andrew	Samuel & Elizabeth	bp Nov 16 1777
Susanna	Samuel & Elizabeth	bp Dec 26 1779
William-Greenleaf	Samuel & Elizabeth	
		bp Dec 30 1781
Andrew	John & Ann	bp Apr 16 1786
John	John & Ann	bp Mar 9 1788
Anna	John & Ann	bp Oct 18 1789
George	John & Ann	bp Feb 3 1793
Elizabeth-Langdon	John & Ann	bp Dec 27 1795
Elizabeth-Fleet	Ephraim & Elizabeth	
		bp Sept 12 1790
Ephraim-Langdon	Ephraim & Mary	
		bp Feb 23 1794
Henry	Ephraim & Mary	bp July 26 1795
Edward	Ephraim & Mary	bp July 16 1797

Lois & Nathan Smalledge	m. Sept 10 1754
Ruth & Rev. Jeremy Belknap	m. June 15 1767
Samuel & Elizabeth Greenleaf	m. May 7 1771
Mary & Capt. Nathaniel Goodwin	m. Mar 27 1783
Elizabeth & Edward Pope	m. June 2 1785
Ephraim & Elizabeth Fleet	m. Dec 6 1789
Susanna & David Hull	m. Nov 10 1789
Ruthy & Thomas Knox	m. Oct 9 1792
Anna & Melzar Joy	m. Feb 12 1795

ELIOT (con't)

Rev. Andrew in 60th year Died Sunday 6 1/2 AM,		d. Sept 13 1778
Mrs. Elizabeth, a. 26,		d. Mar 4 1792
Mrs. Elizabeth, a. 74 y., Ch. member		d. June 14 1795

ELLENWOOD

Joanna	Jonathan & Joanna	bp Sept 10 1732

ELLERY

Nancy & Ebenezer Stowell	m. Oct 9 1791

ELLIS

Joshua & Sally Lewis	m. Dec 25 1791

ELMES

John & Susanna Stephens	m. Oct 16 1796

EMERSON

Edward	Adm.	Mar 5 1748/9
Mary	Edward & Mary	bp Mar 14 1749/50
Edward & Mary Owen		m. Feb 14 1749/50
Lydia dismissed to 1st Ch. Ipswich		Oct 31 1736
Edward dismissed to 1st Ch. York		[torn]

EMERY : EMORY

Stephen	Adm.	May 24 1778
Anna	Adm.	May 24 1778
(died within a week of each other 1801)		
Nancy	Stephen & Anna	bp June 21 1778
Polly	Stephen & Anna	bp Oct 17 1779
Hannah	Stephen & Anna	bp Nov 26 1780
Hannah	Stephen & Anna	bp July 14 1782
Thomas-Knox	Stephen & Anna	bp Feb 1 1783
Stephen	Stephen & Anna	bp Dec 11 1785
Samuel	Stephen & Anna	bp Jan 27 1788
Stephen & Anna Knox		m. Mar 20 1777

EMMES

Nathaniel	Adm.	Mar 1 1723/4
Elisabeth	Adm.	Oct 6 1734
Joshua	Adm.	Apr 11 1742
Martha	Adm.	Jan 12 1745/6
Margaret	Adm.	Aug 20 1749
Hannah	Cov't.	June 27 1762
Henry	Nathaniel & Hannah	bp Jan 6 1716/7
Nathaniel	Nathaniel & Hannah	bp Feb 23 1717/8
Joshua	Nathaniel & Hannah	bp Nov 22 1719
Hannah	Nathaniel & Hannah	bp May 29 1726
Mary	Nathaniel & Hannah	bp Jan 19 1728/9
Mercy	Nathaniel & Hannah	bp July 19 1730

EMMES (con't)

Hannah	Nathaniel & Hannah	bp Feb 6 1731/2
Nathaniel	Henry & Mary	bp Aug 12 1744
Hannah	Henry & Mary	bp July 13 1746
Elisabeth	Henry & Mary	bp Sept 11 1748
Mary	Henry & Mary	bp July 1 1750
Mary	Henry & Mary	bp Oct 14 1753
Nathaniel	Joshua & Margaret	bp Oct 16 1748
Margaret	Joshua & Margaret	bp Nov 26 1749
Joshua	Joshua & Margaret	bp Oct 13 1751
Elisabeth	Joshua & Margaret	bp May 27 1753
Hannah	Joshua & Margaret	bp Feb 2 1755
Prudence	Joshua & Margaret	bp Oct 27 1756
Henry	Joshua & Margaret	bp Aug 27 1758
Nathaniel	Joshua & Margaret	bp Mar 23 1760
Susanna	Joshua & Margaret	bp Dec 27 1761
Clark	Joshua & Margaret	bp Mar 13 1768
Joseph-Clark	Joshua & Margaret	bp Mar 31 1765
Abigail	Samuel & Hannah	bp Aug 1 1762
(by Mr. Haven)		
Samuel	Samuel & Hannah	bp Sept 4 1763
Stephen	Samuel & Hannah	bp Apr 21 1765
John	Samuel & Hannah	bp June 19 1768
Henry	Samuel & Hannah	bp Mar 17 1771
Hannah	Samuel & Hannah	bp Mar 23 1777
Henry & Mary Gyles		m. July 7 1743
Joshua & Maragret Clarke		m. Nov 11 1747
Samuel & Hannah Clay		m. Mar 12 1761
Abigail & William Pooke		m. Dec 30 1781
John & Esther Fuller		m. Sept 1 1793
Henry & Mary Roberts		m. June 21 1795
Hannah & Samuel Merchant		m. Mar 7 1796

EMMONS

Nathaniel	Adm.	July 19 1761
Joshua	Cov't.	Dec 14 1766
Thomas	Thomas & Frances	bp Feb 28 1762
Sarah	Joshua & Elizabeth	bp Dec 14 1766
Elizabeth	Joshua & Elizabeth	bp July 17 1768
Elizabeth	Joshua & Elizabeth	bp June 9 1771
Thomas & Francis Gardner		m. May 7 1761
Nathaniel & Ruth Line		m. May 24 1763
Joshua & Elizabeth Floyd		m. Oct 24 1765

EPES

Mary Anne	Adult	bp Mar 21 1735/6

EUSTES etc.

William	Adm.	Jan 13 1716/7
Elizabeth	Adm.	Jan 13 1716/7
Jane	Adm.	June 24 1722
Margarett	Cov't.	May 17 1789
William	William & Elizabeth	bp Feb 12 1715/6
Elizabeth	William & Elizabeth	bp Sept 22 1717

EUSTES etc. (con't)

Samuel	William & Elizabeth	bp June 14 1719
William	William & Jane	bp July 1 1722
John	William & Jane	bp Dec 1 1723
Susanna	David & Susanna	bp Sept 19 1725
Mary	David & Susanna	bp July 9 1727
David	David & Susanna	bp Feb 22 1729/30
Elizabeth	John & Elizabeth	bp Nov 20 1748
William	John & Elizabeth	bp Dec 2 1750
Jane	John & Elizabeth	bp Mar 1 1752
Elisabeth	John & Elizabeth	bp Oct 20 1754
William	John & Elizabeth	bp Aug 21 1757
Abraham	of Margaret	bp May 17 1789

(The father of this child Mr. Abraham Eustis died in Virginia Nov 1788)

Mary & Samuel Treat	m. May 7 1747
Elizabeth & Ephraim Potter	m. Mar 12 1780
Benjamin & Elizabeth Brown	m. June 7 1781
Jane & Patrick Welsh	m. Mar 10 1782
Abraham & Peggy Parker	m. July 29 1784

EVERETT

Rev. Oliver & Lucy Hill   m. Nov 6 1787

EVERTON

Abigail & William Gyles   m. Jan 3 1754

EWELL

Sarah   Adm.   Apr 21 1734
(By dismission from 1st Ch. in Salem)

John	John & Sarah	bp July 21 1734
Stephen	John & Sarah	bp July 11 1736

EWEN : EWINS

Edward	Adm.	Mar 11 1715/6
Mercy	Adm.	Mar 11 1715/6
Michael	Adm.	Mar 29 1724
Elizabeth	Adm.	Feb 28 1730/1
Elizabeth	Cov't.	May 26 1765
Edward	Edward & Mary	bp July 17 1715
Mary	Edward & Mary	bp July 17 1715
Thomas	Edward & Mary	bp Aug 25 1717
Elisabeth	William & Elizabeth	bp Aug 11 1765

FADRE : FADRY

Elisabeth	Adm.	June 28 1741
Thomas	William & Elizabeth	bp Oct 10 1742
Nathaniel	William & Elisabeth	bp Feb 12 1743/4

Elizabeth & John Hearsey   m. Jan 30 1756

FAIRFIELD

Mr. E. Fairfield, father of Sally Dier (bapt) died before she was born   1783)

FAIRSERVICE

Elisabeth   James & Isabella   bp Mar 39 1746

FANNELL

Abraham   bp Oct 28 1770
(a child Thos. Williston had taken to bring up)

Willson & Sarah Williston   m. May 22 1760

FANNING

Jane & Luke Keefe   m. Aug 28 1794

FARMER

Thankfull	Cov't.	Apr 21 1745
Paul	Adm.	Jan 9 1757
Thankful	Adm.	Jan 9 1757
Susanna	Cov't.	July 27 1760
Katy	Cov't.	June 24 1782
Mary	Adm.	May 9 1790

(d. Nov 1798)

Jonathan	Paul & Thankfull	bp June 29 1746
Elisabeth	Paul & Thnakfull	bp Aug 9 1747
Hannah	Paul & Thankfull	bp Oct 30 1748
Mary	Paul & Thankfull	bp Dec 17 1749
Thomas	Paul & Thankfull	bp Nov 12 1752
Sarah	Paul & Thankfull	bp Sept 15 1754
Thomas-Bentley	Percival & Susanna	bp Aug 10 1760
Thomas	Percival & Susanna	bp Mar 28 1762
William	William & Elizabeth	bp Oct 8 1775
Nabby-Brewer	William & Elizabeth	bp Dec 19 1784

(The father of this child had died before it was born)

Sukey	Thomas & Catherine	bp May 8 1784
Katy	Thomas & Catherine	bp Jan 2 1786
Samuel	Thomas & Catherine	bp Apr 8 1787
Mary-Ann-Davison	Thomas & Catherine	bp Oct 12 1788

Purceival & Susanna Bentley	m. July 19 1759
Hannah & James Lambert	m. Aug 1 1771
Mary & [blank] Carleton	m. May 1 1777
(BRCR - William)	
Sally & Daniel Adams	m. July 24 1777
Thomas & Catherine Badger	m. Jan 28 1781
Paul & Mary Fullerton	m. Aug 11 1785

FARNUM

Anne	Adm.	Sept 18 1726
Jonathan	Adm.	Feb 4 1727/8

(Suspended Aug 9 1742 - withdrawn to place unknown)

Elisabeth	Adm.	Feb 4 1738/9
John	Cov't.	June 15 1740

FARNUM (con't)

William	Jonathan & Ann	bp Jan 22 1715/6
David	Jonathan & Ann	bp May 4 1718
David	Jonathan & Ann	bp Apr 10 1720
Anne	Jonathan & Ann	bp Dec 9 1722
William	Jonathan & Jane	bp Dec 6 1724
Dorothy	Jonathan & Jane	bp Feb 13 1725/6
Caleb	Jonathan & Anne	bp May 7 1727
Joseph	Jonathan & Anne	bp May 7 1727
William	Jonathan & Anne	bp Oct 5 1729
William	Jonathan & Anne	bp Sept 5 1731
Susanna	Jonathan & Elisabeth	bp Feb 4 1738/9
William	Jonathan & Elisabeth	bp Dec 23 1739
John	Jonathan & Elisabeth	bp June 15 1740
Jonathan	Jonathan & Elisabeth	bp July 26 1741
William	Jonathan & Elisabeth	bp Apr 17 1743
Elisabeth	Jonathan & Elisabeth	bp July 1 1744
Henry-Robbins	William & Amie	bp Jan 8 1775

David Farnum gave Bason for baptizing 1722

Sarah & Ezekiel Perrigo   m. Dec 24 1744

FARRAR
Hannah & Gyles Weld   m. July 14 1787
Dorothy & Adam French   m. Feb 1 1795

FARRIE
John & Nancy Dart   m. Mar 30 1794

FARRIER
Abigail   Andrew & Charity   bp Jan 15 1743/4

FAXON
Isaiah   Cov't.   Nov 9 1783

John	Isaiah & Rachel	bp Nov 9 1783
William	Isaiah & Rachel	bp Nov 9 1783
Samuel	Isaiah & Rachel	bp Jan 30 1785
Isaiah	Isaiah & Rachel	bp Aug 3 1788

FAY
Mary-Augusta   Nahum & Sarah   bp Oct 8 1797

FAYR
Mary   Adm.   Feb 28 1724/5

FENNO
John   Cov't.   Nov 4 1798

Joseph-Hiller Samuel & Hannah bp Nov 9 1777

Samuel & Hannah Hiller   m. Nov 12 1767
John & Olive Prat   m. Dec 8 1793

FERGUSON
Ann   William & Ann   bp Nov 21 1756

FIELD
Catherine & Lemuel Small   m. Mar 3 1796

FISHER
Sarah & Joseph Smith   m. Apr 27 1777

FITCH
Abigail   Adm.   Apr 11 1742

Abel & Ann Waters   m. Feb 6 1777

FLACK
Samuel   Adm.   Feb 9 1717/8
(Dismissed to 1st Church in Marblehead
                            June 25 1727)

FLAGG
Hannah   Adm.   June 28 1741

Joshua & Mary McKenzey   m. June 8 1758
Josiah & Elizabeth Hawkes   m. Apr 7 1760
Betsy & William Learned   m. Nov 24 1795

FLANAGAN
Sarah   [blank] & Rebecca   bp Mar 17 1754

Rebecca & William Campbell   m. Jan 28 1762
Sarah & William Lovering   m. Dec 5 1771

FLEET
Elizabeth & Ephraim Eliot   m. Dec 6 1789

FLEGG
John   Cov't.   Sept 10 1727
Sarah   Adm.   Apr 28 1728

Hannah	Thomas & Hannah	bp May 14 1721
Sarah	Thomas & Hannah	bp Apr 21 1723
Mary	Thomas & Hannah	bp Apr 12 1724
Rachel	Thomas & Hannah	bp Nov 28 1725
David	Thomas & Hannah	bp Mar 12 1726/7
Jonathan	Thomas & Hannah	bp Nov 23 1729
John	John & Sarah	bp Sept 10 1727
Sarah	John & Sarah	bp Jan 5 1728/9

FLEMING
Elisabeth   Cov't.   Sept 30 1753

Elisabeth   William & Elisabeth   bp Dec 23 1753

Mary & Samuel Bangs   m. June 19 1755
Ann-Secstone & Gilbert Rain   m. Sept 27 1759

FLETCHER
Thomas & Sarah Barrett   m. Sept 4 1760
Thomas & Mary Snelling   m. Dec 8 1795

FLING : FLYNG

Elisabeth	Adm.	July 5 1741
John	of Elisabeth	bp Oct 27 1776

Elizabeth & Custin Bushnel	m. Sept 21 1750
Sarah & Doane Snow	m. July 9 1797

FLORENCE

Charles & Mary Kilby	m. Jan 5 1743/4

FLOYD

Ebenezer	Cov't.	Jan 16 1757
Elizabeth	Adm.	June 18 1769
Mary	Adm.	Jan 17 1773
Ebenezer	Ebenezer & Mary	bp Jan 23 1757
Sarah	Ebenezer & Mary	bp Dec 31 1758
Mary	Ebenezer & Mary	bp May 16 1762
Agnes	Ebenezer & Mary	bp Nov 17 1765
John	John & Elizabeth	bp June 25 1769
Elizabeth	Richard & Elizabeth	bp Mar 8 1772
Richard	Richard & Elizabeth	bp Dec 5 1773
Sarah	Richard & Elizabeth	bp June 2 1776
Polly-Brintnell	Richard & Elizabeth	bp Mar 7 1779

Ebenezer & Mary Pierce	m. May 27 1756
James & Hannah Bill	m. Mar 3 1757
Sarah & John Trueman	m. Nov 14 1764
Elizabeth & Joshua Emmons	m. Oct 24 1765

FLYN : FLYNN

Mary	Adm.	Oct 20 1717
Mary	Adult	bp Sept 29 1717
Mary	Adult	bp Nov 1 1741

FOLSOM

Samuel	John-West & Sally	bp Mar 11 1781
Nathaniel	John-West & Sally	bp Nov 24 1782
Sally	John-West & Sally	bp July 4 1784
Polly	John-West & Sally	bp Apr 16 1786

FOLST

John & Hannah Reed	m. May 25 1758

FOOT

John	John & Elisabeth	bp Mar 20 1744/5
Thomas	John & Elisabeth	bp July 20 1746
Joseph	Thomas & Elisabeth	bp Nov 22 1747
Hannah	Thomas & Elizabeth	bp Nov 24 1751
John	Thomas & Elizabeth	bp Mar 18 1753
Thomas	Thomas & Elizabeth	bp July 14 1754
Elisabeth	Thomas & Elizabeth	bp Nov 30 1755
Sarah	Thomas & Elizabeth	bp Feb 6 1757

Thomas & Ruth Mecom	m. Nov 20 1760
Elizabeth & William Bouvey	m. Nov 21 1765

FORBUS

James & Mary Colesworthy	m. Oct 21 1755

FORE-ACRES

Grace & Peter Shevalo	m. Dec 12 1776

FORRETER

James & Mary Ingoldsby	m. July 4 1769

FOSTER

Mary	Adm.	Aug 28 1715
John	John & Mary	bp Feb 20 1714/5
Anna	John & Mary	bp Dec 30 1716
Mary	John & Mary	bp Feb 8 1718/9
Rebecca	Richard & Rebecca	bp Sept 27 1719
Elizabeth	Richard & Rebecca	bp Sept 23 1722
Joseph	Abraham & Susanna	bp Aug 17 1760
Mary	Abraham & Susanna	bp Aug 28 1763
Sarah	Abraham & Susanna	bp Jan 5 1766

Edward & Martha Henderson	m. Mar 7 1744/5
Ephraim & Susanna Sumner	m. Nov 1 1753
Elizabeth & Benjamin Vickery	m. June 26 1755
James & Elisabeth Hiller	m. Mar 17 1773
Mrs., ae 39, Ch. Memb.	d. Sept 1794

FOWLE : FOWLES

Rebecca	Adm.	Feb 25 1727/8
Susanna	Adm.	Mar 21 1735/6
Robert	Adm.	Oct 24 1790
Rebecca	Adm.	Oct 24 1790
Rebecca	Cov't.	June 24 1770
Elizabeth	Cov't.	Dec 5 1790
Sarah	Nathaniel & Priscilla	bp May 8 1726
Rebecca	Nathaniel & Priscilla	bp Dec 24 1727
Nathaniel	Nathaniel & Priscilla	bp Dec 28 1729
Isaac	Nathaniel & Priscilla	bp Feb 13 1731/2
Mary	Nathaniel & Priscilla	bp Jan 27 1733/4
John	Nathaniel & Priscilla	bp Sept 5 1736
Hannah	Nathaniel & Priscilla	bp Feb 11 1738/9
Nathaniel	Nathaniel & Priscilla	bp Mar 15 1740/1
Robert	Nathaniel & Priscilla	bp May 29 1743
Mary	Ebenezer & Mary	bp Mar 20 1747/8
Rebecca-Holmes	William & Rebecca	bp July 15 1770
Nathaniel-Holmes	William & Rebecca	bp Sept 1 1771
Mary	William & Rebecca	bp May 30 1773
Lydia-Holmes	William & Rebecca	bp Nov 7 1779
William	William & Rebecca	bp May 17 1778
William	William & Rebecca	bp Jan 4 1784
Henry	Henry & Elizabeth	bp Dec 5 1790
Betsy	Henry & Elizabeth	bp May 27 1792
Henry	Henry & Elizabeth	bp Jan 19 1794
William-Bentley	Henry & Elizabeth	bp Nov 1 1795

FOWLE : FOWLES (con't)
Josuha-Bentley Henry & Elizabeth		bp June 25 1797
Mary & Thomas Daromple		m. May 31 1756
Anne & John Skillings		m. May 19 1768
William & Rebecca Holmes		m. May 25 1768
(He marked "not of Boston.")		
Mary & John Skillen		m. Oct 1 1795
Child of Mr. Fowle, 4 yrs.,		d. Dec 1796

FOX
John & Mercy Laha		m. Nov 13 1788

FOY
Elizabeth	Cov't.	Mar 24 1716/7
Samuel	Samuel & Elizabeth	bp June 2 1717

FRACKER (see Fricker)
Sarah & Joseph Jones		m. Mar 13 1797

FRANCIS
Nathaniel	Cov't.	Feb 26 1775
Nathaniel	Nathaniel & [blank]	bp Feb 26 1775
William & Betsy Coterin		m. June 4 1786
Joseph & Mary Gendall		m. July 11 1793

FRANKLYN
Sarah & Joseph Howe		m. Dec 2 1773

FRAZER
Daniel	Daniel & Hannah	bp Sept 29 1734
Ebenezar	Daniel & Hannah	bp Feb 20 1736/7

FREELAND
John	James & Ann	bp June 18 1775
Polly	James & Ann	bp July 15 1781

FREEMAN
Sarah	Cov't.	July 19 1767
Sarah	Adm.	Jan 17 1773
John	John & Sarah	bp Sept 24 1749
John	John & Sarah	bp Oct 5 1752
William	Smith & Sarah	bp Aug 23 1767
Rebecca	Smith & Sarah	bp Aug 26 1770
Nabby	Smith & Sarah	bp June 12 1774
Lydia & Benjamin Haskall		m. Aug 6 1761
Smith & Sarah Barrell [see Barrett]		m. Mar 27 1766
Constant & Susanna Palfrey		m. Jan 31 1792

FRENCH
Dolly	Cov't.	Dec 6 1795

FRENCH (con't)
Mary-Allen	Adam & Dolly	bp Dec 6 1795
William	Adam & Dolly	bp Feb 5 1797
James & Susanna Butcher		m. Jan 19 1743/4
Phillipe & Jonathan Call		m. June 18 1745
Susanna & John Gill		m. Sept 26 1758
Adam & Dolly Farrar		m. Feb 1 1795

FRICKER etc.
Thomas	Adm.	Mar 24 1765
Susanna	Adm.	Feb 23 1766
Thomas	Cov't.	Mar 2 1777
Jane	Thomas & Jane	bp Feb 21 1747/8
Thomas	Thomas & Jane	bp June 2 1751
Philip	Thomas & Jane	bp Aug 26 1753
Abigail	Thomas & Jane	bp Apr 18 1756
Hannah	Thomas & Susanna	bp Mar 31 1765
Elizabeth	Thomas & Betty	bp Mar 2 1777
Nancy	Thomas & Elizabeth	bp July 12 1778
Thomas	Thomas & Elizabeth	bp Oct 12 1783
John-Tileston	Thomas & Elizabeth	bp Oct 2 1785
Lidia	Thomas & Elizabeth	bp Oct 7 1787
William	Thomas & Elizabeth	bp Sept 6 1789
(*sua domo*)		
Fanny	Thomas & Elizabeth	bp Sept 6 1789
(*sua domo*)		
Harriet	Thomas & Elizabeth	bp Apr 17 1791
George	Thomas & Elizabeth	bp Mar 8 1795
Sally	Thomas & Sarah	bp Oct 24 1779
(by Mr. J---r of Malden)		
Hannah	Thomas & Sarah	bp Nov 18 1781
Mary	Thomas & Sarah	bp Mar 17 1793
William	Thomas & Sarah	bp June 25 1797
Thomas & Sarah Cooper		m. Feb 17 1757
Thomas & Susanna Tolman		m. Apr 22 1762
Susanna & Joseph Lewis		m. Oct 11 1770

FRIZELL
John	Gave Tankard	1718
John	Gave Bell	1719

FROST
Ebenezer & Abigail Lobb		m. July 28 1761
Abigail & John Minzies		m. Mar 29 1778

FROTHINGHAM
Lydia & Jonathan Bovey		m. June 12 1783
(She was wid. of Samuel F., dr. of Ephraim		
Osborn, Obt. ae. 80		July 12 1836)

FRYER
Jane	Cov't.	June 22 1740
Elisabeth	Edward & Jane	bp July 13 1740
Elisabeth	Edward & Jane	bp July 10 1743

FRYER (con't)

Jane	Edward & Jane	bp Apr 18 1745
Edward	Edward & Jane	bp Apr 23 1749

FUDGER

Abigail	Cov't.	June 17 1770
John-Hill	Harris-Ellery & Abigail	bp June 17 1770
Sarah	Harris-Ellery & Abigail	bp Feb 21 1773
Edward-Harris	Harris-Ellery & Abigail	bp Aug 21 1778

Harris-Ellery (not of Boston) & Abigail Sweetzer   m. Oct 4 1768

FULLER

Susanna	Cov't.	Dec 2 1769
Jonathan	Jonathan & Susanna	bp Jan 21 1770

Martha & Daniel Collins	m. Feb 7 1790
Susanna & John Nichols	m. July 18 1790
Grace & Burrell Howard	m. Jan 15 1792
Ester & John Emmes	m. Sept 1 1793

FULLERTON : FULLARTON

Mary	Cov't.	July 28 1751
Betsy	Adm.	May 3 1795
Betsy	Cov't.	Dec 8 1793
Mary	William & Mary	bp Sept 29 1751
Susanna	William & Mary	bp June 3 1753
Abigail	William & Mary	bp Dec 21 1755
William	William & Mary	bp Nov 12 1758
John	William & Mary	bp Nov 8 1761
Benjamin	William & Mary	bp Jan 20 1765
Elisabeth	William & Mary	bp July 26 1767
Joseph	William & Mary	bp Nov 25 1770
Betsy	Joseph & Betsy	bp Dec 8 1793
Mary	Joseph & Betsy	bp June 21 1795

William & Mary Brown	m. Nov 26 1750
Mary & John Lombard	m. June 18 1772
Abigail & William Hagar, Jr.	m. July 3 1777
Mary & Paul Farmer	m. Aug 11 1785
Joseph & Betsy Atwell	m. Dec 23 1792
Betsy & William Burroughs	m. Sept 22 1797

Mr. Joseph, ae 25,	d. Dec 25 1795
Child of Mrs., 3 yrs.,	d. Feb 19 1797

FURBER : FERBER

Mary	Adm.	Nov 23 1729
Abigail	Cov't.	June 28 1741
Abigail	Adm.	Sept 25 1743
Mary	Cov't.	May 12 1754
Margaret	Adm.	Feb 20 1774

FURBER : FERBER (con't)

Mary	Adult	bp Nov 23 1724
Jethro	Jethro & Mary	bp Jan 4 1729/30
Elisabeth	Jethro & Mary	bp Apr 16 1732
Mary	Jethro & Mary	bp Apr 21 1734
Richard	Richard & Abigail	bp June 28 1741
William	Richard & Abigail	bp June 28 1741
Richard	Richard & Abigail	bp July 25 1742
Elisabeth	Richard & Abigail	bp Nov 13 1743
Abigail	Richard & Abigail	bp July 28 1745
Anne	Richard & Abigail	bp Sept 20 1747
Anne	Richard & Abigail	bp Jan 15 1748/9
Richard	Richard & Abigail	bp July 8 1750
Elisabeth	Jethro & Mary	bp May 19 1754
William	Jethro & Sarah	bp Mar 25 1755
Richard	Jethro & Sarah	bp Mar 14 1756

Richard & Hannah Goldthwait	m. Apr 22 1752
Elizabeth & John Dyer	m. July 9 1752
Jethro & Mary White	m. Nov 1 1753
Mary & Jonathan Bouve	m. Dec 8 1757
	(BRCR - Dec 15)
William & Ann Hunnewell	m. May 2 1790

Mrs., ae. 87 y., Ch. Member,   d. Feb 17 1793

GAINS

Josiah & Elizabeth Lewis	m. Jan 23 1744/5
Bathsheba & Solomon Nash	m. Oct 17 1771

GAIR

Hannah & William Dawes	m. Aug 27 1760
	(BRCR - 1764)

GALLOP

Dorcas & Solomon Nash	m. Aug 1 1754
Benjamin & Elizabeth Heath	m. Oct 5 1756

GALT : GAULT

John	John & Sarah	bp Mar 23 1745/6
Mary	John & Sarah	bp Jan 24 1747/8
Sarah	John & Sarah	bp Feb 11 1749/50
Elizabeth	John & Mary	bp July 14 1754
James	John & Mary	bp Jan 16 1757

John & Mary Smalledge   m. Jan 15 1753

GAMMAGE

Dr. William & Sally Doubt   m. Nov 11 1777

GAMMELL

John	Adm.	Sept 27 1741
Annah	Cov't.	Apr 8 1753
Anna	William & Ann	bp May 6 1753
William	William & Ann	bp July 23 1758
John	William & Ann	bp July 23 1758

GARDNER : GARNER

Samuel	4th Signer of the Articles	1714
John	Adm.	Oct 15 1727
(Dismissed to New Brick		April 22 1750)
Elisabeth	Adm.	Dec 10 1727
Joseph	Adm.	Apr 20 1735
(Dismissed to be Pastor at Newport		May 4 1740)
Hannah	Adm.	Nov 20 1748
(By dismission from 1st Ch. Plymouth)		
Frances	Cov't.	Jan 25 1756

William	Samuel & Elizabeth	bp Mar 11 1715/6
David	David & Frances	bp May 1 1757
Ruxberry (dau.)	Thomas & Elizabeth	bp June 8 1777
Sarah	Thomas & Elizabeth	bp Nov 7 1779
Thomas	Thomas & Elizabeth	bp Aug 12 1781
Primus son of Beulah Cary		
Illegitimate & no father mentioned		bp Aug 2 1789

Mary & Samuel Ham	m. Feb 22 1749/50
Sarah & Jonathan Davis	m. Sept 24 1759
Francis & Thomas Emmons	m. May 7 1761
Thomas & Elizabeth Sucker	m. Apr 22 1776
James & Martha-Ruggles Rogers	m. Oct 2 1791
Lemuel & Lucy Pico	m. Feb 13 1793
Mary & Edward Edes	m. Sept 18 1795
Champlin & Hannah Clarke	m. Nov 30 1797

GATCHELL : GETCHELL

Mary	Adm.	Aug 1 1742
Elisabeth	Adm.	June 15 1766

Elizabeth & Arthur Clark	m. June 3 1766
Elisabeth & Joseph Dickman	m. Dec 6 1792

GATCOMB

Francis	Cov't.	Apr 29 1722
Francis	Adm.	Jan 21 1727/8
Rachel	Adm.	Jan 21 1727/8

Francis	Francis & Rachel	bp May 6 1722
Abigail	Francis & Rachel	bp Mar 17 1722/3
Dorcas	Francis & Rachel	bp Feb 23 1723/4
Mary	Francis & Rachel	bp Feb 27 1725/6
Rachel	Francis & Rachel	bp Dec 29 1728
Elisabeth	Francis & Rachel	bp Dec 29 1728
Elisabeth	Francis & Rachel	bp June 7 1730
Betty	Francis & Rachel	bp July 25 1731
Francis	Francis & Rachel	bp Aug 24 1735

Rachel & Peter Barbour m. Jan 4 1753

GATES

Sarah & Robert Adamson m. Sept 24 1767

GAY

Martin & Mary Pinkney m. Dec 13 1750

GEE

Lately	The 15th signer of Church Articles	1714
Sarah	Lately & Sarah	bp July 24 1715
Mary	Lately & Sarah	bp June 1 1718

GELLY

Catherine	Daniel & Hannah	bp June 30 1787
Hannah	Daniel & Hannah	bp July 27 1788

Daniel & Hannah Burge m. Nov 23 1786

GENDALL

John	Adm.	Feb 14 1741/2
(Dismissed - joined the Baptists prior to		June 15 1747)
Joseph	Cov't.	Dec 23 1753
Mary	Adm.	June 5 1791

Abigail	Joseph & Sarah	bp Dec 30 1753
Elisabeth	Joseph & Elisabeth	bp Nov 5 1758
Joseph	Joseph & Elisabeth	bp Aug 10 1760
Lydia	Joseph & Elisabeth	bp June 13 1762
Sarah	Joseph & Elisabeth	bp Apr 1 1764
Edward	Joseph & Elisabeth	bp Oct 13 1765
Mary	Joseph & Elisabeth	bp Aug 2 1767

Joseph & Elizabeth Cruft m. Dec 8 1757
Mary & Joseph Francis m. July 11 1793

GERARD

John-Michel & Sarah Lovering m. Aug 18 1796

GERRISH

Benjamin	The 13th Signer of the Articles	1714
Benjamin (Dismissed to the 1st Church in Boston		May 1 1720)
Bethiah	John & Bethiah	bp Apr 27 1740

GERE

Greenman & Eleanor Berry m. May 17 1795

GIBSON : GIPSON

Mary	Adm.	Apr 17 1737
Mary	Adult	bp Apr 2 1732
John	John & Mary	bp May 7 1732
Mary	John & Mary	bp July 3 1737
Samuel	John & Mary	bp Aug 7 1743

Alexander & Mary Cottonce m. Jan 27 1757
Mary & Samuel Colesworthy m. Feb 11 1760
Mary & Robert Alexander m. Apr 17 1760

GIFFORD

Ebenezer & Mary Heath m. Nov 17 1783

GILBERT

Alice	Suspended	July 6 1732
Elisabeth	Cov't.	Sept 21 1755
Benjamin	Adult	bp Mar 25 1750
Elisabeth	Richard & Elisabeth	bp Oct 26 1755
Benjamin & Mary Hayden		m. Nov 7 1753
Richard & Elizabeth Cade		m. Nov 4 1754

GILES : GYLES

Thomas	Adm.	June 5 1715
Martha	Adm.	Mar 31 1723
Mary	Adm.	June 6 1742
Elizabeth	Cov't.	Mar 4 1743/4
Mary	Adm.	Jan 26 1783
Mercy	Adm.	July 24 1796
John	Cov't.	July 1 1753
Mary	Thomas & Mary	bp Jan 2 1714/5
James	Thomas & Mary	bp June 23 1717
Mary	Adult	bp Apr 27 1718
Edward	Charles & Mary	bp May 25 1718
Mary	Charles & Mary	bp Apr 3 1720
Charles	Charles & Mary	bp May 6 1722
John	Charles & Mary	bp June 7 1724
John	Charles & Mary	bp Aug 29 1725
Sarah	Charles & Mary	bp Nov 19 1727
Robert	Charles & Mary	bp Dec 7 1729
Mercy	Charles & Mary	bp July 6 1735
Abigail	Charles & Mary	bp Dec 11 1737
William	Charles & Mary	bp Sept 18 1743
Edward	Edward & Elisabeth	bp Apr 8 1744
Charles	Edward & Elisabeth	bp Feb 16 1745/6
Samuel	Edward & Elisabeth	bp Mar 29 1747
Charles	Edward & Elisabeth	bp July 9 1749
Elizabeth	Edward & Elisabeth	bp Dec 16 1750
Mary	Edward & Elisabeth	bp June 14 1752
Robert	Edward & Elisabeth	bp Sept 23 1759
Mary	John & Mary	bp July 29 1753
Elisabeth	John & Mary	bp Dec 1 1754
Ann	John & Mary	bp Nov 14 1756
Sarah	John & Mary	bp Dec 10 1758
Mercy	John & Mary	bp Jan 11 1761
Edward	John & Mary	bp Dec 19 1762
John-Maverick	John & Mary	bp Aug 11 1765
Robert	John & Mary	bp Apr 26 1767
Abigail	Edward & Abigail	bp June 16 1765
Samuel	Edward & Abigail	bp May 21 1769
Mary & Henry Emmes		m. July 7 1743
Sarah & Joseph Trout		m. Oct 12 1752
William & Abigail Everton		m. Jan 3 1754
Sarah & Joseph Mounford		m. Feb 2 1777
Elizabeth & Benette-Martino de St. Prie		m. Feb 22 1778
Mercy & Richard Roberts		m. Nov 14 1784

GILES : GYLES (con't)

Abigail & Thomas May		m. May 18 1788

GILKEY

Charles	Cov't.	Sept 30 1753
Ann-Ruby	Charles & Sarah	bp Sept 30 1753
John	Charles & Sarah	bp Sept 30 1753
Sarah	Charles & Sarah	bp Mar 16 1755
Elizabeth	Charles & Sarah	bp Oct 9 1757
Rebecca	Charles & Sarah	bp Dec 23 1759

GILL

William	Cov't.	Apr 14 1717
Hannah	Adm.	June 17 1733
Hannah	William & Hannah	bp Apr 14 1717
Scarlet	William & Hannah	bp Feb 8 1718/9
Mary	William & Hannah	bp Oct 30 1720
William	William & Hannah	bp Feb 23 1723/4
Scarlet	William & Hannah	bp Oct 2 1726
John	William & Hannah	bp Aug 11 1728
John & Susanna French		m. Sept 26 1758

GILMAN

Rev. Nicholas of Exeter Desired by Church to preach 3 Sabbaths   Dec 3 1730

GIROTT

Sarah	Adm.	Jan 25 1735/6

GLASSEN

Elizabeth & George Lambert		m. Aug 20 1771

GLAWSON

John & Jane Watson		m. Mar 28 1751

GLEASON

Mary & Josiah King		m. Jan 7 1785

GLEN

John	Cov't.	May 17 1752
Elisabeth	John & Sarah	bp Feb 24 1754
John & Sarah Clark		m. July 18 1751

GLIDDEN

Joseph	Cov't.	Dec 13 1724
Mary	Cov't.	Nov 23 1755
Rebecca	Joseph & Mary	bp Dec 13 1724
Joseph	Joseph & Mary	bp July 24 1726
Mary	Joseph & Mary	bp Dec 22 1728
Judith	Joseph & Mary	bp Oct 18 1730
Judith	Joseph & Mary	bp Mar 19 1731/2
John	Joseph & Mary	bp June 9 1734

GLIDDEN (con't)

Sarah	Joseph & Mary	bp May 2 1736
Sarah	Joseph & Mary	bp Jan 1 1737/8
John	Joseph & Mary	bp Mar 2 1739/40
Robert	Joseph & Mary	bp May 3 1741
Waters	Joseph & Mary	bp June 13 1742
Anne	Joseph & Mary	bp May 13 1744
Timothy	Joseph & Mary	bp Apr 6 1746
Mary	Joseph & Mary	bp Dec 14 1755

Mary & William Burt   m. Apr 27 1749

GLIDE : GLYDE

Sarah	Adult	bp Apr 27 1760

Sarah & David Grant   m. May 21 1761

GLOVER

William	Adm.	Sept 26 1742
Margaret	[blank] & Elisabeth	bp Mar 22 1761

Lucy & Richard Pollard (negroes)   m. July 30 1786

GLYN

Miss, ae 64 yrs.,   d. Dec 1796

GODDARD

Hannah	Adm.	Jan 17 1727/8
(Dismissed to Church in Roxbury		Nov 4 1751
John	Gyles & Hannah	bp Dec 12 1725
Mary	Gyles & Hannah	bp Nov 24 1728

GODFREY

Sarah	Adm.	Aug 20 1727
Susanna	Cov't.	Apr 9 1786
Thomas	Cov't.	Jan 13 1799
Suckey	Thomas & Susanna	bp May 28 1786
Thomas	Thomas & Susanna	bp July 13 1788
Nathaniel	Thomas & Susanna	bp Dec 27 1789
Isaac	Thomas & Susanna	bp Sept 11 1791

Sarah & John Johonnot   m. Mar 8 1758
Mary & Warren Huntley   m. Feb 13 1777
Mary & Joseph Spades   m. Aug 11 1777
Jacob & Patty Hill   m. June 21 or 22 1789

Child of Mr. G, ae 6 yrs.,   d. Oct 1794
Mrs., ae 30 yrs.,   d. Dec 13 1796
Child of Mr., ae 4 yrs.,   d. July 1 1795

GOFFE

Hannah	Adm.	Aug 2 1741
Abigail	Adm.	Feb 8 1756
Samuel	Samuel & Abigail	bp Apr 5 1747

GOFFE (con't)

William	Samuel & Abigail	bp Feb 26 1748/9
Ebenezer	Samuel & Abigail	bp Dec 15 1751
William	Stephen & Sally	bp July 17 1796
Samuel	John & [blank]	bp Oct 8 1798

Ebenezer & Sally Gutridge   m. Nov 29 1794
Esther & Benjamin Hall   m. May 21 1797

GOLDSMITH

Mercy	Adm.	Mar 10 1744/5

Martha & Moses Barnes   m. Nov 9 1753
Hepsibah & Samuel Bentley   m. Jan 14 1781

GOLDTHWAIT

Elisabeth	Cov't.	Nov 25 1733
Mary	Adm.	June 3 1744
Elizabeth	Adm.	June 28 1747
Martha	Adm.	Aug 16 1767
Ezekiel	Ezekiel & Elisabeth	bp Jan 13 1733/4
Elizabeth	Ezekiel & Elisabeth	bp Aug 31 1735
Ezekiel	Ezekiel & Elisabeth	bp Apr 2 1738
Sarah	Ezekiel & Elisabeth	bp Mar 23 1739/40
Thomas	Ezekiel & Elisabeth	bp July 26 1741
Martha	Ezekiel & Elisabeth	bp Jan 9 1742/3
Martha	Ezekiel & Elisabeth	bp Dec 16 1744
Katherine	Ezekiel & Elisabeth	bp Nov 22 1747
Sarah	Ezekiel & Elisabeth	bp Feb 10 1750/1
Ezekiel	Ezekiel & Elisabeth	bp Nov 19 1752
Catharine	Ezekiel & Elisabeth	bp Mar 10 1754
Margaret	Ezekiel & Elisabeth	bp June 29 1755
Sarah	Ezekiel & Elisabeth	bp Oct 16 1757

Hannah & Richard Furbur   m. Apr 22 1752
Elizabeth & Rev. Alexander Cummings   m. July 12 1763
Mary & Rev. James Bridgham   m. Sept 22 1763
Katharine & John Williams   m. Dec 3 1772
Martha & James Bridgham, Esq.   m. May 8 1777
Sarah & Thomas Edwards   m. Mar 1 1785

Mrs. Elizabeth, ae 80 yrs.,   d. Feb 6 1794

GOODING : GOODWIN

Elisabeth	Adm.	Dec 24 1727
Elizabeth	Adm.	Jan 7 1727/8
Sarah	Adm.	Sept 7 1735
(Had joined the Baptists prior to		June 15 1747)
Rebecca	Cov't.	July 8 1770
Nathaniel	Cov't.	June 3 1781
James	Adult	bp May 20 1722
James	James & Mary	bp Oct 7 1722
Joseph	James & Mary	bp May 2 1725
Elizabeth	James & Mary	bp Feb 5 1726/7
Margaret	James & Mary	bp Feb 2 1728/9

GOODING : GOODWIN (con't)

Samuel	James & Mary	bp Feb 22 1729/30
Richard	James & Mary	bp Mar 28 1731
Richard	Adult	bp Aug 16 1724
Elizabeth	Richard & Elizabeth	bp Oct 11 1724
Mary	Richard & Mary	bp Jan 1 1726/7
Sarah	Richard & Elizabeth	bp Dec 7 1729
Richard	Richard & Elizabeth	bp May 14 1732
James	Richard & Elizabeth	bp May 7 1738
Sarah	Samuel & Sarah	bp Nov 16 1735
Freelove	Samuel & Sarah	bp July 17 1737
Samuel	Samuel & Sarah	bp Apr 22 1739
Abigail	Samuel & Sarah	bp Oct 5 1740
Alice	Samuel & Sarah	bp Oct 31 1742
Samuel	Samuel & Sarah	bp May 12 1745
Elisabeth	Samuel & Sarah	bp July 13 1746
Thomas	Samuel & Sarah	bp Aug 2 1747
Hannah	Samuel & Sarah	bp Oct 2 1748
Mary	Samuel & Mercy	bp Dec 8 1751
Mercy	Samuel & Mercy	bp July 24 1757
Mercy	Samuel & Mercy	bp July 8 1759
Samuel	Samuel & Mercy	bp July 26 1761
Thomas	Samuel & Mercy	bp Feb 3 1765
Hannah	Samuel & Mercy	bp Nov 23 1766
John	John & Abigail	bp May 19 1765
Hannah-Ryal	Roop & Margaret	bp Sept 2 1770
Sally	Nathaniel & Sarah	bp June 3 1781
Nathaniel	Nathaniel & Mary	bp Feb 15 1784

Mary & Aaron Bickford	m. Mar 1 1742/3
Elizabeth & Thomas Tufton	m. Sept 7 1744
Samuel & Mercy Cruff	m. Feb 26 1750/1
Abigail & John Cogswell	m. Dec 2 1762
Alice & William Jackson	m. July 24 1766
Sarah & Samuel Avis	m. Sept 24 1772
Mercy & Thomas Leach	m. Nov 1 1782
Capt. Nathaniel & Mary Eliot	m. Mar 27 1783
Hannah & Abraham Williston	m. Feb 24 1789

GOODMAN

James & Alice Waldron		m. Jan 31 1753

GOODWILL

Rebecca	Adm.	Aug 26 1716
Rebecca	Thomas & Rebecca	bp May 19 1717
Rebecca & Nathaniel Holmes		m. Oct 1 1747

GORDON

Content	Adm. & bp	Nov 3 1734
Christian	John & Content	bp Nov 5 1738
John	John & Content	bp Nov 5 1738

GORE

John & Frances Pinckney	m. May 5 1743
Samuel & Mary Pierce	m. Mar 10 1774

GOUGE

Elisabeth	Adm.	Dec 12 1725
Frances	Thomas & Elisabeth	bp Dec 26 1725
Elisabeth	Thomas & Elisabeth	bp Dec 26 1725
Edward	Thomas & Elisabeth	bp May 15 1726
Thomas	Thomas & Elisabeth	bp Feb 8 1729/30
Francis	Thomas & Elisabeth	bp June 15 1735
Anne	Thomas & Elisabeth	bp Nov 22 1741
Elizabeth & William Milbourn		m. July 24 1744

GOULD

Mary	Adm.	Oct 25 1741
Sarah	Adm.	Mar 14 1741/2

GRACE

Joseph	Manuel & Mary	bp Aug 22 1731
William	Manuel & Mary	bp June 10 1733
Peter	Manuel & Mary	bp Jan 15 1737/8

GRAIGHAM : GRAHAM

John & Nabby Brown	m. Oct 3 1790
George & Esther Shelton	m. Nov 21 1793
Elizabeth & Philip Peake	m. June 5 1796

GRAMMAR

Elizabeth	Cov't.	Aug 3 1783
John-Adams	Joseph & Elizabeth	bp Sept 14 1783
Joseph-Webber	Joseph & Elizabeth	bp Jan 16 1785
Mary-Balls	Joseph & Elizabeth	bp July 30 1786
Seth	Joseph & Elizabeth	bp Aug 24 1788
Seth	Joseph & Elizabeth	bp May 23 1790
Betsy	Joseph & Elizabeth	bp Jan 29 1792
Mary	Joseph & Elizabeth	bp Dec 1 1793
William	Joseph & Elizabeth	bp Aug 30 1795
Mary	Joseph & Elizabeth	bp Jan 15 1797
Joseph & Elisabeth Webber		m. Dec 22 1782
Child of Mr., 4 yrs.,		d. Aug 6 1795
Child of Mr., ae 7 mos.,		d. Mar 1796
Child of Mr., ae 4 yrs.		d. July 7 1796

GRANDY

Mary	Cov't.	Sept 23 1739
Mary	Adm.	Apr 12 1741
John	Joseph & Mary	bp Oct 28 1739
Mary	Joseph & Mary	bp Oct 11 1741
Katharine	Joseph & Mary	bp Sept 18 1743
Joseph	Joseph & Mary	bp June 22 1746
John	Joseph & Mary	bp Oct 7 1750
Joseph	Joseph & Mary	bp Dec 22 1752

GRANT

John	Adm.	July 26 1719

GRANT (con't)

Hannah	Adm.	May 24 1724
Samuel	Adm.	July 23 1727
Chosen Deacon		Dec 6 1742
Elisabeth	Adm.	Feb 8 1756
Anna	Adm.	Apr 4 1756
Elisabeth	Adm.	Jan 3 1762
Elizabeth	Cov't.	Mar 26 1769
Sarah	Adm.	June 12 1774
Moses	Adm.	Feb 2 1777
Samuel	Samuel & Elisabeth	bp Sept 12 1731
William	Samuel & Elisabeth	bp Sept 29 1734
Elisabeth	Samuel & Elisabeth	bp Nov 8 1741
Mary	Samuel & Elisabeth	bp Jan 30 1742/3
Moses	Samuel & Elisabeth	bp Mar 10 1743/4
Joseph	Samuel & Elisabeth	bp June 29 1746
Elisabeth	John & Elisabeth	bp July 6 1735
Anna	John & Elisabeth	bp June 20 1736
Hannah	John & Elisabeth	bp July 24 1737
Mary	John & Elisabeth	bp Aug 19 1739
Sarah	John & Elisabeth	bp Sept 21 1740
Sarah	John & Elisabeth	bp Dec 13 1741
John	John & Elisabeth	bp Apr 3 1743
Abigail	John & Elisabeth	bp Apr 15 1744
Rachel	John & Elisabeth	bp July 28 1745
John	John & Elisabeth	bp Sept 7 1746
Elizabeth	Moses & Elizabeth	bp May 21 1769
Sarah	Moses & Sarah	bp Mar 28 1779
Mary	Moses & Sarah	bp Aug 5 1781
Samuel	Moses & Sarah	bp Apr 20 1785
Moses	Moses & Sarah	bp Aug 7 1785
Joseph-Pearce	Moses & Sarah	bp Sept 17 1786
John	Moses & Sarah	bp Oct 21 1787
Samuel	Samuel & Sarah	bp Aug 7 1774
David & Sarah Glide		m. May 21 1761
Elizabeth & John Simpkins		m. Aug 30 1764
Michael & Mary Nixon		m. Jan 14 1768
Moses & Elizabeth Brown		m. Mar 31 1768
Moses & Sarah Pierce		m. Dec 2 1773
Joseph & Hannah Bulkley		m. Aug 15 1776
Abigail & William Kingston		m. Feb 5 1775
Sarah & Henry Newell		m. May 12 1787
James & Mary Barrett		m. July 31 1791

GRATER

Abigail	Cov't.	Apr 27 1718
Abigail	Adm.	Jan 8 1720/1
Robert	Adm.	Apr 2 1721
Abigail	Robert & Abigail	bp July 13 1718
Mary	Robert & Abigail	bp Sept 17 1721
Ebenezer	Robert & Abigail	bp Mar 25 1725
Elizabeth	Robert & Abigail	bp July 2 1727

GRAVES

Jacob	Adult	bp Mar 12 1737/8

GRAVES (con't)

Sarah	Adult	bp Mar 12 1737/8
Rebecca	Jacob & Sarah	bp Apr 23 1738
Sarah	Jacob & Sarah	bp Oct 14 1739
Mary	Jacob & Sarah	bp Jan 3 1741/2
Mary	Jacob & Sarah	bp June 26 1743
Jacob	Jacob & Sarah	bp Dec 16 1744
Elizabeth	Jacob & Sarah	bp Oct 26 1746
Abigail	Jacob & Sarah	bp Jan 15 1748/9
Joanna	Jacob & Sarah	bp June 9 1751
Crispus-Jacob	Jacob & Sarah	bp July 8 1753
William	Jacob & Sarah	bp Mar 9 1755
Jerusha	Jacob & Sarah	bp July 18 1756

GRAY

Joseph	Adm.	Feb 6 1725/6
Rebecca	Adm.	May 25 1729
(By Dismission from Ch. in Bradford; Joseph & wife Rebecca dism. to Old South Church		Sept 15 1734)
Samuel	Cov't.	July 16 1738
Martha	Adm.	Mar 8 1795
Joseph	Joseph & Rebecca	bp July 20 1729
Phebe	Joseph & Hannah	bp Nov 19 1732
Samuel	Samuel & Sarah	bp July 16 1738
Edward	Samuel & Hannah	bp June 1 1740
Alexander	Samuel & Hannah	bp Feb 28 1741/2
Alexander	Samuel & Hannah	bp Feb 17 1744/5
Sarah	Samuel & Hannah	bp Apr 5 1747
Alexander	Alexander & Mary	bp May 1 1774
Robert-John-Don-Duadro	Robert & Martha	bp Mar 8 1795
Martha-Howland	Robert & Martha	bp Mar 19 1796
Sarah & Elisha Donham		m. Aug 5 1747
Mary & Solomon Killon		m. Jan 27 1755
Robert & Martha Atkins		m. Feb 13 1794

GREEN

Elisabeth	Adm.	Jan 8 1726/7
William	Cov't.	Aug 23 1747
John	Cov't.	July 27 1788
Polly	Cov't.	May 8 1791
William	William & Elisabeth	bp Aug 23 1747
John	William & Elisabeth	bp Feb 5 1748/9
Francis	William & Elisabeth	bp Jan 20 1750/1
Elisabeth	William & Elisabeth	bp Apr 14 1754
William	Ephraim & Anna	bp Aug 28 1748
William	Ephraim & Anna	bp Feb 11 1749/50
Mary	Ephraim & Anna	bp Sept 9 1753
Anna	Ephraim & Anna	bp Feb 20 1757
David	Ephraim & Anna	bp July 29 1759
Elizabeth-Lovelace	Richard & Sarah	bp Mar 27 1785
Susan-Rankin	Richard & Sarah	bp Apr 16 1786

GREEN (con't)

Sally-Rankin	Richard & Sarah	bp July 6 1788
Ann-Anderson	Richard & Sarah	bp Aug 29 1790
Harriot-Dickey	Richard & Sarah	bp Nov 17 1792
Michael-Bird	John & Deborah	bp July 27 1788
James-Diman	John & Deborah	bp June 5 1796
John	John & Deborah	bp June 5 1796
Samuel	John & Deborah	bp June 5 1796
William	John & Deborah	bp June 5 1796

(The above 4 children bp *in propria domo* after divine service.)

Betsy-Barnard	William & Polly-Webber	bp May 15 1791
Maria	William & Polly-Webber	bp Apr 28 1793
Elizabeth & Charles Annis		m. Aug 5 1756
Ann & Richard Anderson		m. Feb 1 1757
Richard & Sarah Smith		m. Apr 11 1784
Betsy & William Mills		m. June 12 1785
John S. & Deborah Bird		m. Oct 29 1787
William & Polly-Webber Barnard		m. Sept 19 1790
Rachel, ae. 26 yrs.,		d. June 1794
Child of Mr., ae 1 yr., 6 mos.		d. Oct 11 1797

GREENLEAF

Abigail Greenleaf, formerly Moody, Dism. to Newbury - Mr. Lowell's Ch.		May 1727
Sarah	Cov't.	June 30 1751
Sarah	David & Sarah	bp July 28 1751
Daniel	David & Sarah	bp Nov 19 1752
Oliver-Cromwell	Oliver & Dorcas	bp Oct 12 1777
Dorcas	Oliver & Dorcas	bp Mar 28 1779
Polly	Oliver & Dorcas	bp Sept 8 1782
Polly	Oliver & Dorcas	bp Sept 26 1784
David & Sarah Lamson		m. May 2 1751
Mercy & Joseph Edmonds		m. Nov 25 1756
Elizabeth & Samuel Eliot		m. May 7 1771
Susanna & Duncan Ingraham		m. July 26 1774
Mary & Daniel Bell		m. Apr 20 1775
Judith of Boston & Enoch Sawyer of Newbury		m. Oct 17 1793

GREENOUGH

Elisabeth	Cov't.	Oct 31 1762
Jane	Cov't.	Sept 25 1776
Daniel	Daniel & Elisabeth	bp Dec 19 1762
Samuel-Vaughn	Daniel & Elisabeth	bp Sept 15 1765
John	Daniel & Elisabeth	bp Jan 10 1768
Joseph	Daniel & Elisabeth	bp Sept 24 1769
Sarah	Thomas & Jane	bp Oct 27 1776
Elizabeth	Thomas & Jane	bp Apr 12 1778
Nathaniel	Nathaniel & Hannah	bp Feb 15 1778
Elisabeth	Nathaniel & Hannah	bp Nov 16 1783

GREENOUGH (con't)

Elizabeth & Henry Roby	m. Oct 24 1745
Richard & Sarah Christie	m. Nov 30 1758
Samuel & Eleanor Hornby	m. July 17 1762
Nancy & Elisha Bangs	m. Nov 2 1786
Sally & William Cordwell	m. Nov 26 1786

GREENWOOD

Priscilla	Cov't.	May 1 1768
Anna	Nathaniel & Priscilla	bp May 29 1768
Priscilla	Nathaniel & Priscilla	bp July 29 1770
Mary-Thornton	Nathaniel & Priscilla	bp Mar 1 1772
Elizabeth-Ventiman	Nathaniel & Priscilla	bp Mar 27 1774
Mary & Samuel Vaughan		m. July 4 1745
Samuel & Mary Snelling		m. Aug 2 1764

GREER

Matthew	John & Margaret	bp Mar 28 1762
David	John & Margaret	bp Nov 6 1763
Thomas	John & [blank]	bp Aug 24 1766

GREGORY

Thomas (a free negro)	Adm.	Aug 1 1742
Alexander	Adm.	Feb 13 1747/8

(by Dismission from West Ch.)

Elisabeth	Alexander & Christian	bp Feb 14 1747/8
Alexander	Alexander & Christian	bp Nov 5 1749
William	Alexander & Christian	bp Aug 4 1751
Elisabeth	Alexander & Christian	bp Oct 14 1753
Lydia	Alexander & Christian	bp Nov 23 1755
David	Alexander & Christian	bp Feb 19 1758
James	Alexander & Christian	bp Dec 7 1760
Alexander & Christian Pickaren		m. Mar 26 1744

GRICE

Sarah	Adm.	Mar 3 1722/3

GRIFFIN

Susanna	Adult	bp Nov 20 1774
Susanna	[blank] & Susanna	bp Nov 20 1774
Susanna & Lambert Brommett		m. May 20 1775

GRIGGS

John	Joseph & Elizabeth	bp Aug 29 1756
Jane	Joseph & Elizabeth	bp Aug 29 1756
Susanna	Joseph & Elizabeth	bp Aug 29 1756

GRIMES

Elizabeth	Cov't.	Sept 11 1720
Elizabeth	Adm.	Sept 27 1741

GRIMES (con't)
Jane	Alexander & Elizabeth	bp Sept 18 1720
Robert	Robert & Hannah	bp Jan 1 1720/1

GROSS
Susanna & William Mills		m. July 12 1753

GROVER
Prudence	Adm.	June 5 1715
John	John & Prudence	bp Aug 21 1715
Mary	John & Prudence	bp Aug 18 1717

GROVES
Hannah	Freeborn & Jane	bp June 17 1750

GRUB
William	Adm.	Sept 7 1783
Nancy-Harris	William & Ann	bp Sept 7 1783
Polly	William & Ann	bp Sept 7 1783
John	William & Ann	bp May 6 1787
Sibyle	William & Ann	bp Mar 14 1790
William	William & Ann	bp Jan 5 1794
John	William & Ann	bp Nov 1 1795

GRUESHEE
Elisabeth	Adm.	Oct 26 1740

GUILD
Esther	Adm.	Sept 26 1742

GUILKEY
Elizabeth & Moses Piper		m. Mar 1 1781

GULLIKER
Jane	Cov't.	Aug 5 1770
Jane	Adm.	Oct 8 1780
John	John & Jane	bp Aug 12 1770
Jane	John & Jane	bp Oct 27 1771
Elizabeth	John & Jane	bp Oct 2 1774
Mary	John & Jane	bp Nov 29 1778
(by Mr. Lothrop)		
John	John & Jane	bp June 18 1780
Thomas	John & Jane	bp June 22 1783
Nancy	John & Jane	bp Aug 15 1784

GUN
James & Isabella Carey (blacks)		m. June 20 1791

GUNNISON
Shore	Joseph & Susanna	bp Mar 13 1725/6
John	Joseph & Susanna	bp June 19 1748
Elisabeth	Joseph & Susanna	bp Oct 7 1753

GUTTERIDGE
Ann & James Blackie		m. Aug 9 1762

GUTTERIDGE (con't)
Sally & Ebenezer Goff		m. Nov 29 1794

GYBUAT
Mary	Cov't.	Aug 19 1733
Mary	Abraham & Mary	bp Sept 2 1733
Abraham	Abraham & Mary	bp Jan 25 1735/6
Mary	Abraham & Mary	bp Jan 27 1739/40

GYLES (see Giles)

HACKER
Sarah	Adm.	Aug 2 1741

HADDEN (see Hayden)

HAGAR
Abigail	Cov't.	July 19 1778
Nabby	William & Abigail	bp Sept 13 1778
William	William & Abigail	bp Mar 12 1780
Abigail	William & Abigail	bp Feb 10 1782
Benjamin	William & Abigail	bp Sept 7 1783
William Jr. & Abigail Fullerton		m. July 3 1777

HALE : HALES
Sarah Hales & Thomas Wallis		m. July 27 1780
Mary & Benjamin Smith		m. Apr 11 1797

HALL
Andrew	Adm.	Nov 11 1722
Dorcas	Adm.	Dec 10 1727
Abigail	Cov't.	May 8 1743
Esther	Adm.	May 25 1760
Jesse	Cov't.	Oct 17 1762
Mary	Cov't.	May 4 1766
Rachel	Cov't.	Oct 26 1766
Susanna	Cov't.	Sept 27 1789
Harriet	Adm.	Jan 7 1799
Marcy	Isaac & Abigail	bp Jan 27 1722/3
Isaac	Isaac & Abigail	bp Jan 24 1724/5
Nathaniel	Isaac & Abigail	bp June 11 1727
Andrew	Andrew & Dorcas	bp Oct 18 1724
Dorcas	Andrew & Dorcas	bp Jan 14 1727/8
Susanna	Andrew & Dorcas	bp Apr 19 1730
Hannah	Andrew & Dorcas	bp Apr 9 1732
Andrew	Andrew & Dorcas	bp Apr 25 1736
Edward	Andrew & Dorcas	bp July 30 1738
Sarah	Andrew & Dorcas	bp Feb 24 1739/40
William	Andrew & Dorcas	bp July 11 1742
Mary	Adult	bp Feb 18 1727/8
Mary	John & Mary	bp Feb 18 1727/8
Kezia	John & Mary	bp Feb 1 1729/30
Zachariah	Zachariah & Abigail	bp June 19 1743
Abigail	Zachariah & Abigail	bp Nov 11 1744

HALL (con't)

Joseph	Zachariah & Abigail	bp Oct 4 1747
Thomas-Mitchell	Zachariah & Abigail	bp Oct 14 1750
John	Zachariah & Abigail	bp Nov 26 1752
Andrew	Andrew & Esther	bp June 8 1760
Sarah	Andrew & Esther	bp Apr 4 1762
Dorcas	Andrew & Esther	bp Mar 2 1766
Esther	Andrew & Esther	bp Apr 10 1768
Edward	Andrew & Esther	bp May 20 1770
Daniel	Jesse & Abigail	bp Oct 17 1762
Sarah	Jesse & Abigail	bp Apr 8 1764
Elizabeth	Zechariah & Mary	bp May 4 1766
Zechariah	Zechariah & Mary	bp May 6 1768
Mary	Zechariah & Mary	bp Feb 11 1770
John	Zechariah & Mary	bp Mar 22 1772
Thomas-Mitchell	Zechariah & Mary	bp Sept 18 1774
Joseph	Zechariah & Mary	bp Oct 13 1776
Mercy-Dickman	Zechariah & Mary	bp Feb 21 1779
(by Mr. White)		
Thomas-Mitchell	Zechariah & Mary	bp Apr 8 1781
Benjamin-Smith	Zechariah & Mary	bp Mar 16 1783
Anna	Zechariah & Mary	bp Jan 7 1785
Nabby	Zechariah & Mary	bp Apr 1 1787
Samuel-Skillen	Zechariah & Mary	bp Aug 30 1789
Sally-Lovering	Zachariah & Susanna	bp Oct 4 1789
Rebecca-Snowten	Zachariah & Susanna	bp Sept 25 1791
Edward	Edward & Rachel	bp Nov 16 1766
Rachel	Edward & Rachel	bp May 14 1769
Sarah	Edward & Rachel	bp Apr 21 1771
Prudence-Reed	Edward & Rachel	bp Dec 13 1772
Dorcas	Edward & Rachel	bp Sept 23 1774
Sukey	Edward & Rachel	bp Feb 13 1780
Samuel-Swanton	Edward & Rachel	bp Feb 24 1782
Susanna-Wallis	Edward & Rachel	bp Mar 21 1784
Prince-Africanus	Prince & Flora	bp Nov 14 1784
Simon	Jacob & Mary	bp Apr 23 1786
Samuel-Danforth	Jacob & Mary	bp Jan 27 1788
Harriot	Jacob & Mary	bp Oct 25 1789
Elizabeth-Walker	Jacob & Mary	bp Nov 27 1791
Elizabeth	of Sarah Hall	bp Apr 24 1790

(The father of the child died 8 years before. It was thought to be dying, bpt. private)

Susanna & John Bill	m. Jan 9 1755
Hannah & John Williston	m. Mar 13 1755
Andrew & Esther Hood	m. Feb 28 1760
Zechariah & Mary Skilling	m. Sept 11 1765
Edward & Rachel Swanton	m. Dec 5 1765
Andrew & Mary Brooks	m. Aug 12 1766

HALL (con't)

Thomas & Mary Jackson	m. Dec 28 1772
Esther & Donald McClaron	m. Apr 3 1777
Sarah & Thomas Woodman	m. July 19 1781
Joab & Sarah Newcomb	m. June 15 1783
Simon & Sally Hall	m. Nov 8 1788
Sally & Simon Hall	m. Nov 8 1788
Zechariah & Susanna Ballard	m. June 1 1789
Prudence & Eliphalet Jones	m. Jan 14 1796
Benjamin & Esther Goff	m. May 21 1797
Child of Zech., 1 yr., 7 m.,	d. Aug 1793
Child of Simon under 5	d. June 1794
Child of Simon, under 5 mo.	d. Sept 1794
Mr. Jacob, ae 47 yrs.,	d. Dec 27 1795

HALLETT

Allen	Cov't.	Mar 1 1781
Fanny-Thomson	Allen & Jane	bp Mar 18 1781
Jenny	Allen & Jane	bp July 18 1784
Ruthy	Allen & Jane	bp Mar 6 1789
(sua domo)		
Jenny-Thomson	Allen & Jane	bp Sept 12 1790

HALSY

James	Cov't.	Mar 23 1717/8
James	James & Anna	bp Apr 6 1718

HALY : HALEY

William	Adm.	Dec 31 1727
Katherine	Adm.	July 16 1732
Elisabeth	Cov't.	Feb 22 1767
Elisabeth	Samuel & Elisabeth	bp Apr 29 1733
Hannah	Samuel & Elisabeth	bp Mar 16 1734/5
Thomas	Samuel & Elisabeth	bp Apr 10 1737
Samuel	Samuel & Elisabeth	bp Apr 10 1737
Joseph	Samuel & Elisabeth	bp Apr 12 1767
Samuel	Samuel & Elisabeth	bp Apr 10 1768

HAM

Samuel	Cov't.	Feb 26 1750/1
Mary	Samuel & Mary	bp Feb 10 1750/1
Samuel & Mary Gardner		m. Feb 22 1749/50

HAMLIN

Mira	Adult	Adm. & bpt.	Nov 27 1785

(the only Adm. this yr.)

Mira & Mathew Tasker	m. Dec 16 1792

HAMMATT etc.

Mary	Adm.	July 6 1740
Abigail	Cov't.	Feb 3 1771

HAMMATT etc. (con't)

Benjamin, Jr.	Adm.	May 17 1772
Mary	Adm.	June 26 1796
John	Adm.	June 26 1796
Mary	Benjamin & Mary	bp Mar 20 1742/3
Anne	Benjamin & Mary	bp Mar 3 1744/5
Benjamin	Benjamin & Mary	bp Nov 30 1746
Martha	Benjamin & Mary	bp Dec 11 1748
Joseph	Benjamin & Mary	bp Oct 21 1750
Elisabeth	Benjamin & Mary	bp Oct 7 1753
Mercy	Benjamin & Mercy	bp Oct 2 1763
William	Benjamin & Mercy	bp Sept 16 1764
Lydia	Benjamin & Mercy	bp May 29 1768
Sally	Benjamin & Mercy	bp Sept 3 1769
Polly	Benjamin & Mary	bp July 11 1779
Benjamin	Benjamin & Mary	bp July 23 1780
Henry-Hill	Benjamin & Mary	bp Aug 26 1781
Nathaniel	Benjamin & Mary	bp Nov 3 1783
Charles	Benjamin & Mary	bp Sept 5 1784
Sally	Benjamin & Mary	bp Dec 4 1785
Ann	Benjamin & Mary	bp Dec 4 1788
Mary	Joseph & Abigail	bp Apr 21 1771
Joseph	Joseph & Abigail	bp Aug 15 1773
John-Barrett	Joseph & Abigail	bp June 14 1778
Polly-Pierce	Joseph & Abigail	bp June 20 1779
Henry-Vass	Joseph & Abigail	bp July 29 1781
Katherine & Edward Jarvis		m. Nov 5 1754
Mary & James Sigourney		m. Sept 18 1760
Benjamin & Mercy Browne		m. Nov 11 1762
Ann & Andrew Sigourney		m. July 7 1763
Martha & Joseph Philips		m. Aug 28 1766
Benjamin & Mary Barrett		m. May 15 1777
Elizabeth & Alden Burrill		m. Oct 22 1781
Mercy & Joseph Howard		m. Oct 20 1782
Lydia & Thomas Norton		m. June 2 1785
Wife of Benj. Sr., near 70 yrs.,		d. Jan 7 1796

HAMMOND

Frances	Cov't.	Sept 13 1730
Joseph	Joseph & Frances	bp Oct 11 1730
Micah	Micah & Elizabeth	bp May 28 1775

HANCOCK

Elisabeth	Adm.	Jan 26 1766
Miriam	Ebenezer & Miriam	bp Nov 19 1786
Ann	Ebenezer & Miriam	bp Aug 23 1795
John & Mary Walker		m. Feb 26 1761
Nathaniel & Betsy Wellsh		m. May 7 1791
		(BRCR - May 17)
Mary & James Percival		m. May 25 1796
Child of Mr., 1 y., 6m.,		d. July 1797

HANNERS

Benjamin & Mary Simpkins	m. Sept 7 1748

HARDY

Willliam & Eunice Pierce	m. Nov 21 1764

HARLOW

Mary	John & Mary	bp July 7 1723
Rachel	John & Mary	bp June 6 1725
John	John & Mary	bp June 25 1727
Sarah	John & Mary	bp Aug 25 1728
Elisabeth	John & Mary	bp Aug 25 1728
Mary & Nathaniel Parkman		m. Sept 6 1744

HARNDEN

Samuel & Susanna Pike	m. June 1 1797

HARPER

Mehitable	Adm.	Sept 26 1742
Edward	Edward & Mehitable	bp Feb 12 1743/4
Joseph	Edward & Mehitable	bp June 22 1746
Mehetable & Gideon Avery		m. Nov 9 1752

HARRIS

Susanna	Adm.	July 29 1716
Elizabeth	Adm.	Feb 9 1717/8
Sarah	Adm.	Aug 24 1718
Owen	Adm.	Mar 13 1718/9
Mary	Adm.	Jan 8 1720/1
Miriam	Adm.	Mar 29 1724
Hannah	Adm.	Mar 24 1727/8
Hannah	Cov't.	Feb 10 1739/40
Anna	Adm.	June 15 1740
(By dismission from Church in Boxford)		
William	Adm.	Nov 22 1741
Gyles	Adm.	June 6 1742
(Dismissed to Church in Halifax		Nov 4 1751)
Jane	Cov't.	Oct 21 1750
Ann	Adm.	Apr 4 1756
Ruth	Cov't.	Nov 13 1774
Elizabeth	Cov't.	Feb 5 1786
Mary	Nathaniel & Sarah	bp July 7 1716
Esther	Nathaniel & Sarah	bp Aug 24 1718
Mary	Owen & Susanna	bp Mar 17 1716/7
Sarah	Robert & Sarah	bp Jan 28 1721/2
Sarah	Joseph & Elizabeth	bp Oct 11 1719
Joseph	Joseph & Elizabeth	bp July 16 1721
Richard	Joseph & Elizabeth	bp Apr 7 1723
Elisabeth	Joseph & Elizabeth	bp Sept 19 1725
Richard	Joseph & Elizabeth	bp Oct 20 1728
Samuel-Jackson	Joseph & Elizabeth	
		bp Dec 13 1730
Elisabeth	Joseph & Elizabeth	bp mar 4 1732/3
Ebenezer	Joseph & Elizabeth	bp June 22 1735

HARRIS (con't)

William	Samuel & Hannah	bp Jan 19 1723/4
Elisabeth	Samuel & Hannah	bp July 24 1726
Samuel	Samuel & Hannah	bp Sept 14 1729
Susanna	Samuel & Hannah	bp May 14 1732
Sarah	John & Hannah	bp Oct 22 1732
John	John & Hannah	bp Jan 12 1734/5
Elisabeth	John & Hannah	bp Sept 12 1736
John	John & Hannah	bp Sept 17 1738
Abigail	John & Hannah	bp Oct 28 1739
Prudence	John & Hannah	bp Mar 8 1740/1
Thomas	Leach & Hannah	bp Mar 16 1739/40
Hezekiah	Leach & Hannah	bp May 10 1741
Mary	Leach & Hannah	bp Jan 23 1742/3
Leach	Leach & Hannah	bp Mar 25 1744
Martha	Leach & Hannah	bp Aug 4 1745
Samuel	Leach & Hannah	bp Jan 12 1745/6
Hannah	Leach & Hannah	bp Aug 9 1747
Hannah	Leach & Hannah	bp Mar 4 1749/50
William	Leach & Hannah	bp Oct 13 1751
Mercy	Leach & Hannah	bp Feb 4 1753
Thomas	Leach & Hannah	bp Feb 16 1755
Job	John & Anna	bp Mar 21 1741/2
Elisabeth	John & Anna	bp Mar 21 1741/2
Rachel	John & Anna	bp Oct 23 1743
Martha	John & Anna	bp Aug 4 1745
Elizabeth	Gyles & Elizabeth	bp May 28 1749
Jonathan	Jonathan & Jane	bp Nov 25 1750
James	Jonathan & Jane	bp June 30 1754
Richard	Jonathan & Jane	bp June 12 1757
Rebecca	Jonathan & Jane	bp July 15 1759
Josiah	Jonathan & Jane	bp Mar 21 1762
Samuel	Samuel & Ann	bp July 25 1756
Robert	Samuel & Ann	bp Jan 14 1759
Ann	Samuel & Ann	bp Feb 10 1760
Joseph	Samuel & Ann	bp Apr 5 1761
Robert-Dowding	Samuel & Ann	bp Sept 22 1765
Hannah	Samuel & Ann	bp Oct 12 1766
Rebecca-Avis	Samuel & Ann	bp Feb 12 1769
Labella	Samuel & Ann	bp Sept 23 1770
Leach	Samuel & Ann	bp Aug 2 1772
Elizabeth-Dolbear	Samuel & Ann	bp Feb 27 1774
Owen	Stephen & [blank]	bp June 10 1764
Elizabeth on acc't of Mary Colter		bp May 5 1771
Patty	John & Ruth	bp Nov 13 1774
John-Barnard	John & Elisabeth	bp Mar 12 1786
James	John & Elisabeth	bp Sept 30 1787
Elisabeth	John & Elisabeth	bp May 2 1790
Josiah	John & Elisabeth	bp Mar 24 1793
Robert-Holmes	John & Mary	bp Oct 18 1795

Giles & Elizabeth Snelling	m. Nov 8 1748
Jonathan & Jane Reed	m. Jan 4 1749/50
Hannah & William Parkman	m. July 19 1750
Charles & Mary Barber	m. Aug 8 1753
Sarah & William Owen	m. Aug 5 1755
Anna & Richard True	m. Nov 6 1755
Mary & Daniel Williams	m. Sept 9 1761

HARRIS (con't)

Prudence & John Newell	m. Jan 10 1765
Mercy & Caleb Beal	m. Oct 8 1772
Abigail & Edward C. Howe	m. Dec 3 1776
Samuel & Sally Turner	m. Oct 5 1780
Elizabeth & John Crank	m. May 13 1783
Elizabeth & Thomas Terrance	m. July 17 1788
Eunice & John Hayward	m. Oct 5 1788
Gyles & Ann Parker	m. Oct 18 or 25 1789
Sally & Uriah Tufts	m. July 8 1790
Lidia & George Singleton	m. Dec 24 1791
Patty & William Davis	m. May 30 1793
(or Betsy - see contra Davis)	
Leach & Polly Curtain	m. Jan 31 1796
Sybella & Benjamin Luckis	m. Nov 25 1797
Mrs., ae 86, Ch. Memb.,	d. Dec 3 1793

HARRISON

John	Adm.	Aug 30 1741
John & Dorothy Adams		m. June 4 1789

HARROD

John	Adm.	Apr 3 1721
(Dismissed to Rev. Mr. Mather's Church Nov 10 1751)		
Phoebe	Adm.	Mar 20 1736/7
Phoebe	Benjamin & Phoebe	bp Apr 17 1737
John	Benjamin & Phoebe	bp Jan 7 1738/9
Benjamin	Benjamin & Phoebe	bp June 7 1741
Jonathan	Benjamin & Phoebe	bp Mar 13 1742/3
Susanna	Benjamin & Phoebe	bp Mar 18 1743/4
Jonathan	Benjamin & Phoebe	bp Feb 2 1745/6
Joseph	Benjamin & Phoebe	bp Nov 8 1747
Witter-Cummins	Benjamin & Phoebe	bp Sept 10 1749
James	Benjamin & Phoebe	bp Dec 15 1751
Phebe	Benjamin & Phoebe	bp Aug 3 1755
Dorothy	Benjamin & Phoebe	bp Jan 16 1757

HART

Miriam	Adm.	July 28 1717
Sarah	Adm.	Dec 17 1749
(Dismissed from 1st Ch. in Lynn)		
Jeremiah	Jeremiah & Miriam	bp Sept 20 1719
Lois	Zephaniah & Sarah	bp Jan 28 1749/50
Ralph	Zephaniah & Sarah	bp July 28 1754
Ralph	Zephaniah & Sarah	bp June 2 1757
Sarah	Zephaniah & Sarah	bp Sept 30 1759
Rebecca	Zephaniah & Sarah	bp Sept 9 1764

Zephaniah & Sarah Copp	m. Nov 24 1748
Lois & Philip Peak	m. Nov 13 1769
Zephaniah & Margarett Bemis	m. Dec 8 1776
Sarah & James Bruce	m. Oct 1 1789

HARTFIELD
George & Hannah Bullen		m. May 4 1768
(mulattoes)		
Mrs., a black,		d. Feb 1793

HARTSHORN
Jacob	Adm.	Mar 29 1724
Jacob	Jacob & Martha	bp Apr 5 1724

HARVEY
Mary	Cov't.	Oct 25 1747
Mary	Jonathan & Mary	bp Nov 8 1747
Jonathan	Jonathan & Mary	bp Oct 15 1749
John	Jonathan & Mary	bp Sept 29 1751

HASKELL
Benjamin & Lydia Freeman		m. Aug 6 1761

HASSELL
Sarah & David Williams		m. Mar 23 1783

HASTINGS
James	Cov't.	Sept 17 1755
Elisabeth	James & Elisabeth	bp Sept 17 1755
Mary	James & Elisabeth	bp Apr 15 1759
Jane	James & Elisabeth	bp Jan 16 1763
James & Elisabeth Stude		m. Mar 26 1752
Samuel & Abigail Parcer		m. Apr 30 1761
Elizabeth & John Young		m. Apr 2 1789

HASY : HASEY
Hannah	Adm.	Jan 25 1735/6
Margaret	Cov't.	Feb 5 1737/8
Margaret	Adm.	May 24 1761
Hannah	Jacob & Margaret	bp Mar 12 1737/8

HATCH
John	Adm.	Sept 21 1755
Tabitha	Adm.	Sept 21 1755
(By dismission from Church at Truro)		
Joseph	Cov't.	Oct 6 1765
John	Ezekiel & Hannah	bp Mar 21 1756
Elisabeth	Ezekiel & Hannah	bp Aug 6 1758
Sarah	Ezekiel & Hannah	bp Jan 24 1762
Martha	Naler & Martha	bp July 17 1757
Lydia	Joseph & Priscilla	bp Oct 13 1765
Betty	Joseph & Priscilla	bp Jan 5 1766

HAVENS : HEAVINS
Sarah	Cov't.	May 5 1765

HAVENS : HEAVINS (con't)
William	William & Sarah	bp June 23 1765
Sarah	William & Sarah	bp May 10 1767
William & Sarah Henley		m. Apr 21 1763

HAVIS (?)
Mary Ann	Adm.	Nov 7 1799
(this is last entry for century)		

HAWKES
Elizabeth & Josiah Flagg		m. Apr 7 1760
Frank (a free female negro) & Cuff		m. Feb 21 1771
Frances (black woman), 78		d. Aug 1795

HAWKINS
Rebecca & William Edes		m. Mar 5 1746/7
Mary & William Parkman		m. Feb 8 1757

HAWS : HAWES etc.
Hannah	Adm.	Apr 28 1728
Silence	Cov't.	Sept 3 1749
Mary	Desire & Silence	bp Oct 29 1749
James	Desire & Silence	bp June 16 1751
James	Desire & Silence	bp Sept 9 1753
William	Desire & Silence	bp May 30 1756
Edward	Desire & Silence	bp Mar 5 1758
Silence	Desire & Silence	bp Jan 25 1761
Desire & Silence Swift		m. Oct 6 1748
Isaac & Sarah Bouve		m. July 14 1757

HAYDEN : HEYDEN
Rebecca	Cov't.	Aug 23 1741
Jonathan	Cov't.	May 22 1763
Jonathan	Jonathan & Mary	bp May 22 1763
Mary	Jonathan & Mary	bp Apr 14 1765
Susanna	Jonathan & Mary	bp Mar 16 1767
Jerusha	Jonathan & Mary	bp Mar 16 1767
Susanna	Jonathan & Mary	bp July 29 1770
Mary & Benjamin Gilbert		m. Nov 7 1753
Elizabeth & Richard Poach		m. Apr 1 1755
Mary & Henry Edwards		m. June 16 1757
Jonathan & Mary Bentley		m. Nov 11 1762
Thomas & Delia Atkins		m. Sept 16 1782

HAYNES
Sarah	William & Sarah	bp June 13 1773
Samuel & Susanna Bradford		m. Dec 11 1760
Dorcas & Jacob Porter		m. July 13 1777

HAYWARD

Hephzibah	Adm.	Jan 7 1721/2
Rebecca	Adm.	May 1 1757
Abigail	Cov't.	Oct 21 1759

Hannah	Nathaniel & Hepzibah	bp Oct 28 1720
John	Nathaniel & Hepzibah	bp Dec 15 1723
Hepzibah	Nathaniel & Hepzibah	bp May 28 1727
Elisabeth	Nathaniel & Hepzibah	bp Nov 10 1728
Mary	Nathaniel & Hepzibah	bp Nov 30 1729
John	Nathaniel & Hepzibah	bp Aug 8 1731
Mary	Nathaniel & Hepzibah	bp Aug 15 1736
Abraham	Abraham & Abigail	bp Dec 2 1759
Abigail	Abraham & Abigail	bp Dec 20 1761
Samuel	Abraham & Abigail	bp Feb 5 1764
John	Abraham & Abigail	bp Aug 24 1766
Thomas	Abraham & Abigail	bp Sept 11 1768
Mary	Abraham & Abigail	bp Feb 7 1773

Hannah & Jacob Johnson	m. Dec 25 1746
Hepzibah & Thomas Oliver	m. June 26 1750
Elizabeth & John McKeay	m. Mar 12 1756
Abraham & Abigail Brown	m. Dec 21 1758
John & Eunice Harris	m. Oct 5 1788
Mary & William Ward	m. Mar 30 1794

Child of Mr., 2 yr.,	d. Sept 1795
Mr. Abraham, 62 yr.,	d. Mar 5 1796

HAZLY

Margaret	Adm.	Nov 22 1741
Thomasin	Adm.	Dec 20 1741
Thomasin	Adult	bp Jan 22 1737/8
Margaret	Adult	bp July 9 1738

HEARSY etc.

Israel	Adm.	Nov 30 1735
Abigail	Adm.	Nov 30 1735
(Both dismissed from Milton Church)		
(Both dismissed to New South Ch.		Aug 30 1767)
Tabitha	Adm.	Dec 21 1740
Abigail	Adm.	Sept 16 1759

Joseph	Israel & Abigail	bp May 7 1732
Abigail	Israel & Abigail	bp Dec 2 1733
James	Israel & Abigail	bp Mar 23 1734/5
Elisabeth	Israel & Abigail	bp Mar 16 1739/40
William	Israel & Tabitha	bp Oct 25 1741
Elias	Israel & Tabitha	bp Nov 6 1743
Esther	Israel & Tabitha	bp Mar 10 1744/5
Susanna	Israel & Tabitha	bp Dec 21 1746
Samuel-Parkman	Israel & Tabitha	bp Sept 4 1748
Dorcas	Israel & Tabitha	bp Mar 18 1749/50
Hannah	Israel & Tabitha	bp Dec 22 1751

John & Elizabeth Fadre	m. Jan 30 1756
Louis & Jonathan Crowe	m. Oct 14 1766

HEATH

Samuel	Cov't.	Aug 21 1726
Mary	Adm.	Apr 28 1728
Nathaniel	Cov't.	Aug 3 1755
Mary	Adm.	Mar 17 1771

Hannah	Samuel & Mary	bp Aug 21 1726
Mary	Samuel & Mary	bp Aug 21 1726
Sarah	Samuel & Mary	bp Oct 13 1728
Nathaniel	Samuel & Mary	bp July 9 1732
Thomas	Samuel & Mary	bp Jan 16 1736/7
Elisabeth	Samuel & Mary	bp Mar 2 1734/5
Deborah	Samuel & Elisabeth	bp July 5 1741
Susanna	Samuel & Elisabeth	bp Dec 26 1742
Samuel	Samuel & Elisabeth	bp Feb 3 1744/5
Ebenezer	Samuel & Elisabeth	bp Nov 1 1747
Elisabeth	Samuel & Elisabeth	bp Oct 30 1748
Mary	Samuel & Elisabeth	bp Dec 16 1750
Mary	Nathaniel & Mary	bp Aug 24 1755
Elisabeth	Nathaniel & Mary	bp July 10 1757
Sarah	Nathaniel & Mary	bp July 15 1759
Nathaniel	Nathaniel & Mary	bp Apr 19 1761
Sarah	Nathaniel & Mary	bp July 8 1764
Samuel	Nathaniel & Mary	bp Nov 24 1765
Thomas	Nathaniel & Mary	bp Aug 7 1768
John-West	Nathaniel & Mary	bp Nov 19 1769
Samuel	Nathaniel & Mary	bp Sept 22 1771
Thomas	Nathaniel & Mary	bp Feb 7 1773
Lydia	Nathaniel & Mary	bp June 26 1774
Diana	Nathaniel & Mary	bp Mar 16 1777
Andrew	Nathaniel & Mary	bp Jan 31 1779
(by Mr. Osgood of Mistick)		
Eliot	Nathaniel & Mary	bp Nov 5 1780
William	Nathaniel & Mary	bp Aug 25 1782

Elizabeth & Benjamin Gallop	m. Oct 5 1756
Mary & Ebenezer Gifford	m. Nov 17 1783
Diana & Frederick Carpenter	m. Dec 4 1796

HEBURNE

Mary & John Hogan	m. Dec 3 1761

HEDDIBALL

Mary	Adult	bp July 1 1739

HEDGE

Elisha	Adm.	Jan 6 1722/3
(Dismissed to Shrewsbury		Dec 5 1736)
Elisha	Elisha & Martha	bp Feb 16 1728/9

HELEND

Sarah & Joseph Leighton	m. Nov 27 1766

HELYER

Jonathan Desired by the Church to preach as a candidate	Aug 18 1741

HELYER (con't)
Polly & Samuel Thaxter   m. June 14 1792

HEMENWAY etc.
Joshua	Cov't.	Jan 25 1761
Hannah	Cov't.	Oct 12 1766
Joseph	Cov't.	Mar 11 1770
Joshua	Joshua & Mehetabel	bp Jan 25 1761
Mehetabel	Joshua & Mehetabel	bp Feb 12 1764
Jonathan-Look	Joshua & Mehetabel	bp Jan 19 1766
Joshua	Joshua & Mehetabel	bp Dec 27 1767
Israel	Joshua & Mehetabel	bp Dec 13 1772
Ebenezer	Samuel & Hannah	bp Nov 9 1766
David	Samuel & Hannah	bp Aug 6 1769
Hannah	Samuel & Hannah	bp Jan 7 1772
Elizabeth	Joseph & Elizabeth	bp Mar 11 1770
Polly	Joseph & Elizabeth	bp Dec 26 1773
Elizabeth	Joseph & Elizabeth	bp Apr 19 1772
Joseph	Joseph & Elizabeth	bp Dec 8 1776
Rebecca	Joseph & Elizabeth	bp July 19 1781
Sally	Joseph & Elizabeth	bp Feb 1 1784

Joshua & Mehetable Look   m. Nov 15 1759
Ebenezer & Susanna Reed   m. Aug 31 1794

HENDERSON
Margaret	Adm.	June 5 1715
Margaret	Adult	bp Apr 10 1715

Martha & Edward Foster   m. Mar 7 1744/5

HENDRY
Anne	Adm.	Feb 4 1727/8
William	Thomas & Anne	bp Sept 25 1720
John	Thomas & Anne	bp Sept 21 1722
Stanley	Thomas & Anne	bp Oct 4 1724
George	Thomas & Anne	bp Jan 16 1725/6

HENLEY
Sarah & William Heavens   m. Apr 21 1763
Charles & Ann Roach   m. Nov 2 1773
Elizabeth & Henry Morgan   m. May 29 1777
   (BRCR - Thomas Morgan)

HENSHAW
Abigail   Josiah & Mary   bp June 9 1734

HERMON
Susanna & Augustus Mayhew   m. Aug 25 1774

HERRENDEN
Nehemiah   Adm.   Mar 15 1740/1
   (Dismissed)

Hannah   Nehemiah & Hannah   bp Apr 12 1741

HERVEY
Rachel & Thomas Jones   m. Aug 3 1753
Polly & William Burke   m. June 10 1778

HEWES
James & Ann Williams   m. May 6 1767
Enoch & Sarah Hill   m. Nov 12 1783

HEWLET
Elisabeth	Thomas & Amy	bp Feb 5 1748/9
Amy	Thomas & Amy	bp June 2 1751

HEYLER
Mary & Henry Darrell   m. Aug 13 1747
George & Rebecca King   m. Mar 9 1786

HICKMAN
Bathsheba   James & Mary   bp Apr 10 1743

HICKS etc.
Penelope	Adm. & bp	May 28 1721
Mary	Adm.	Aug 19 1759
Mary	of Mary	bp Aug 26 1759

Zechariah & Elizabeth Parker   m. Jan 4 1748/9

HIGHT
William   Adult   bp Mar 31 1728

HILL
Thomasin	Adm.	July 3 1715

(Dismissed from Salem hither; suspended Nov 27 1724)

Rebecca	Adm.	Jan 23 1774
Sarah	Adm.	Jan 23 1774
Rebecca	Alexander & Thankfull	bp July 15 1744
Alexander-Sears	Alexander & Thankfull	bp Aug 31 1746
John	Alexander & Thankfull	bp July 24 1748
Samuel	Alexander & Thankfull	bp July 29 1750
Edward	Alexander & Thankfull	bp Jan 26 1755
Thankful	Alexander & Thankfull	bp Apr 10 1757

Abraham & Rebecca Clarke   m. Apr 18 1754
Henry & Anna Barrett   m. July 3 1762
Alexander & Lucy Rob   m. Oct 24 1765
Sarah & Enoch Hewes   m. Nov 12 1783
Sarah & Joseph Delony   m. May 29 1785
Lucy & Rev. Oliver Everett   m. Nov 6 1787
Patty & Jacob Godfrey   m. June 21 or 22 1789
Mary & Benjamin Smith   m. Apr 11 1797

HILLER
Hannah	Adm.	Jan 29 1764
Elizabeth	Adm.	July 7 1771
Susanna	Adm.	July 7 1771

HILLER (con't)
Benjamin	Joseph & Hannah	bp Mar 18 1763
Thomas	Joseph & Hannah	bp Jan 23 1757
Mary	Joseph & Hannah	bp Feb 19 1758
Hannah & Samuel Fenno		m. Nov 12 1767
Elizabeth & James Foster		m. Mar 17 1773

HILTON
Francis & Hannah Cooper		m. July 24 1795

HINCH
Henry & Sarah Thomas (or Thomas)		m. Aug 18 1793

HINCKLEY
Nathan & Marcy Stevens		m. June 11 1773
James & Nancy Jones		m. Apr 27 1793
Lydia & Joseph Adams		m. June 30 1793

HIND
Mary	Cov't.	Dec 14 1740
John	John & Mary	bp Jan 11 1740/1
Mary	John & Mary	bp June 26 1743

HINKS
John & Mary Christie		m. Dec 14 1777
Mr., ae 58 yrs.		d. May 1794

HITCHBORN
Elizabeth	Cov't.	Aug 18 1793
Elizabeth	Philip & Elizabeth	bp Sept 15 1793
Alexander-Hopkins	Philip & Elizabeth	bp Nov 23 1794
Susanna	Philip & Elizabeth	bp July 3 1796
(by Mr. Porter - Roxbury)		
Nathaniel & Elizabeth King		m. Jan 6 1763
Philip & Betsy Hopkins		m. Sept 16 1792

HITCHINS
William & Rebecca Davis		m. June 11 1773

HODGSON
Cecelia	John & Cecelia	bp Feb 25 1776

HOGAN
John & Mary Heburne		m. Dec 3 1761

HOLBROOK
Abia	Cov't.	Aug 3 1718
Lydia	Cov't.	Oct 19 1740
Abia, Jr.	Adm.	Nov 23 1740
(Dismissed to Old South		Feb 5 1764)
Mary	Adm.	Nov 23 1740

HOLBROOK (con't)
Samuel	Adm.	Sept 18 1748
(Dismissed to Old South		Feb 5 1764)
Elisha	Abia & Mary	bp Aug 21 1720
Mary	Abia & Mary	bp Sept 30 1722
John	Abia & Mary	bp Jan 31 1724/5
Thomas	Abia & Mary	bp Mar 26 1727
Samuel	Abia & Mary	bp May 18 1729
Lydia	Abia & Mary	bp Sept 19 1731
David	Abia & Mary	bp Aug 12 1733
Elizabeth	Abia & Mary	bp Aug 24 1735
Sarah	Abia & Mary	bp Nov 27 1737
Joseph	Abia & Mary	bp June 15 1740
Sarah	Abia & Mary	bp Sept 27 1741
Sarah	Abia & Mary	bp Sept 11 1743
Elisha	Elisha & Lydia	bp Oct 26 1740
Lydia	Elisha & Lydia	bp Feb 14 1741/2
Lydia & Henry Toveman		m. May 30 1754
John & Martha Wilson		m. Sept 6 1757
Elizabeth & John Adams, Jr.		m. Feb 15 1759
John & Priscilla Storer		m. June 8 1769
Edward & Hannah Lillie		m. Jan 1 1797

HOLLAND
Samuel	Adm.	Feb 5 1720/1
Chosen Deacon		Nov 7 1752
Resigned		May 8 1774
Died		Aug 1798
Elisabeth	Adm.	Dec 10 1727
Mary	Cov't.	June 10 1739
Mary	Adm.	May 6 1744
Sarah	Cov't.	Dec 10 1768
Lydia	Adm.	Aug 19 1764
(from 1st Ch. Marblehead)		
Elisabeth	Samuel & Elizabeth	bp July 4 1725
Mercy	Samuel & Elizabeth	bp Jan 22 1726/7
Samuel	Samuel & Elizabeth	bp Dec 22 1728
Lydia	Samuel & Elizabeth	bp Feb 28 1730/1
Nathaniel	Samuel & Elizabeth	bpSept 10 1732
Sarah	Samuel & Elizabeth	bp Dec 1 1734
Micah	Samuel & Elizabeth	bp July 11 1736
Mary	Samuel & Elizabeth	bp June 28 1741
Josiah	Josiah & Mary	bp Aug 19 1739
John	Josiah & Mary	bp Nov 1 1741
Mary	Josiah & Mary	bp June 12 1743
Thomas	Josiah & Mary	bp June 2 1745
John	Josiah & Mary	bp Mar 15 1746/7
Susanna	Josiah & Mary	bp Jan 14 1749/50
Christopher	Josiah & Mary	bp Sept 17 1752
Benjamin	Josiah & Elisabeth	bp Oct 6 1754
Elisabeth	Michael & Mary	bp Sept 16 1764
Abiel	Michael & Mary	bp June 25 1769
Sarah	Thomas & Sarah	bp Dec 18 1768
Mary	Thomas & Sarah	bp Dec 9 1770
Susanna	Thomas & Sarah	bp Jan 17 1773

HOLLAND (con't)
Hannah	Thomas & Sarah	bp Apr 2 1775
Nancy	Thomas & Sarah	bp Oct 5 1777
Thomas	Thomas & Sarah	bp Apr 30 1780
[blank] dau.	Thomas & Sarah	bp May 18 1783

Mercy & Samuel Brown	m. Jan 10 1744/5
Lydia & Andrew Clarkson	m. Sept 30 1748
Mary & William Veron	m. Feb 10 1761
Sarah & Capt. James Clarkson	m. Sept 8 1762
Michael & Mary Sigourney	m. Jan 12 1764
Thomas & Eunice Waldron	m. Oct 5 1780
Abiel & Edward Veron	m. Nov 26 1787

HOLLOWELL
Hannah & John Edes	m. June 12 1760

HOLMAN
Susanna	Cov't.	Nov 7 1762
William	Hugh & Susanna	bp Nov 21 1762
Mary	Hugh & Susanna	bp Aug 18 1765

Hugh & Susanna Dinham	m. July 1 1762
Susanna & Samuel Brown	m. Dec 2 1762

HOLMES
Elizabeth	Adm.	Oct 21 1716
Nathaniel	Adm.	June 21 1724
(Bible from N. Holmes Ack.		July 23 1750)
Ruth	Cov't.	Apr 29 1759
Rebecca	Adm.	Sept 27 1772
Rebeckah	Nathaniel & Rebekah	bp Jan 29 1748/9
Mary	Nathaniel & Rebekah	bp Sept 2 1750
Nathaniel	Nathaniel & Rebekah	bp Mar 15 1752
Nathaniel	Nathaniel & Rebekah	bp Sept 21 1755
Lydia	Nathaniel & Rebekah	bp July 23 1758

Nathaniel & Rebecca Goodwill	m. Oct 1 1747
Rebecca & William Fowle	m. May 25 1768
Lydia & John Bishop	m. Aug 9 1782
Prince & [blank]	m. Nov 15 1789
Prince, ae. 70 yrs.,	d. Feb 18 1792

HOMAN
John	Adm.	July 4 1742
(Dismissed to 2nd Ch. Marblehead		Mar 15 1743)

John & Sally Dalton	m. Sept 15 1785

HOMER
John & Hannah Carnes	m. July 2 1772

HOOD
Rebecca	Adm.	Mar 3 1727/8

HOOD (con't)
Esther & Andrew Hall	m. Feb 28 1760
Sarah & Blackheath Wells	m. May 12 1762

HOOGS
Elisabeth	Cov't.	July 29 1764
John-Bentley	William & Elizabeth	bp Sept 2 1764
Elizabeth-Bentley	William & Elizabeth	bp May 11 1766
Elizabeth	William & Elizabeth	bp May 1 1768
William	William & Elizabeth	bp Feb 11 1770
Ann-McNeal	William & Elizabeth	bp Dec 22 1771
Peggy	William & Elizabeth	bp Apr 25 1773
(by Mr. Whitwell)		
Ruthy	William & Elizabeth	bp May 22 1774

William & Elizabeth Stoddard	m. Nov 8 1763

HOOPER
Sarah & John Dudley	m. May 7 1761

HOPKINS
John	Adult	bp Dec 27 1741
Hannah	John & Sarah	bp Jan 17 1741/2
Elisabeth	Alexander & Elisabeth	bp Dec 6 1772
Nathaniel	Alexander & Elisabeth	bp Feb 26 1775
Jane-Vernon	Caleb & Jane	bp Nov 28 1779
Michael	Caleb & Bethia	bp Oct 7 1787
Harriot	John & Hannah	bp Apr 21 1782
Michael	John & Joanna	bp Feb 18 1787
Joanna	Michael & Joanna	bp May 17 1789
Michael	Michael & Joanna	bp Feb 5 1792
Anna	Michael & Joanna	bp July 14 1793

Caleb & Jane Vernon	m. June 15 1777
Betsy & Philip Hitchborn	m. Sept 16 1792
Nathaniel & Hannah Chapman	m. Sept 23 1797
Child of Mr., 1 yr.,	d. Sept 1795

HORNE
Joshua	Cov't.	June 30 1799

HORNBY
Eleanor & Samuel Greenough	m. July 17 1762

HORTON
Phoebe	Jotham & Sarah	bp Aug 27 1786
Betsy-Mills	Jotham & Sarah	bp May 3 1789
Dorcas	Jotham & Sarah	bp July 31 1791

Sally & Gilbert Howland	m. Apr 17 1794
Lydia & Sampson Mason	m. Sept 13 1795
Mr. Jotham, ae. 49 yr.,	d. Oct 1794

HOSEA : HOSY : HOSIER : HOZIER

Mary Hozier	Cov't.	Oct 2 1785
Hannah	John & Mary	bp Dec 19 1785
John	John & Mary	bp Dec 19 1785
Susan	John & Mary	bp June 15 1788
Rankin	John & Mary	bp June 15 1788
Sampson-Boden	John & Mary	bp Sept 19 1790
Nathaniel	John & Mary	bp Aug 23 1793
Sampson-Bowden	John & Mary	bp Sept 24 1796
(*sua domo*)		
Samuel	Samuel & Elizabeth	bp June 21 1784
Robert	Samuel & Elizabeth	bp Dec 7 1786
(*sua domo*)		

John & Polly Bowdoin   m. Aug 10 1783

Dau. Mr. John, ae 8 yrs.,   d. May 26 or 27 1792

HOSKINS

Christopher & Catharine Mellins   m. May 17 1753

HOUSE

John & Hannah Price   m. Sept 1 1760

HOW etc.

Susanna	Adm.	Aug 6 1738
Joseph	Adm.	Feb 7 1747/8
Rachel	Cov't.	Apr 28 1754
Rebecca	Adm.	Dec 8 1765
Susanna	Joseph & Susanna	bp Sept 10 1738
Mary	Joseph & Mary	bp July 26 1741
Mary	Joseph & Mary	bp Oct 24 1742
Joseph	Joseph & Mary	bp July 22 1744
Abigail	Joseph & Mary	bp Mar 30 1746
Rebecca	Joseph & Rebecca	bp Sept 1 1751
Joseph	Joseph & Rebecca	bp Mar 11 1753
John	Joseph & Rebecca	bp Oct 20 1754
Rebecca	Joseph & Rebecca	bp Nov 23 1755
Lois	Joseph & Rebecca	bp Apr 10 1757
David	Joseph & Rebecca	bp Apr 1 1759
Sarah	Joseph & Rebecca	bp Oct 11 1761
Mary	Joseph & Rebecca	bp Nov 6 1763
Abigail	Joseph & Rebecca	bp Oct 6 1765
Rachel	Estes & Rachel	bp June 30 1754

Estes & Rachel Roberts   m. Aug 31 1750
Joseph & Sarah Franklyn   m. Dec 2 1773
Edward-Crompston & Abigail Harris   m. Dec 3 1776

HOWARD

Jane	Adm.	Mar 15 1740/1
Elizabeth	Cov't.	Jan 9 1791
Jane	Adult	bp May 28 1738
Abraham	Abraham & Elizabeth	bp Jan 9 1791
Elisa-Ann	Abraham & Elizabeth	bp June 16 1793

HOWARD (con't)

Mary & Thomas Knox	m. Nov 12 1754
Rebecca & Nathan Spear	m. Oct 25 1759
Benjamin & Sarah Dimon	m. Jan 14 1781
Joseph & Mercy Hammett	m. Oct 20 1782
John & Abigail Adams	m. Nov 15 1785
Nabby & Ebenezer Wild	m. Nov 1 1786
Ann & Thomas Dinsmore	m. Jan 10 1790
Abraham & Elizabeth Downs	m. Mar 7 1790
Burrell & Grace Fuller	m. Jan 15 1792
Abigail & Daniel Lincoln	m. Nov 28 1793
Abigail & Bradbery Robinson	m. Dec 12 1793
Mary & Sampson Boden	m. Apr 12 1795

Child Abraham & Ann, 7 mo.,   d. Jan 1794

HOWLAND

Susannah	Adm.	Sept 12 1779
(Dismissed to Norwich		June 29 1788)
Sarah	Cov't.	Nov 8 1767
Abigail	Nathaniel & Abigial	bp Oct 26 1740
Nathaniel	Nathaniel & Abigail	bp July 11 1742
John	Nathaniel & Abigail	bp Apr 22 1744
Samuel	Nathaniel & Abigail	bp July 20 1746
Martha	Nathaniel & Abigail	bp Oct 25 1747
Joseph	Nathaniel & Abigail	bp Oct 1 1749
Susanna	Nathaniel & Abigail	bp July 12 1752
Sarah	Nathaniel & Sarah	bp Nov 22 1767
Nathaniel	Nathaniel & Sarah	bp Feb 11 1770
Silas-Atkins	Nathaniel & Sarah	bp Jan 26 1772

Abigail & Joshua Pico   m. May 1 1760
Nathaniel & Sarah Atkins   m. Aug 10 1767
Gilbert & Sally Horton   m. Apr 17 1794

HUBBARD

Elisabeth	Adm.	June 8 1740
Elisabeth	Joseph & Elisabeth	bp June 8 1740
Joseph	Joseph & Elisabeth	bp Sept 27 1741

Elizabeth & Nehemiah Robins   m. Oct 23 1746
Joshua & Silence Twing   m. Sept 29 1769

HUDSON

Joseph	Cov't.	Aug 26 1733
Martha	Adm.	Aug 2 1741
(Dismissed)		
Moses	Adm.	Dec 20 1741
Elisabeth	Adm.	May 29 1757
Katharine	Cov't.	Aug 26 1759
Elizabeth	Cov't.	Dec 29 1782
Joseph	Joseph & Anne	bp Aug 26 1733
Anne	Joseph & Anne	bp Feb 9 1734/5
Mary	Joseph & Anne	bp Dec 19 1736
Sarah	Joseph & Anne	bp May 13 1739

HUDSON (con't)

Sarah	Joseph & Anne	bp Dec 13 1741
Jane	Joseph & Anne	bp Mar 13 1742/3
Sarah	Joseph & Anne	bp Mar 24 1744/5
Elisabeth	Joseph & Anne	bp Sept 20 1747
Thomas	Joseph & Anne	bp Apr 22 1750
Rebecca	Joseph & Anne	bp June 7 1752
Daniel-Badger	Frost & Katharine	bp Sept 9 1759
Joseph	Frost & Katharine	bp Jan 23 1763
Joseph	Joseph & Sarah	bp Aug 30 1767
Joseph	Joseph & Sarah	bp Apr 18 1770
Benjamin	Joseph & Elizabeth	bp Mar 2 1783
John	Joseph & Elizabeth	bp Mar 25 1786

Moses & Katharine Kilby	m. Feb 17 1745/6
	(BRCR - Feb 27)
Elizabeth & Benjamin Sumner	m. July 19 1768

HUGHES

Sarah	Adm.	June 2 1745
Ann	James & Ann	bp July 22 1770

John & Rosanna Baker   m. Apr 14 1768

HULL

David & Susanna Eliot   m. Nov 10 1789

HUMPHREYS etc.

Lidia	Adm.	Jan 27 1765
Sarah	James & Judith	bp Aug 12 1716

Richard & Mary Dillaway   m. Dec 31 1747

HUNNEMAN

Nicholas & Anna Valentine   m. Apr 13 1762

HUNNEWELL etc.

Richard	Adm.	Mar 6 1725/6
Mary	Adm.	Aug 24 1746
Elisabeth	Adm.	Mar 14 1741/2

Ann & William Furbur   m. May 2 1790

HUNSTABLE

Thomas & Sarah Whitman   m. Oct 9 1766

HUNT

Ephraim	Adm.	May 6 1716
Chosen Deacon		Mar 2 1725/6
Joanna	Adm.	May 27 1716
Alexander	Cov't.	Sept 12 1725
Mary	Adm.	Dec 10 1727
Joanna	Adm.	Apr 14 1728
Francis	Cov't.	Nov 20 1737
Ruth	Adm.	Feb 5 1743/4

HUNT (con't)

Sarah	Cov't.	July 4 1762
Edward	Cov't.	Nov 17 1771
Eunice	Cov't.	Nov 7 1774
Sarah	Ephraim & Joanna	bp Mar 4 1715/6
Mary	Ephraim & Joanna	bp Jan 5 1717/8
Zachariah	Alexander & Mary	bp Sept 19 1725
Joseph	Alexander & Mary	bp July 14 1728
Mary	Alexander & Mary	bp May 31 1730
Ruth	Alexander & Mary	bp June 11 1732
Margaret	Alexander & Mary	bp Mar 31 1734
Margaret	Alexander & Mary	bp Oct 12 1735
Margaret	Alexander & Mary	bp Dec 24 1738
Francis	Francis & Sarah	bp Nov 20 1737
Elisha	Francis & Sarah	bp Apr 13 1740
William	Francis & Sarah	bp Aug 15 1742
William	William & Ruth	bp Apr 8 1744
Edward	Benjamin & Elizabeth	bp Oct 11 1741
Mercy	Benjamin & Elizabeth	bp Nov 4 1744
Martha	Benjamin & Elizabeth	bp Feb 15 1746/7
Sarah	Benjamin & Elizabeth	bp Apr 22 1750
Hannah	Benjamin & Elizabeth	bp July 19 1752
Benjamin	Benjamin & Elizabeth	bp Aug 17 1755
Thomas	Joab & Sarah	bp July 18 1762
Sarah	Joab & Sarah	bp May 26 1765
Joab	Joab & Sarah	bp Nov 12 1769
Betsy	Joab & Sarah	bp Dec 22 1771
Mary	Joab & Sarah	bp Feb 16 1774
Joseph	Joab & Sarah	bp Apr 6 1777
Samuel-Burrell	Joab & Sarah	bp Mar 28 1779
John	John, Jr. & Mary	bp Jan 10 1768
Samuel-Doty	Edward & Elizabeth	bp Nov 17 1771
John	Edward & Elizabeth	bp May 9 1773
Benjamin	Edward & Elizabeth	bp Feb 26 1775
Benjamin	Edward & Elizabeth	bp Dec 7 1777
John-Dixwell	Samuel & Mary	bp Mar 19 1775
Polly	Daniel & Mary	bp Nov 4 1781
Elizabeth-Uran	Benjamin & Eunice	bp Nov 7 1784

Ann & George Cross	m. Oct 11 1750
Edward & Elizabeth Dote	m. Feb 19 1766
Martha & Peter Chevalier	m. Feb 16 1769
Samuel & Susanna Sever	m. Oct 29 1769
(He marked as not of Boston had removed from	
Boston to Watertown	(BRCR - 1767)
Betsy & Nathan Pratt	m. Dec 16 1793
Mary & Henry Murphy	m. Jan 22 1797

Mrs., a. 81 yrs., Ch. Mem.,   d. Oct 26 1795

HUNTER

William-Duguid	William & [blank]	bp Mar 13 1774

Sarah & John Dunlop   m. July 6 1794

HUNTING
John & Sarah Merrifield		m. Aug 2 1753
Jonathan & Ann Brown		m. Oct 21 1766

HUNTLEY
Warren & Mary Godfrey		m. Feb 12 1777
		(BRCR - Feb 13)

HURD
Mary	Adm.	Apr 1 1722
Sarah	Adm.	Jan 28 1727/8
William	Joseph & Hannah	bp Oct 29 1780

HUSE
Sally	Enoch & Sarah	bp July 16 1786
Rebecca	Enoch & Sarah	bp Mar 9 1788
Betty-Hale	Enoch & Sarah	bp Feb 22 1790
Lucy-Hill	Enoch & Sarah	bp Feb 5 1792

HUSTON
John & Ruth McIntire	m. Sept 15 1785

HUTCHINS
Elizabeth & Thomas Lewis	m. May 15 1777

HUTCHINSON
Hon. Thomas gave Tankard at an early date, with Arms inscribed.

James & Mary Trumbull	m. Jan 12 1770
Mary & Joshua Lawrence	m. May 22 1770
Dorothy & Richard Welsh	m. May 31 1773

HUTON
Phoebe & John Dolbear	m. Apr 27 1764

HYDEN (see Hayden)

INGERFIELD
Peter	Adm.	Feb 18 1770
(d. Apr 13 1813, ae. 93 yrs.)		
Silence	Cov't.	Oct 2 1774
Sarah	Adm.	June 11 1775
Isabell	Peter & Isabell	bp Aug 19 1761
Thompson	Paul & Silence	bp Nov 27 1774
Paul	Paul & Silence	bp Nov 3 1776
Isabel-Thompson	Paul & Silence	bp Oct 4 1778
(by Mr. Eliot of Fairfield)		
Peter	Paul & Silence	bp Sept 17 1780
(by Mr. Haven of Dedham)		

Thompson & Sarah Skilling	m. Aug 17 1769
Sarah & Isaac Whitney	m. Apr 5 1778
Silence & John Revere	m. Aug 21 1785
Paul & Silence Swift	m. Dec 2 1773

INGERFIELD (con't)
Peter, ae. 93 yrs.,	d. Apr 13 1813

INGERSOL
Abigail	William & Abigail	bp Dec 21 1746
Perkins & Hannah Ridgaway		m. Aug 11 1747

INGLIS (see Ingols)
Elizabeth	Adm.	Feb 2 1723/4
Naomi	Robert & Naomi	bp Oct 12 1746

INGOLDSBY
Mary	Adm.	July 14 1765
Mary & James Forreter		m. July 4 1769

INGOLS etc.
Robert	Cov't.	Sept 5 1742
Ann	Adm.	Dec 1 1765
Eleazer-Collins	Cov't.	Mar 21 1762
Rebecca	Robert & Naomi	bp Sept 5 1742
Robert-Forest	Robert & Naomi	bp Feb 19 1743/4
Naomi	Robert & Naomi	bp Oct 12 1746
Robert	Robert & Naomi	bp Feb 26 1748/9
Elisabeth	Robert & Naomi	bp Nov 17 1751
Samuel	Robert & Naomi	bp Dec 2 1753
Anna	Robert & Naomi	bp July 18 1756
Elisabeth	William & Anne	bp June 28 1747
Joseph	Eleazer-Collins & [blank]	bp Mar 21 1762
Hannah	James & Hannah	bp Dec 20 1778
Benjamin	James & Hannah	bp Jan 14 1781

Zeruiah & Capt. Manasseh Marston	m. Jan 27 1785

INGRAHAM
Sarah	Adm. & bp	Sept 10 1722
Mary	Cov't.	Mar 1 1767
Nathaniel	Cov't.	Aug 29 1784
Joseph	Elijah & Susanna	bp Nov 18 1764
Mary	Joseph & Mary	bp Apr 19 1767
Joseph	Joseph & Mary	bp Sept 11 1768
Sukey-Langdon	Joseph & Mary	bp Sept 16 1770
Nehemiah-Ingersol	Joseph & Mary	
		bp Dec 15 1771
John	Joseph & Mary	bp Jan 15 1775
Elizabeth	Joseph & Mary	bp Aug 17 1779
(by Mr. Lothrop)		
Patty	Joseph & Mary	bp Sept 10 1780
Duncan	Duncan & Susanna	bp Apr 30 1775
Maria	Nathaniel & Mary	bp Aug 29 1784

Duncan & Susanna Greenleaf	m. July 26 1774
Susanna & William Nye	m. Dec 9 1792

IRISH
Elisabeth	Adm.	June 8 1740

ISBETTER
Ann	Adm.	Dec 15 1717

IVES
Samuel & Mary Brazier		m. May 9 1784

IVORY
Benjamin	Silas & Elizabeth	bp Nov 11 1753
Elisabeth	Silas & Elizabeth	bp Aug 17 1755
Lucy	Silas & Elizabeth	bp Apr 24 1757
Charles	Silas & Elizabeth	bp June 24 1759
(by Mr. Adams)		

JACKSON
Samuel	Cov't.	July 14 1723
Jeremiah	Adm.	Feb 7 1730/1
Ruth	Adm.	Jan 11 1756
Mary	Cov't.	Feb 15 1761
Mary	Adm.	June 18 1769
Hannah	Samuel & Ruth	bp July 14 1723
Elizabeth	Samuel & Ruth	bp Aug 16 1724
Hannah	Samuel & Ruth	bp May 21 1727
Ruth	Samuel & Ruth	bp Feb 2 1728/9
Abigail	Samuel & Ruth	bp May 2 1731
Samuel	Samuel & Ruth	bp June 17 1733
Lydia	Samuel & Ruth	bp Nov 9 1735
John	Samuel & Ruth	bp Nov 21 1736
Ebenezer	Samuel & Ruth	bp Dec 4 1737
Sarah	Samuel & Ruth	bp Mar 18 1738/9
John	Samuel & Ruth	bp Aug 24 1740
Daniel	Samuel & Ruth	bp Apr 25 1742
Nathaniel	Samuel & Ruth	bp Aug 28 1743
Mercy	Samuel & Ruth	bp Sept 22 1745
Lydia	Samuel & Ruth	bp Mar 29 1747
Barbara	Adult	bp Aug 22 1725
Elisabeth	Jeremiah & Rebecca	bp Feb 7 1730/1
Hannah	Jeremiah & Rebecca	bp Sept 24 1732
Elizabeth	Jeremiah & Rebecca	bp Sept 7 1735
Deborah	Ebenezer & Mary	bp Mar 8 1761
Samuel	Ebenezer & Mary	bp Mar 11 1764
Mary	Ebenezer & Mary	bp Feb 22 1767
Ebenezer	Ebenezer & Mary	bp Nov 19 1769
Samuel	Adult	bp Dec 2 1781
Biney	Samuel & Dinah (negros)	bp Mar 9 1783
Oree	of Samuel (illegitimate son)	bp June 18 1784
Venus	Samuel & Dinah	bp Jan 23 1785
Gloster-Haskins	Samuel & Dinah	bp Oct 15 1786
Lucy	Samuel & Dinah	bp Mar 30 1788
Samuel	Samuel & Dinah	bp May 2 1790
Bernice	Samuel & Dinah	bp Aug 7 1791
Ebenezer & Mary Jenkins		m. Apr 3 1760
Robert & Mary Moor		m. Jan 8 1761

JACKSON (con't)
William & Alice Gooding		m. July 14 1766
		(BRCR - July 14)
Mary & Thomas Hall		m. Dec 28 1772
James & Diana Orchard		m. July 14 1775
Robert & Jane Downes		m. May 19 1791
Samuel, ae 48 yrs.,		d. Feb 29 1792
Child of Dinah, 7 mos.,		d. Apr 27 1792

JACKWAIT
Timothy	Cov't.	Feb 23 1794
Henry-Lewis	Timothy & Nabby	bp Feb 23 1794

JACOBS
Elizabeth	Cov't.	July 9 1797
Betsy	Charles & Elizabeth	bp July 16 1797
Charles & Betsy Snelling		m. May 20 1796

JAMES
Eunice	Cov't.	Mar 17 1790
Nancy	Benjamin & Eunice	bp Feb 17 1790
(*sua domo*)		
Benjamin	Benjamin & Eunice	bp Mar 7 1790
Eunice	Benjamin & Eunice	bp Mar 7 1790
Pamela	Benjamin & Eunice	bp Mar 7 1790
Samuel	Benjamin & Eunice	bp Mar 7 1790
Meriam & Isaac Pierce		m. Aug 8 1746

JAMESON
Margaret	Adm.	May 23 1725
(Dismissed - 1746)		

JARVIS
Elizabeth	Adm.	Apr 8 1716
Mary	Adm.	Apr 30 1721
Elias	Adm.	Sept 17 1721
Mary	Cov't.	Aug 28 1748
Katharine	Cov't.	July 13 1755
Rebecca	Cov't.	Aug 17 1766
Leonard	Nathaniel & Elizabeth	bp May 13 1716
Mary	Elias & Mary	bp May 20 1722
Elias	Elias & Mary	bp July 26 1724
John	Elias & Mary	bp May 29 1726
Margaret	Elias & Mary	bp Oct 19 1729
Edward	Elias & Mary	bp Jan 23 1731/2
Mary	Elias & Mary	bp Sept 4 1748
Katharine	Edward & Katharine	bp July 13 1755
Edward	Edward & Katharine	bp Dec 24 1758
Mary	Edward & Katharine	bp Mar 20 1763
Margaret	Edward & Katharine	bp June 16 1765
Sarah	Edward & Katharine	bp July 26 1767

JARVIS (con't)

Timothy	Timothy & Rebecca	bp Aug 24 1766
Elizabeth	Timothy & Elizabeth	bp Feb 7 1768
Samuel	Timothy & Rebecca	bp Aug 20 1769
John	Timothy & Rebecca	bp Aug 20 1769
John	Timothy & Rebecca	bp Aug 11 1771
Rebecca	Timothy & Rebecca	bp Apr 18 1773
Elias & Mary Avis		m. Nov 11 1747
Margaret & Daniel Parker		m. Oct 3 1751
Edward & Katharine Hammatt		m. Nov 5 1754
Delia & William Tudor, Esq.		m. Mar 5 1778
Thomas & Ann Demery		m. June 4 1778
Catherine & Peter Oliver		m. Mar 4 1781
Mary & Harry Vass		m. June 10 1781
Capt. Edward & Sarah Storer		m. July 19 1781
Margaret & William Porter		m. May 15 1788
Capt., ae. 62 y.,		d. Feb 13 1793

JEFF etc.

Anne	Cov't.	Mar 1 1729/30
Elisabeth	Cov't.	June 15 1740
Ann	Adm.	May 8 1757
Mary	James & Mary	bp Mar 22 1729/30
Anne	James & Anne	bp Apr 23 1732
Sarah	James & Anne	bp Dec 30 1733
Mary	James & Anne	bp Feb 15 1735/6
Mary	James & Anne	bp Sept 15 1737
Solomon	James & Elisabeth	bp June 22 1740
Elisabeth	James & Elisabeth	bp Sept 6 1741
Susanna	James & Elisabeth	bp June 26 1743
Sarah & Nathan Whittemore		m. Oct 14 1756

JEFFERS : JEFFRIES

Abraham-Thorn	Gyles & Mary	bp Feb 27 1742/3
John	John & Sarah	bp Mar 17 1744/5
James	John & Sarah	bp Mar 22 1746/7
John	John & Sarah	bp Oct 22 1749
Elizabeth & Webster Mygatt		m. Nov 24 1748

JENKINS

Samuel	Adm.	Apr 6 1718
Margaret	Cov't.	July 14 1734
(only one this year)		
Elisabeth	Cov't.	Apr 17 1743
Rebecca	Cov't.	Apr 12 1753
Mary	Cov't.	Aug 9 1764
Mary	Adult	bp Jan 25 1718/9
John	Richard & Mary	bp Jan 25 1718/9
Mary	Richard & Mary	bp Feb 15 1718/9
Sarah	Richard & Mary	bp Jan 22 1720/1
Samuel	Samuel & Elizabeth	bp June 19 1720
Elizabeth	Samuel & Elizabeth	bp Jan 21 1721/2

JENKINS (con't)

Hannah	Samuel & Elizabeth	bp Mar 1 1723/4
John	Samuel & Elizabeth	bp Mar 20 1725/6
Joseph	Samuel & Elizabeth	bp Oct 29 1727
Thomas	Samuel & Elizabeth	bp Sept 7 1729
Hannah	Samuel & Elizabeth	bp Mar 21 1730/1
Thomas	Samuel & Elizabeth	bp Feb 18 1732/3
Mary	Samuel & Elizabeth	bp Nov 21 1736
Alexander	Samuel & Elizabeth	bp June 10 1739
John	John & Margaret	bp July 21 1734
Benjamin	John & Margaret	bp Nov 7 1736
Richard	John & Margaret	bp Apr 9 1738
Mary	John & Margaret	bp Sept 14 1740
Benjamin	John & Margaret	bp Apr 24 1743
John	David & Elizabeth	bp June 19 1743
Peter	Peter & Martha	bp Sept 25 1743
Thomas	Peter & Martha	bp Dec 9 1744
Martha	Peter & Martha	bp Dec 27 1747
Rebecca	Peter & Martha	bp Dec 30 1750
Sarah	David & Rebecca	bp June 3 1753
Rebecca	David & Rebecca	bp Apr 24 1757
Alexander	Alexander & Mary	bp Sept 23 1764
Jonathan	Alexander & Mary	bp Feb 22 1767
Samuel	Alexander & Mary	bp Oct 16 1768
Mary	Alexander & Mary	bp Feb 11 1770
Mary	Alexander & Mary	bp Jan 30 1774
Samuel (not of Boston) & Deborah Navers (Woburn)		m. Mar 15 1742/3
John & Sarah Akerman		m. Jan 4 1759
Alexander & Mary Baker		m. Dec 8 1763
Hannah & Clement Collins		m. Nov 8 1764
Sarah & Michael McGrai		m. Jan 21 1768
Martha & Joseph Atwood		m. May 7 1772
Mary & Ebenezer Jackson		m. Apr 3 1760
Eli & Rebecca Raymond		m. June 12 1796
Mrs., widow, ae 57 y.,		d. May 26 1796

JENKS

Elizabeth	Cov't.	Sept 12 1772
Susanna	Cov't.	July 31 1791
Mary	Cov't.	Aug 21 1791
Elizabeth	Adult	bp Sept 13 1772
William	William & Elizabeth	bp Nov 1 1772
Nathaniel	William & Elizabeth	bp Mar 13 1774
Samuel-Haynes	Samuel & Mary	bp Sept 25 1791
(2 yrs. old)		
Robert-Way	Samuel & Mary	bp Sept 25 1791
Polly	Samuel & Polly	bp Nov 17 1793
Catherine	Samuel & Polly	bp Jan 31 1796
Sukey	John & Susanna	bp Sept 4 1791
John	John & Susanna	bp Feb 24 1793
Sarah-Nowell	John & Susanna	bp July 6 1794
Sally-Nowell	John & Susanna	bp Mar 13 1796
(by Mr. Harris of Dorchester)		

JENKS (con't)

John & Sukey Lillie		m. Nov 28 1790
Nathaniel & Ruthy Sears		m. Oct 17 1795
Child of John, 5 mo.,		d. Aug 4 1793
Child of John, 1 yr.,		d. July 21 1795
John, ae 32 yr.,		d. Mar 20 1797

JENNERS

Mary	Adm.	Apr 26 1761
James-Johnson	Solomon & Mary	bp May 3 1761
Solomon	Solomon & Mary	bp Oct 17 1762

JEPSON

William	Adm.	Apr 29 1722
Margaret	Adm.	Mar 21 1735/6
Mary	Cov't.	Nov 1 1761
Margaret	Adm.	Mar 23 1766
Mary	Adm.	Jan 18 1772
William	William & Margaret	bp Jan 7 1727/8
John	William & Margaret	bp Feb 23 1728/9
Margaret	William & Margaret	bp Feb 14 1730/1
William	William & Margaret	bp Jan 7 1732/3
Benjamin	William & Margaret	bp Jan 5 1734/5
Samuel	William & Margaret	bp Jan 2 1736/7
Henry	William & Margaret	bp Feb 11 1738/9
James	William & Margaret	bp Dec 14 1740
James	William & Margaret	bp Feb 20 1742/3
Mary	William & Margaret	bp Sept 8 1745
Benjamin	Benjamin & Mary	bp Nov 29 1761
Mary	Benjamin & Mary	bp Apr 3 1763
Benjamin & Mary Sigourney		m. Jan 29 1761
Mary & Daniel Bigelow		m. Sept 29 1782
William, ae. 64,		d. Feb 23 1792

JOQUET

Peter	Peter & [blank]	bp Feb 20 1714/5

JOHNS

Edward & Elizabeth Kings		m. July 20 1775

JOHNSON etc. (see Johnston)

Anne	Adm.	Dec 10 1727
Mary	Adm.	Mar 24 1727/8
Rebecca	Adm.	Mar 31 1728
William	Cov't.	July 9 1738
Thomas	Adm.	July 5 1741
Joseph	John & Susanna	bp July 6 1718
Susanna	John & Susanna	bp Apr 21 1721
Samuel	John & Susanna	bp Sept 16 1722
Sarah	Nathaniel & Anne	bp Dec 24 1727
John	John & Elisabeth	bp Jan 23 1736/7
William	John & Elisabeth	bp June 10 1739

JOHNSON etc. (see Johnston) (con't)

William	William & Anna	bp July 9 1738
Anna	William & Anna	bp Feb 24 1739/40
Elisabeth	William & Anna	bp Dec 27 1741
Thomas	Thomas & Susanna	bp July 5 1741
Susanna	Thomas & Susanna	bp July 5 1741
Mary	Thomas & Susanna	bp July 24 1743
Sarah	Thomas & Susanna	bp May 12 1745
John	Thomas & Susanna	bp June 21 1747
Samuel	Thomas & Susanna	bp Dec 10 1749
Elisabeth	Thomas & Susanna	bp June 22 1755
Mary	Adult	bp June 27 1742
Mary & William Wilson		m. Aug 19 1742
Jacob & Hannah Hayward		m. Dec 25 1746
Jane & Thaddeus Partridge		m. Nov 19 1759
Sarah & Thomas Popkins		m. Jan 18 1770

JOHNSTON (see Johnson)

John	Adm.	Nov 30 1735
Elizabeth	Adm.	Nov 30 1735

(By dismission from 1st Church)

JOHONNOT

Sarah	Cov't.	Oct 22 1758
John	John & Sarah	bp Nov 19 1758
Samuel	John & Sarah	bp May 24 1761
Sarah	John & Sarah	bp Feb 20 1763
Elisabeth	John & Sarah	bp Mar 10 1765
John	John & Sarah	bp Oct 12 1766
Rachel	John & Sarah	bp Feb 5 1769
John & Sarah Godfrey		m. Mar 8 1758

JONAH

Samuel & Mary Melindy		m. Dec 27 1759

JONES

Mary	Cov't.	Feb 5 1715/6
Mercy	Adm.	June 3 1716
Ruth	Adm.	Mar 28 1756
Elizabeth	Cov't.	Jan 7 1798
Mary	Samuel & Mary	bp Feb 19 1715/6
Lydia	Stephen & Lydia	bp May 22 1737
Rachel	Isaac & Rachel	bp Nov 15 1747
Ruth	Adult	bp Mar 28 1756
Eliphalet	Eliphalet & Prudence	bp Feb 14 1797

(*sua domo*)

Eunice & Thomas Wiswall		m. June 13 1748
Francis & Sarah Bartlett		m. Nov 21 1751
Thomas & Rachel Hervey		m. Aug 3 1753
Samuel & Mary Battles		m. Nov 14 1757
Ruth & After Stoddard		m. May 6 1760
Daniel & Mary Prevear		m. July 3 1777

JONES (con't)

Betsy & Cato Causey		m. Nov 7 1792
Nancy & James Hinckley		m. Apr 27 1793
Anna & Thomas Pitcher		m. Dec 24 1793
Jacob & Polly Smith		m. Nov 1 1795
Eliphalet & Prudence Hall		m. Jan 14 1796
Joseph & Sarah Fracker		m. Mar 13 1797

Mrs. Ann Jones lost a son Feb. 1792, ae. abt. 20 mos. shipwrecked going from Georgia on coast of South Carolina.

Child of Mr., 10 mos.,	d. Feb 14 1797
Child, few weeks	d. July 1794

JOSLIN

Frances	Nathaniel & Frances	bp Feb 19 1715/6
Abraham	Nathaniel & Frances	bp Dec 8 1717

JOY

Mary	Cov't.	June 22 1766
Olive	Cov't.	Aug 30 1789
Abraham	Abraham & Mary	bp Jan 10 1768
Mary	Abraham & Mary	bp July 27 1766
Harriot	Melzy & Olive	bp Sept 6 1789
Elizabeth-Eliot	Melzar & Anna	bp July 24 1796
Abraham & Mary Morgan		m. Feb 13 1766
Melzar & Ann Eliot		m. Feb 12 1795

Mrs., a. 20 - 30 yr., in the West Indies
                                                                                       d. Feb 21 1794

JUDEVINE

Jane & Ephraim Doan	m. Oct 4 1753

KANNEY

Nathaniel   10th Signer of the Articles   1714
John "our brother John Kanney reported" for votes etc. of   March 18th 1745/6

Robert	Nathaniel & Elizabeth	bp Jan 23 1714/5
Elizabeth	Nathaniel & Elizabeth	bp Nov 11 1716
Benjamin	Nathaniel & Elizabeth	bp Sept 20 1719
Ruth & Mark McKlanglin		m. Jan 14 1747/8
Hannah & Jacob Cole		m. Apr 18 1765

KEEFE

Luke & Jane Fanning	m. Aug 28 1794

KELLEY : KELLY

Edward & Elizabeth Peck	m. Dec 9 1762
Robert & Mary Lawrence	m. June 30 1791

KELLON

Mary	Adm.	Jan 7 1727/8
Thomas	Thomas & Mary	bp Jan 28 1727/8
Elisabeth	Thomas & Mary	bp Jan 28 1727/8
Mary	Thomas & Mary	bp Jan 28 1727/8
Solomon	Thomas & Mary	bp Nov 24 1728
Alexander	Thomas & Mary	bp Oct 15 1732
Lydia	Thomas & Mary	bp Feb 23 1734/5
Elizabeth	Solomon & Mary	bp Sept 11 1757
Mary	Solomon & Mary	bp Aug 26 1759
Solomon & Mary Gray		m. Jan 27 1755
Lydia & David Lee		m. Jan 24 1760

KEMBLE : KEMBALL

Ebenezer	Adm.	June 2 1717
(Dismissed to Bradford Ch.		May 1 1720)
Elisabeth	Adm.	Jan 28 1727/8
Mary	Adm.	Mar 3 1727/8
Elisabeth	Thomas & Elisabeth	bp Sept 28 1729
Thomas	John & Elisabeth	bp July 25 1731
Abigail	John & Elisabeth	bp May 11 1735
Mary	John & Elisabeth	bp Sept 4 1737
Mary & Alexander Thomas		m. Aug 16 1770

KENDAL

Rebecca	Adm.	Oct 15 1749
(By dismission from ch. in Brookline)		
Jonathan	Jonathan & Rebecca	bp Dec 24 1749

KENNADY : KENNEDY

Alice	Hugh & Susanna	bp Mar 31 1745
Abigail	Hugh & Susanna	bp June 26 1748
Margaret & Josiah Brewer		m. May 21 1761
Elizabeth & John Perkins		m. May 10 1764

KENNY

Henry & Mary Cook	m. Sept 15 1774

KENT

Elizabeth & John Webber	m. Nov 4 1756
Betsy & Rev. Jonathan Allen	m. Dec 11 1785

KERR

Elias & Frances Parker	m. Aug 20 1778

KETTELL

Joseph	Voted for as Deacon	Oct 15 1798
	Adm.	Nov 11 1798
	Accepted	Nov 4 1798
	Dismissed from Ch. at Charlestown	
Polly	Joseph & Rebecca	bp Sept 22 1782
John	Joseph & Rebecca	bp Oct 3 1784
Mary	Joseph & Rebecca	bp Feb 17 1788

KETTELL (con't)
Lucy	Joseph & Rebecca	bp July 7 1790
Charlotte	Joseph & Rebecca	bp Sept 13 1795

KEYSTER
John & Nabby Anderson	m. Oct 5 1783

KEYZAR
George	Adm.	Apr 6 1718
Dismissed to 1st Ch. Bridgewater with testimonials		Mar 25 1722

KIDDER
Nathaniel	Joseph & Dorothy	bp June 1 1729

KILBY
Christopher	Cov't.	Apr 9 1727
Sarah	Adm.	Dec 1 1734
Katherine	Adm.	July 5 1741
John	Christopher & Sarah	bp Apr 9 1727
William	Christopher & Sarah	bp Sept 28 1729
Sarah	Christopher & Sarah	bp Apr 9 1732
Sarah	Christopher & Sarah	bp Aug 22 1736
Mary & Charles Florence		m. Jan 5 1743/4
Katherine & Moses Hudson		m. Feb 27 1745/6
Elizabeth & William Smith		m. July 5 1750

KILCUP
Margaret	Cov't.	Dec 18 1737
Eunice	Adm.	May 30 1756
George	George & Margaret	bp Jan 1 1737/8
Dudson	George & Margaret	bp Jan 1 1737/8
Samuel	George & Margaret	bp Feb 15 1737/8
William	George & Margaret	bp Nov 11 1739
Mary	George & Margaret	bp Dec 27 1741
Joseph	George & Margaret	bp Nov 30 1744
Wilmot	George & Margaret	bp Nov 30 1746
Eunice-Norton	George & Eunice	bp Dec 2 1759
Samuel	George & Eunice	bp Nov 28 1762
George & Eunice Merritt		m. Nov 11 1754

KILDER
Hannah	Cov't.	Dec 25 1720

KILLON
Solomon & Mary Gray	m. Jan 27 1755

KIMBALL (see Kemble)

KING : KINGS
Elizabeth	Adm.	July 31 1715
Mary	Adm.	June 20 1725
John	Adm.	Nov 4 1733
Charity	Adm.	Sept 26 1742
Mary	Cov't.	Nov 27 1757
Mary	John & Mary	bp June 27 1725
Sarah	John & Mary	bp June 27 1725
William	John & Mary	bp June 27 1725
David	John & Mary	bp Aug 21 1726
Rebecca	John & Mary	bp Nov 10 1728
Josiah	John & Mary	bp Apr 4 1731
Martha	John & Mary	bp Sept 2 1733
Katherine	John & Mary	bp May 23 1736
Elisabeth	Josiah & Mary	bp Dec 11 1757
Mary	Josiah & Mary	bp Dec 11 1757
Sarah	Josiah & Mary	bp Jan 11 1761
Sarah	Josiah & Mary	bp Nov 21 1762
Rebecca	Josiah & Mary	bp May 6 1764
Martha & Benjamin Swan		m. Oct 13 1757
Peter & Abigail Burbank		m. Nov 25 1760
Elizabeth & Nathaniel Hitchborn		m. Jan 6 1763
William & Ebenezer Lewstin		m. May 28 1767
(BRCR shows Elizabeth)		
Elizabeth & Edward Johns		m. July 20 1775
Polly & William Symmes		m. Nov 19 1776
Mary & Peter Stanwood		m. Mar 6 1777
Josiah & Abigail Top		m. Jan 5 1784
Josiah & Mary Gleason		m. Jan 7 1785
Rebecca & George Heyler		m. Mar 9 1786
Nabby & Benjamin Coates		m. May 25 1790

KINGSTON
William & Abigail Grant	m. Feb 5 1775

KINSMAN
Robert & Bethiah Doggett	m. Sept 27 1749

KIRKE
Hannah	Cov't.	July 3 1768
John	Sylvester & Hannah	bp Aug 14 1768

KIRKWOOD
Elizabeth & William Conolly	m. May 14 1780
William & Lydia Cartwright	m. Nov 21 1784

KISSICK
Elizabeth	Adm.	Apr 15 1769
Elizabeth	Adult	bp Apr 16 1769
Elizabeth	William & Elizabeth	bp June 25 1769
Francis-Whitman	William & Elizabeth	bp Mar 24 1771
Polly	William & Elizabeth	bp May 30 1773
Sally	William & Elizabeth	bp Nov 27 1774
William & Elizabeth Whitman		m. July 7 1768
Polly & Thomas Curtis		m. Jan 7 1796
Elizabeth & Enoch Pyke		m. July 17 1796

KITCHEN

Hannah & John B. Armstrong		m. Oct 23 1785

KNEELAND

Sarah	Cov't.	May 19 1765
Sarah	Ebenezer & Sarah	bp July 28 1765
Joseph	Ebenezer & Sarah	bp Sept 7 1766
Deborah	Ebenezer & Sarah	bp Sept 4 1768
Deborah	Ebenezer & Sarah	bp May 17 1772
Nancy	Ebenezer & Sarah	bp Sept 10 1775
Sally	Ebenezer & Sarah	bp Oct 3 1779
Daniel & Sarah Blackman		m. Aug 21 1747
Ebenezer & Sarah Morris		m. Sept 25 1764
Edward & Sarah Baxter		m. Mar 9 1775

KNOX

Richard	Adm.	Jan 16 1742/3
Mary	Cov't.	Aug 31 1755
Mary	Adm.	Dec 11 1757
Anna	Cov't.	July 26 1778
Sarah	Richard & Sarah	bp Oct 3 1742
Richard	Adult	bp Oct 10 1742
Rebecca	Richard & Sarah	bp Jan 22 1743/4
Ann	Richard & Sarah	bp Oct 5 1755
Nancy	Adam & Anna	bp Aug 23 1778
Polly	Adam & Anna	bp June 18 1780
Adam	Adam & Anna	bp Apr 21 1782
Betsy	Adam & Anna	bp Sept 26 1784
Mary-Anna	Thomas & Ruth	bp May 18 1794
Thomas & Mary Howard		m. Nov 12 1754
Thomas & Elizabeth Barrett		m. Feb 5 1770
Anna & Stephen Emery		m. Mar 20 1777
Thomas & Ruthy Eliot		m. Oct 9 1792

LAHA

Mercy	Samuel & Mercy	bp Dec 27 1761
Mary	Samuel & Mercy	bp Mar 31 1765
Hannah	Samuel & Mercy	bp Mar 15 1767
Samuel	Samuel & Mercy	bp May 5 1771
Sally	Samuel & Mercy	bp Aug 22 1773
John & Lucretia Bartlett		m. Oct 10 1754
Samuel & Mercy Ranger		m. Apr 3 1760
Mercy & John Fox		m. Nov 13 1788
Mr., of Ransford Island, ae. 64 yrs.,		Feb 26 1797

LAMBERT : LAMBORD

Mehetable	Cov't.	Sept 21 1766
Mary	Cov't.	Feb 21 1772
Hannah	Cov't.	May 15 1774
Mary	Adm.	Jan 7 1799
(The last one in the century)		

LAMBERT : LAMBORD (con't)

Mehetable	John & Mehetable	bp Sept 28 1766
John	John & Mehetable	bp Nov 8 1767
Thomas	John & Mehetable	bp July 16 1769
Ferdinando	John & Mehetable	bp Feb 24 1771
Ferdinando-Boad	John & Mehetable	bp Mar 15 1772
Jonathan	John & Mehetable	bp Feb 28 1773
Edward	John & Mehetable	bp May 1 1774
Ann	John & Mehetable	bp May 26 1776
Rebecca	John & Mehetable	bp June 29 1777
Mary	John & Mehetable	bp Aug 16 1778
Gideon	John & Mehetable	bp Feb 18 1781
John	John & Mary	bp Mar 14 1773
William	John & Mary	bp Dec 25 1774
Thomas	John & Mary	bp Feb 9 1777
Polly	John & Mary	bp Jan 31 1779
Mary-Fullarton	John & Mary	bp Feb 16 1783
Benjamin-Fullington	John & Mary	bp July 24 1785
[unreadable]		bp [--] 28 1787
James	James & Hannah	bp July 10 1774
Paul-Farmer	James & Hannah	bp Nov 16 1777
Polly	James & Hannah	bp Sept 19 1779
Caty	Ephraim & Catherine	bp Sept 6 1789
Mary	Edward & Mary	bp Aug 7 1796
James & Hannah Farmer		m. Aug 1 1771
John & Mary Fullarton		m. June 18 1772
George & Elizabeth Glassen		m. Aug 20 1774
John & Abigail Woodward		m. Aug 9 1789
Sally & John Darke		m. Dec 1 1793
John & Margarett Richardson		m. June 15 1794
Edward & Mary Bowen		m. Feb 8 1796
Edward & Ruthy Blackler		m. Sept 26 1797
Mrs., ae 22 yrs.,		d. Nov 28 1796

LAMSON

Ebenezer	Adm.	Mar 9 1717/8
Mary	Adm.	Apr 9 1744
Katharine	Cov't.	Jan 30 1757
Elisabeth	Cov't.	Dec 23 1759
Sarah	Ebenezer & Sarah	bp Mar 17 1716/7
Mary	Ebenezer & Sarah	bp Aug 16 1719
Sarah	Ebenezer & Sarah	bp July 31 1726
William	William & Katharine	bp Apr 3 1757
Nathaniel	Nathaniel & Elisabeth	bp Jan 27 1760
Sarah & David Greenleaf		m. May 2 1751
Mary & Abijah Adams		m. Jan 24 1754
Nathaniel & Elizabeth Lydston		m. June 8 1758
William & Katy Wear		m. June 17 1781

LANCASTER

Hannah	Adm.	Oct 20 1717

LANE

Abigail	Cov't.	Sept 26 1736
Elisabeth	Cov't.	Mar 19 1780
Sarah	Cov't.	June 25 1780
Mary	Adm.	Jan 26 1783
Richard	Richard & Abigail	bp Oct 24 1736
Nelly	John & Abigail	bp June 5 1743
Betsy	Levi & Sarah	bp June 18 1780
Francis	Levi & Sarah	bp June 18 1780
Abigail	Levi & Sarah	bp Feb 24 1782
Mary	Levi & Sarah	bp Mar 14 1784
Nancy	Levi & Sarah	bp July 2 1786
Sally	Levi & Sarah	bp Apr 20 1788
John-Homer	John-Merrifield & Sarah	bp Aug 27 1780
Sally	John-Merrifield & Sarah	bp Aug 27 1780
Polly	John-Merrifield & Sarah	bp Aug 27 1780
Hannah-Williams	John Merrifield & Sarah	bp Feb 9 1783
Betsy-Olivey	John Merrifield & Sarah	bp Sept 5 1784

Hannah & John Troue m. Aug 29 1793

LANGDON

Josiah	Adm.	July 3 1715
Chosen Deacon		July 27 1736
Elisabeth	Adm.	July 3 1715
Abigail	Cov't.	Oct 7 1739
Edward	Adm.	Sept 16 1750
Mary	Adm.	Jan 11 1756
Mary	Adm.	May 12 1771
Susanna	Adm.	May 12 1771
Elizabeth	Josiah & Elizabeth	bp July 2 1721
Ephraim	Josiah & Elizabeth	bp Aug 12 1733
Nathaniel	Nathaniel & Abigail	bp Mar 8 1740/1
Abigail	Nathaniel & Abigail	bp Aug 14 1743
Elisabeth	Nathaniel & Abigail	bp Dec 30 1744
Josiah	Nathaniel & Abigail	bp Mar 9 1745/6
John	Nathaniel & Abigail	bp Aug 2 1747
Mary	Nathaniel & Abigail	bp July 17 1748
Elisabeth	Nathaniel & Abigail	bp Sept 3 1749
William	Nathaniel & Abigail	bp Sept 23 1750
Samuel	Nathnaiel & Abigail	bp Oct 15 1752
Ephraim	Nathaniel & Abigail	bp Dec 23 1753
Joanna	Nathaniel & Abigail	bp Mar 30 1755
Priscilla	Nathaniel & Abigail	bp Aug 1 1756
Mary	Edward & Mary	bp Dec 16 1753

Edward & Mary Parkman m. Nov 16 1752
Mary & Joshua Winter m. Feb 13 1760
Abigail & Thomas Bumstead m. Nov 17 1767
Susanna & John Proctor m. June 11 1773
Mary & William Coffin m. Mar 31 1778
Elizabeth & Henry Skinner m. Apr 13 1780

LANGDON (con't)

Josiah, a youth, ae 15 yrs., d. July 23 1793

LANGLEY

Nathaniel an orphan		bp Jan 12 1717/8
on account of William Lea		
John	Nathaniel & Bethiah	bp Oct 19 1735
Nathaniel	Nathaniel & Bethiah	bp Nov 6 1737
Deborah	Nathaniel & Bethiah	bp Aug 26 1739

LANGSFORD : LANGFORD

Elizabeth	Cov't.	June 8 1718
Sarah	Cov't.	Apr 18 1725
Elizabeth	Paul & Elizabeth	bp Aug 3 1718
Elizabeth	Paul & Elizabeth	bp Jan 17 1719/20
Elizabeth	Paul & Elizabeth	bp Apr 18 1725

LANGSTAFF

Sarah	Cov't.	Apr 6 1735
Anna	Bethuel & Sarah	bp Apr 6 1735

LAPPINGTON : LEPPINGTON

Hannah	Cov't.	May 20 1770
Frances	Cov't.	Dec 15 1776
Hannah	Joshua & Hannah	bp May 27 1770
Joshua	Joshua & Hannah	bp Sept 15 1771
Elizabeth	Joshua & Hannah	bp July 18 1773
John	Joshua & Frances	bp Feb 9 1777

LAPPISH

Ann & Benjamin Brown Jr. m. Jan 17 1754

LARK

Thomas Thomas & Rachel bp Mar 26 1727

LARKIN

Nancy	Cov't.	Nov 26 1797
Abigail	John & Ruth	bp May 25 1777
Betsy	Ebenezer & Mary	bp Feb 24 1782
Sophy-Oliver	Ebenezer & Mary	bp May 4 1786
Samuel-Colesworthy	William & Nancy	bp Nov 26 1797

Sukey & Samuel Swan m. June 12 1788
William & Nancy Colesworthy m. Sept 27 1796

Mrs., ae 73, d. Feb 1796
Mr., ae 58, d. Aug 2 1796

LARRABEE

Mary	Adm.	Mar 17 1727/8
Mary	Benjamin & Mary	bp Apr 14 1728

LASENBY : LAZENBY

Elizabeth	Adm.	July 28 1745
Elisabeth & Ebenezer Brown		m. Oct 20 1748

LASH

Elizabeth	Adm.	Jan 28 1727/8
Joanna	Adm.	Mar 22 1767
Jerusha	Cov't.	Aug 10 1776
Nicholas	Adult	bp Sept 2 1722
Robert	Nicholas & Elisabeth	bp Sept 2 1722
Elisabeth	Nicholas & Elisabeth	bp Mar 3 1727/8
Elisabeth	Nicholas & Elisabeth	bp Oct 15 1732
Sarah	Nicholas & Elisabeth	bp Jan 26 1734/5
Hannah	Nicholas & Elisabeth	bp Feb 6 1736/7
Nicholas	Nicholas & Elisabeth	bp Mar 18 1738/9
Robert	Nicholas & Elisabeth	bp June 28 1741
Mary	Nicholas & Elisabeth	bp July 22 1744
Mary	Nicholas & Elisabeth	bp Mar 23 1746
John	Nicholas & Elisabeth	bp May 28 1749
Joanna	Robert & Joanna	bp July 12 1767
Mary	Robert & Joanna	bp Nov 4 1770
Joanna-Carnes	Robert & Jerusha	bp Sept 14 1777
Robert	Robert & Jerusha	bp Nov 7 1779
John-Baker	Robert & Jerusha	bp Sept 9 1781
Nicholas	Robert & Jerusha	bp Aug 3 1783
Sarah & Thomas Baker		m. Nov 25 1756
Robert & Jerusha Baker		m. Dec 25 1776
Ruth & John Cades		m. Oct 19 1777
Ruth & Joseph Rust		m. Sept 21 1786

LATE : LEATE : LAITE

Mercy	Adm. & bp	Mar 17 1727/8
Sarah	Adm.	Feb 19 1775
John	John & Mercy	bp Jan 19 1728/9
Sarah	John & Mercy	bp Mar 24 1727/8
Edward	John & Mercy	bp Feb 21 1730/1
William	John & Mercy	bp Apr 1 1733
Mary	John & Mercy	bp July 27 1735
Mercy	John & Mercy	bp May 7 1738
Mercy & John-White Roberts		m. July 14 1768

LAUCHLIN : LAUCKLIN

Mary	Cov't.	May 26 1782
Isaac	Samuel & Mary	bp May 26 1782
Polly	Samuel & Mary	bp May 26 1782

LAUGHTON : LORTON

Sarah	Adm.	May 1 1726
Mary	Adm.	Feb 18 1738/9
Abigail	Cov't.	May 20 1764
Elisabeth	William & Abigail	bp July 29 1764

LAUGHTON : LORTON (con't)

William	William & Abigail	bp June 15 1766
John	William & Abigail	bp Mar 26 1769
Abigail	William & Abigail	bp Mar 26 1769
Sarah	William & Abigail	bp Jan 20 1771
Mary	William & Abigail	bp Apr 11 1773
Daniel-Williams	William & Abigail	bp Feb 26 1775
Mary & Daniel Williams		m. Sept 4 1751
William & Abigail Edwards		m. July 25 1763

LAVERICK

Mary	Cov't.	Sept 16 1716
Phoebe	William & Mary	bp Oct 7 1716

LAWRENCE

Rebecca	William & Lidia	bp June 23 1782
Nancy	William & Lidia	bp June 21 1784
Asa	William & Lidia	bp Sept 14 1788
Joshua & Mary Hutchinson		m. May 22 1770
Mary & Robert Kelley		m. June 30 1791

LAYTON

Elizabeth & Joseph Callender		m. July 9 1789

LEACH

John	Cov't.	Oct 1 1752
John	Adm.	June 2 1754
Sarah	Adm.	Mar 7 1756
(Dismissed)		
James	Adm.	Dec 10 1780
(Dismissed)		
Phoebe	Cov't.	Nov 2 1788
John	John & Sarah	bp Oct 8 1752
Sarah	John & Sarah	bp Nov 10 1754
Rebecca	John & Sarah	bp Dec 7 1755
Thomas	John & Sarah	bp Mar 13 1757
Charles	John & Sarah	bp May 14 1758
William	John & Sarah	bp July 8 1759
Samuel	John & Sarah	bp Oct 5 1760
James	John & Sarah	bp Mar 21 1762
Nathaniel	John & Sarah	bp Dec 25 1763
Charles	John & Sarah	bp Apr 14 1765
William	John & Sarah	bp July 20 1766
Tileston	John & Sarah	bp Jan 3 1768
Sarah	John & Sarah	bp July 23 1769
Lydia-Tilestone	John & Sarah	bp Oct 21 1770
Mary	John & Sarah	bp Feb 2 1772
Mercy	John & Sarah	bp Feb 28 1773
Molineux	John & Sarah	bp July 10 1774
Sally-Avis	Thomas & Desire	bp Aug 27 1786
Marcy	Thomas & Desire	bp Mar 23 1788
John-Tileston	Thomas & Desire	bp Mar 29 1789
Mercy-Gooden	Thomas & Desire	bp Oct 9 1796

LEACH (con't)

Pheebe	Nathaniel & Pheebe	bp Nov 2 1788
Sally	Nathaniel & Pheebe	bp Aug 9 1789

(by Mr. Foster of Little Cambridge)

John & Sarah Coffin	m. July 24 1750
Thomas & Mercy Goodwin	m. Nov 1 1782
Sarah & Nathan Webb	m. July 16 1794
Lydia-Tilestone & Ansel Cooke	m. Sept 17 1795
Mary & Elihu Bates	m. Sept 6 1797
Child of Mr. T, a. 7,	d. Feb 1795

LEACHMAN

Edward	of Sarah, a widow	bp July 27 1790

(at my house on account of its being very sick)

LEADBETTER

Jane	Cov't.	Aug 31 1755
Thomas	Thomas & Jane	bp Nov 2 1755
Henry	Thomas & Jane	bp Dec 25 1757
Jane	Thomas & Jane	bp Nov 18 1759
William	Thomas & Jane	bp Mar 14 1762
Priscilla	Thomas & Jane	bp May 11 1766
Ebenezer & Elizabeth Blanchard		m. Mar 31 1742
		(BRCR - 1743)
Thomas & Jane Newhall		m. Nov 28 1754

LEARNED

Susanna & Henry Truman	m. July 10 1787
	(BRCR - 1788)
William & Betsy Flagg	m. Nov 24 1795

L'CRAW

Mary	Cov't.	Oct 5 1755
Mary	[blank] & Mary	bp Oct 5 755

LEDAIN

Mary	Cov't.	Nov 16 1729
George	George & Mary	bp Nov 30 1729
Mary	George & Mary	bp Aug 22 1731

LEE : LEA

William	Cov't.	Jan 12 1717/8
Charity	Cov't.	Oct 25 1741
Elizabeth	Thomas & Deborah	bp May 29 1715
Abigail	Thomas & Deborah	bp Nov 18 1716
Mercy	Thomas & Deborah	bp Dec 28 1718
David & Lydia Kellon		m. Jan 24 1760
Edward & Elizabeth Vickery		m. June 24 1770

LEGARE

John	Adm.	Apr 14 1728

LEGROO

Susanna	Adm.	Jan 28 1727/8

LEIGHTON (see Lighton)

Nathaniel-Gorham	John & Mary	bp Feb 8 1784

L'MERCIER

Peter & Polly Sigourney	m. Mar 29 1781

LE MOYNE

Mary	Adm.	Mar 14 1741/2
Charles	Charles & Mary	bp Mar 14 1741/2
Mary	Charles & Mary	bp Mar 14 1741/2
Hannah	Charles & Mary	bp Mar 14 1741/2

LERVIS

John & Sukey Lervis	m. June 23 1793
Sukey & John Lervis	m. June 23 1793

LENOX

Hannah	Charles & Hannah	bp Sept 3 1749
Rebecca	Charles & Hannah	bp Feb 16 1752
Charles & Hannah Skiff		m. Dec 1 1748
Charles & Mary Wilcot		m. July 26 1753
	(BRCR - Mercy)	
Nancy & Jonah Pattison		m. Oct 27 1768

LEONARD

Nancy	Michael & [blank]	bp Jan 8 1786
Sophia	Michael & [blank]	bp Sept 8 1793
John	Michael & [blank]	bp Sept 8 1793
Greenman-Gere	Michael & Catharine	
		bp July 12 1795

LE-PAGE

Susannah	Adm.	Dec 31 1727

LERRICK

Ann & Richard Williams	m. Dec 25 1761
	(BRCR - 1760)

LESLIE

William & Rebecca Brown	m. Dec 11 1767
Rebecca & Thomas Snoten	m. May 6 1777

LEWIS

Elizabeth	Adm.	Mar 29 1730
Elisabeth	Adm.	Oct 25 1741
Philip	Cov't.	Nov 26 1752
Mary	Adm.	Nov 19 1779
Elizabeth	Adult	bp May 27 1716
Thomas	Joseph & Elizabeth	bp July 19 1724

LEWIS (con't)

Elisabeth	Joseph & Elizabeth	bp Dec 24 1727
Philip	Philip & Lydia	bp Mar 23 1728/9
Lydia	Philip & Lydia	bp May 3 1730
Samuel	Philip & Lydia	bp Nov 21 1731
Lydia	Philip & Lydia	bp May 20 1733
Martha	Philip & Lydia	bp July 28 1734
Thomas	Philip & Lydia	bp Nov 16 1735
Philip	Philip & Jane	bp Nov 26 1752
Jonathan	Philip & Jane	bp May 12 1754
Jane	Philip & Jane	bp Apr 25 1756
Samuel	Philip & Jane	bp Feb 26 1758
Jane	Philip & Jane	bp Feb 16 1760
Lydia	Philip & Jane	bp May 10 1761
Philip	Philip & Mary	bp Nov 28 1779

Elizabeth & Josiah Gaines	m. Jan 23 1745/6
Philip & Jane Snelling	m. Dec 26 1751
Thomas & Jemima Paine	m. Nov 20 1755
Lydia & Edward Scot	m. Oct 4 1753
Martha & John Phillips	m. May 7 1757
Joseph & Susanna Fricker	m. Oct 11 1770
Thomas & Elizabeth Hutchins	m. May 15 1777
Lydia & Ezra Lowell	m. June 4 1778
Sally & Joshua Ellis	m. Dec 25 1791
Sally & John Wheeler	m. June 8 1794

LEWSTIN

"Ebenezer" & William King	m. May 28 1767
(BRCR shows "Elizabeth")	

LIFFORD

James & Sarah Darrah	m. Dec 23 1782

LIGHTING

Experience & Magnus Tullock	m. Jan 31 1754

LIGHTON (see Leighton)

Joseph & Sarah Helend	m. Nov 27 1766

LILLIE

Elisabeth	Adm.	July 5 1741
Rachel	Adm.	Jan 12 1755
Daniel	Cov't.	Sept 7 1760
Daniel	Adm.	May 18 1766
(died Nov 1808)		
Susanna	Adm.	Sept 2 1771
Nabby	Cov't.	May 5 1793

Thomas	Thomas & Rachel	bp June 15 1729
Susanna	Daniel & Susanna	bp Sept 7 1760
Sarah	Daniel & Susanna	bp Apr 18 1762
Daniel	Daniel & Susanna	bp July 17 1763
Rachel	Daniel & Susanna	bp Jan 20 1765
John-Sweetser	Daniel & Susanna	bp Aug 31 1766
Daniel	Daniel & Susanna	bp June 12 1768
Susanna	Daniel & Susanna	bp Mar 12 1771
Thomas	Daniel & Susanna	bp Apr 12 1772

LILLIE (con't)

Elizabeth	Daniel & Susanna	bp July 31 1774
John-Welsh	Daniel & Susanna	bp June 8 1777
Hannah	Daniel & Susanna	bp Feb 28 1779
Nabby-Dickens	Daniel & Susanna	bp Oct 21 1781
Nabby	Daniel & Nabby	bp July 21 1793
Abiel-Page	Daniel & Nabby	bp Nov 2 1794
Betty-Cogswell	Daniel & Nabby	bp Sept 18 1796

Daniel & Susanna Sweetser	m. Oct 11 1759
Sukey & John Jenks	m. Nov 28 1790
Daniel & Nabby Cogswell	m. Feb 26 1792
Thomas & Hannah Edes	m. Oct 8 1795
Betsy & Nahum Piper	m. Dec 8 1795
Hannah & Edward Holbroke	m. Jan 1 1797

LINCH

Elizabeth & Samuel Proctor	m. May 15 1755

LINCOLN

Daniel & Abigail Howard	m. Nov 28 1793
Benjamin & Elizabeth Clarke	m. Oct 9 1794
Isaac & Nancy Adams	m. July 9 1795

LINE (see Lyne)

LISCO

Susanna	Adm.	Oct 25 1741

LITTLE

Mary	Samuel & Mary	bp Mar 7 1741/2

LITTLEFIELD

James & Rebecca Edes	m. Jan 2 1772

LLOYD

Abigail	Adm.	Nov 4 1764
Dorcas-Bowes	Thomas & Abigail	bp Nov 25 1764
Abigail	Thomas & Abigail	bp June 15 1766
Elizabeth	Thomas & Abigail	bp Dec 20 1767
Thomas	Thomas & Abigail	bp Dec 25 1768
William	Thomas & Abigail	bp Dec 16 1770
Samuel-Parkman	Thomas & Abigail	bp Oct 11 1772
Sarah	Thomas & Abigail	bp Dec 26 1773

Thomas & Abigail Parkman	m. Dec 13 1763

LOBB

Abigail & Ebenezer Frost	m. July 28 1761

LOBDELL

Agnes	Cov't.	Dec 29 1754
Agnes	Adm.	Feb 22 1767
Joanna	Nicholas & Agnes	bp Feb 2 1755
Joseph	Nicholas & Agnes	bp June 21 1756

LOBDELL (con't)
James-Fippeny	Nicholas & Agnes	bp Oct 21 1759
Nicholas & Agnes Stevens		m. June 21 1753

LOMBARD (see Lambert)

LOOK
Mehitabel	Cov't.	June 22 1729
Jonathan	Israel & Mehitabel	bp Aug 3 1729
John	Israel & Mehitabel	bp Apr 11 1731
Israel	Israel & Mehitabel	bp Nov 11 1733
Jonathan	Israel & Mehitabel	bp Feb 22 1735/6
Thomas	Israel & Mehitabel	bp Jan 22 1737/8
Mehitabel	Israel & Mehitabel	bp June 10 1739
Elisabeth	Israel & Mehitabel	bp Aug 16 1741
Mary	Israel & Mehitabel	bp Oct 12 1746
Mehitable & Joshua Hemmenway		m. Nov 15 1759
Frances & Thomas Sargeant		m. Aug 13 1770

LORD
Sarah	Cov't.	June 17 1759
Sarah	Adm.	Sept 29 1771
Katherine	Robert & Katherine	bp Apr 15 1739
Sarah	Robert & Katherine	bp Sept 28 1740
Elisabeth	Robert & Katherine	bp May 30 1742
Mary	Robert & Katherine	bp Dec 18 1743
Abigail	Robert & Katherine	bp Nov 17 1745
Robert	Robert & Katherine	bp Oct 30 1748
Hannah	Jonathan & Sarah	bp July 22 1759
Aleaxander-Sears	Jonathan & Sarah	bp Sept 13 1761
Jonathan	Jonathan & Sarah	bp Sept 23 1764
Katherine & Joseph Candish		m. Dec 5 1752
Jonathan & Sarah Sears		m. Oct 11 1757
Sarah & Thomas S. Dimond		m. Nov 23 1758
Mary & Winthrop Sargent		m. Dec 31 1765
Katherine & William Mills		m. Nov 27 1760

LORING
N.	Gave Silver Cup	1716
Susanna	Adm.	Mar 11 1715/6
Margaret	Cov't.	Aug 9 1761
Joshua	Adm.	May 2 1762
Margaret	Adm.	May 2 1762
Mary	Cov't.	Sept 6 1767
Joshua	Joshua & Margaret	bp Oct 10 1762
Elisabeth	Joshua & Margaret	bp Nov 27 1763
Gyles-Tidmarsh	Joshua & Margaret	bp Aug 4 1765
Joshua	Joshua & Margaret	bp Nov 2 1766
Joseph	Joseph & Mary	bp Nov 1 1767
Joshua	Joseph & Mary	bp Jan 15 1769
Mary	Joseph & Mary	bp Dec 23 1770

LORING (con't)
Henry	Joseph & Mary	bp Feb 21 1773
Polly	Thomas & Mary	bp Oct 21 1770
Thomas	Thomas & Mary	bp Apr 19 1772
Joshua	Thomas & Mary	bp Apr 17 1774
Warren	Thomas & Mary	bp Sept 20 1776
Joshua	of Mary	bp Apr 15 1781
Joshua & Margaret Tidmarsh		m. Oct 30 1760

LORTON (see Laughton)

LOTHROP
Mehetable & William Pierce		m. Aug 20 1772

LOVELL
Charles	James & Mary	bp Apr 30 1775

LOVERING
Sarah	Adm.	May 9 1790
William & Sarah Flanagen		m. Dec 5 1771
Sarah & John-Michael Gerard		m. Aug 18 1796

LOVIS
Alice & Nathaniel Roberts		m. Mar 12 1756

LOW : LOUE
Abigail	Adm.	Mar 19 1737/8
Phillippe	Cov't.	Aug 25 1754
Sarah	Cov't.	Mar 30 1755
Mary	Adm.	Feb 23 1766
John	Cov't.	Aug 19 1787
John	John & Margaret	bp Apr 19 1787
John	John & Margaret	bp Mar 7 1790
David	John & Margaret	bp June 23 1793
John	John & Abigail	bp Mar 19 1737/8
Abigail	John & Abigail	bp Mar 19 1737/8
Nathaniel	John & Abigail	bp May 7 1738
Martha	Jonathan & Phillippe	bp Sept 22 1754
Phillippe	Jonathan & Phillippe	bp July 10 1757
Jonathan	Jonathan & Phillippe	bp Sept 7 1760
David	Jonathan & Phillippe	bp July 4 1762
John	Jonathan & Phillippe	bp Sept 16 1764
Philippe	Jonathan & Phillippe	bp July 20 1766
Rachel	Jonathan & Phillippe	bp Jan 8 1769
Betty-Wilkes	Jonathan & Phillippe	bp Mar 18 1770
Samuel	Jonathan & Phillippe	bp Nov 17 1771
Ann	David & Sarah	bp May 4 1755
Sarah	David & Sarah	bp Jan 1 1758
Mary	Adult	bp Feb 23 1766
David & Sarah Boloson		m. Apr 16 1753
Jonathan & Phillippe Snelling		m. Nov 1 1753
Sarah & William Parsons		m. May 20 1787

LOWELL

Ezra & Lydia Lewis		m. June 4 1778

LUCAS : LUKIS etc.

Rebecca	Cov't.	Feb 6 1714/5
Henry	Adm.	Oct 23 1715
Abigail	Adm.	Sept 18 1720
Rebecca	Adm.	June 28 1719
Elisabeth	Cov't.	June 7 1741
Elisabeth	Cov't.	May 3 1767
Benjamin	Cov't.	Dec 5 1773
Sarah	Cov't.	Nov 4 1787
Sybilla	Cov't.	June 30 1799
Oliver	Oliver & Rebecca	bp Mar 27 1715
Oliver	Oliver & Rebecca	bp Oct 21 1716
Benjamin	Oliver & Rebecca	bp Oct 18 1719
Thomas	Oliver & Rebecca	bp July 1 1722
Rebecca	Oliver & Rebecca	bp Nov 1 1724
Hannah	Oliver & Rebecca	bp Nov 20 1726
John	Oliver & Rebecca	bp Sept 7 1729
Abigail	Adult	bp May 22 1715
Samuel	Henry & Abigail	bp July 7 1716
Abigail	Henry & Abigail	bp Mar 30 1718
Oliver	Oliver & Elizabeth	bp June 28 1741
Henry	Oliver & Elizabeth	bp Feb 13 1742/3
Benjamin	Oliver & Elizabeth	bp Nov 25 1744
Elisabeth	Oliver & Elizabeth	bp Nov 17 1746
Robert	Oliver & Elizabeth	bp Sept 18 1748
Elisabeth	Oliver & Elizabeth	bp June 14 1767
Solomon	Benjamin & Hannah	bp Dec 5 1773
Sally	Thomas & Sarah	bp Nov 11 1787
Thomas	Thomas & Sarah	bp Nov 11 1787
Rebecca-Mitchell	Thomas & Sarah	bp Nov 11 1787
Nancy-Milton	Thomas & Sarah	bp Dec 19 1790
Benjamin (2 yrs. old)	Thomas & Sarah	bp Nov 15 1795
Mary	Thomas & Sarah	bp Nov 15 1795
Rebecca & Robert Watt		m. Aug 25 1748
Thomas & Sarah Milton		m. Nov 1 1782
Benjamin & Sybilla Harris		m. Nov 25 1797

LUDGATE

Hannah	John & Hannah	bp Dec 27 1730
Elisabeth	John & Hannah	bp Aug 13 1732
Martha	John & Hannah	bp Dec 29 1734
John	John & Hannah	bp Dec 7 1735

LUFKIN

Mary	Adm.	Aug 2 1741

LUGG

Charles & Katharine Bunthorne		m. Dec 23 1755

LUTTRIDGE

Archibald & Lucretia Burton		m. Nov 3 1768

LYDSTON

Thomas	Thomas & Elisabeth	bp July 5 1724
Thomas	Thomas & Elisabeth	bp Apr 3 1726
Elizabeth & Nathaniel Lamson		m. June 8 1758

LYMAN

Caleb	7th Signer Church Articles	1714
	Chosen Ruling Elder	Sept 7 1720
	Died about	Aug. 1743
Susanna	Adm.	Jan 15 1715/6
Caleb	Caleb & Susanna	bp July 31 1715
Cornelius & Sally Mason		m. Jan 22 1793

LYNCH (see Linch)

Anderson & Anna Riggs		m. Dec 31 1761

LYNE : LINE

Elizabeth	Adm.	Oct 18 1719
Ruth	Adm.	Aug 30 1741
Hannah	Cov't.	June 14 1747
Richard	Richard & Elizabeth	bp Oct 25 1719
Elizabeth	Richard & Elizabeth	bp Oct 25 1719
Ruth	Richard & Elizabeth	bp Mar 20 1719/20
Ruth	Richard & Elizabeth	bp Mar 25 1722
Samuel	Richard & Elizabeth	bp Sept 13 1724
Lydia	Richard & Elizabeth	bp Mar 22 1729/30
Susanna	Richard & Susanna	bp Feb 14 1744/5
Ruth	Richard & Susanna	bp Oct 16 1748
Elisabeth	Samuel & Hannah	bp June 14 1747
Richard	Samuel & Hannah	bp May 14 1749
John & Eleanor Connill		m. Nov 15 1753
Ruth & Nathaniel Emmons		m. May 24 1763

LYONS

Ruth	Cov't.	Mar 11 1787
Robert-Fisher	Robert & Ruth	bp Mar 11 1787
Ruth (by Mr. Jackson)	Robert & Ruth	bp May 18 1788
Mary (by Mr. Barnard of Salem)	Robert & Ruth	bp Aug 22 1790
Robert & Ruth-Jordan Christy		m. Oct 5 1786
Rev. James of Machias & Sarah Skillon		m. Nov 24 1793

MACCARTY

Mary	Cov't.	Feb 15 1718/9
Mary	Adm.	Dec 15 1745
(Dismissed to Church at Worcester		Apr 15 1753)
Mary	Thaddeus & Mary	bp Apr 5 1719

McCARTHY
Elizabeth	Daniel & [blank]	bp July 8 1764
Elizabeth	Daniel & Anna	bp Aug 20 1769

McCLARON
Nabby-Wood	Donald & Esther	bp Jan 11 1778
Donald & Esther Hall		m. Apr 3 1777

McCLAUGHLAN : McKLANGLIN
Ruth	Cov't.	Oct 23 1748
Ruth	Adult	bp Sept 4 1748
Mark	Mark & Ruth	bp Oct 23 1748
Thomas-Debuke	Mark & Ruth	bp Dec 30 1750
Mark & Ruth Kanney		m. Jan 14 1747

McCLEARY
Samuel	Samuel & Mary	bp May 14 1780
John-Burbeck	Samuel & Mary	bp Dec 21 1783
Sally-Butler	Samuel & Mary	bp Dec 2 1787
Hannah-Parkman	Samuel & Mary	bp June 19 1791

McCLOUD : McLEOD
Hugh-Mcgenis	Eneas & Charlotte	bp May 27 1775
(in my own house)		
Sophia	Eneas & Charlotte	bp Aug 23 1783
(*sua domo*)		

McCLUER
William & Tamme Burr		m. July 10 1777

McCOWEN
Patrick	Cov't.	Mar 16 1760
Ann	Patrick & Abigail	bp Mar 16 1760

McGARTH
Richard & Mary Moore		m. Dec 15 1758

McGRAI
Michael & Sarah Jenkins		m. Jan 21 1768

McGREGORE
Margaret	Cov't.	Dec 9 1770
Margaret	Alexander & Margaret	bp Dec 16 1770
Alexander & Margaret Sullivan		m. Apr 17 1770

McINTIRE
James & Ann Bowden		m. Mar 14 1773
Ruth & John Huston		m. Sept 15 1785

McINTOSH
Elizabeth	Ebenezer & Elizabeth	bp Dec 20 1767
Pascal-Paoli	Ebenezer & Elizabeth	bp Apr 16 1769

McINTOSH (con't)
Ebenezer & Elizabeth Maveric		m. Aug 7 1766

MACKAN
David	Cov't.	Mar 3 1727/8
Susanna	David & Margaret	bp Mar 3 1727/8

McKARN
Sarah & Alexander Steel		m. Feb 26 1768

MACKAY
Ruth	Cov't.	Feb 17 1765
Mungo	Mungo & Ruth	bp Mar 17 1765
Alexander	Mungo & Ruth	bp Aug 17 1766
Jennett	Alexander & Ruth	bp Feb 1 1778
Elizabeth & Henry Atkins		m. Feb 4 1762
Capt. Mungo & Ruth Coney		m. Aug 22 1763

McKEAN
Sarah	Cov't.	Dec 2 1769
Agnes	William & Sarah	bp Jan 14 1770
Sarah	William & Sarah	bp June 30 1771
(by Mr. Jackson)		
William	William & Sarah	bp Feb 28 1773
Elizabeth	William & Sarah	bp Aug 7 1774
Mary & William Marston		m. May 5 1774
Mrs., ae 48 yrs.,		d. July 8 1792

McKEAY
John & Elizabeth Howard		m. Mar 12 1756

McKLANGLIN (see McClaughlin)

McKENSIE
Mary & Joshua Flagg		m. June 8 1758
John & Betsy Browne		m. Oct 3 1790

McMILLAN etc.
Ann	Cov't.	June 16 1751
Ann	Adm.	Nov 14 1756
Naomi	Adm.	May 2 1756
Mime	Cov't.	June 9 1793
Mary	James & Ann	bp July 28 1751
James	James & Ann	bp July 28 1751
Ann	James & Ann	bp Dec 3 1752
Naomi	James & Ann	bp Mar 3 1754
James	James & Ann	bp Apr 18 1756
Rachel	James & Ann	bp Oct 22 1758
William	James & Ann	bp Mar 9 1760
Samuel	James & Ann	bp Sept 27 1761
Timothy	James & Ann	bp Sept 4 1763

McMILLAN etc. (con't)
Edward	James & Ann	bp May 5 1765
Elisabeth	James & Ann	bp Dec 21 1766
Timothy	Timothy & Mime	bp July 14 1793
Edward	Timothy & Mime	bp May 3 1795
Mary	Timothy & Mime	bp Feb 19 1797

Ann & William Alexander	m. May 5 1768
Mary & John Smith	m. Nov 17 1768
Timothy & Mime Davis	m. Sept 30 1792

Child of Timothy, 1 yr., 4 m.,	d. Oct 1794
Child of Timothy, 13 m.,	d. May 20 1796

MacNEAL etc.
Sarah	Archibald & Elisabeth	bp July 8 1753
Mary	Archibald & Elisabeth	bp Dec 8 1754

Robert & Sarah Cunningham   m. Nov 7 1779

MACOM : MECOM
Jane	Edward & Ruth	bp May 30 1756
Mary	Edward & Ruth	bp Aug 27 1758

Edward & Ruth Whittemore	m. July 22 1755
Ruth & Thomas Foot	m. Nov 20 1760

McQUESTION
Mary	James & Elizabeth	bp Sept 17 1727

MAIN
Sarah	Cov't.	Sept 11 1763
William	William & Sarah	bp Sept 18 1763
Sarah	William & Sarah	bp Sept 18 1763
Margaret	William & Sarah	bp Sept 18 1763
James	William & Sarah	bp Sept 18 1763

William & Sarah Robbins   m. May 6 1756

MAJOR
Elizabeth & Samuel Wheeler	m. Nov 28 1751
Mary & Nicholas Morisey	m. Feb 14 1755

MAKIN
Sarah	Cov't.	Jan 30 1780
Samuel	Samuel & Sarah	bp Feb 13 1780
Elijah	Samuel & Sarah	bp July 28 1782
Sally	Samuel & Sarah	bp Sept 5 1784
John	Samuel & Sarah	bp Nov 5 1786

MALCOLM
Rebecca	Cov't.	Sept 4 1768

Martha & Peter Bourne	m. Mar 23 1758
Michael & Rebecca Snelling	m. Feb 4 1768

MALSINGHAM : MASSINGHAM
Amy	Cov't.	Sept 7 1760
Isaac	Isaac & Amy	bp Nov 6 1760
Mary	Isaac & Amy	bp Jan 1 1764
Ann	Isaac & Amy	bp May 25 1766
Mercy	Isaac & Mercy	bp Feb 11 1770

Isaac & Emmey Eayres   m. July 14 1757

MAN
David	David & Dorothy	bp Jan 16 1791
(*sua domo*)		

MANNING
James	William & Elisabeth	bp Feb 8 1740/1
Isaac	William & Elisabeth	bp Jan 2 1742/3
Daniel	William & Elisabeth	bp Jan 27 1744/5

MANSFIELD
Thomas & Ann Roby   m. Aug 15 1751

MANSON
Sarah & Solomon Donham	m. Dec 14 1769
Nicholas & Eunice Dudley	m. Apr 5 1787

MANWARING
Elizabeth	Adm.	Aug 18 1723
Elizabeth	Adm.	Dec 18 1743

Elizabeth & Benjamin Cox	m. Oct 19 1752
Sarah & Elias Townsend	m. Oct 27 1763

MARABEL (see Marble)
Jonathan	Cov't.	Apr 8 1722
Hannah	Adm. & bp	Dec 1 1734
Jonathan	Jonathan & Elisabeth	bp Mar 27 1722
Mary	Jonathan & Elisabeth	bp Dec 29 1723
Nathaniel	Jonathan & Elisabeth	bp Aug 29 1725
Elisabeth	Jonathan & Elisabeth	bp Sept 13 1727

MARRO
Timothy	Adult	bp June 24 1739
Timothy	Timothy & Mary	bp July 22 1739

MARSHALL
Francis	Francis & Abigail	bp Aug 10 1740
Caleb	Francis & Abigail	bp Sept 27 1741
Elisabeth	Francis & Abigail	bp Sept 26 1742
Abigail	Francis & Abigail	bp Dec 25 1743
Mary	Francis & Abigail	bp Mar 31 1745
Francis	Francis & Abigail	bp May 4 1746
Samuel	Francis & Abigail	bp Mar 17 1747
Abigail	Francis & Abigail	bp Sept 11 1748
John	Francis & Abigail	bp Sept 17 1749
Susannah	Francis & Abigail	bp Dec 23 1750
Ebenezer	Francis & Abigail	bp Mar 31 1754

MARSHALL (con't)
Abigail & John Mills		m. Oct 10 1754
Elizabeth & David Plummer		m. June 13 1765

MARSTON
Elisabeth	Cov't.	Jan 19 1752
Elizabeth	Adm.	Aug 13 1780
John	Manassah & Elisabeth	bp Mar 8 1752
James	Manassah & Elisabeth	bp Apr 14 1754
Elisabeth	Manassah & Elisabeth	bp May 2 1756
Elisabeth	Manassah & Elisabeth	bp June 25 1758
Nathanael	Manassah & Elisabeth	bp Oct 6 1759
Davis-Smith	Manassah & Elisabeth	bp May 31 1761
Hannah	Manassah & Elisabeth	bp May 22 1763
Nathaniel	Manassah & Elisabeth	bp Aug 18 1765
Sarah	Manassah & Elisabeth	bp May 8 1768
Elizabeth	James & Lydia	bp Apr 27 1777
James-Barnard	James & Lydia	bp Apr 25 1779
John	James & Lydia	bp Sept 2 1781
Betsy	James & Lydia	bp Feb 1 1784

Manassah & Elizabeth Barnard	m. Jan 30 1750/1
Elizabeth & Edward Willkins	m. Nov 2 1752
William & Mary McKean	m. May 5 1774
Capt. Manassah & Zeruiah Ingalls	m. Jan 27 1785
David & Sarah Tarr	m. Sept 12 1786

MARTIN : MARTYN
Sarah	Adm.	Aug 26 1744
Thomas	Thomas & Sarah	bp June 3 1753

Mary & James Corrigel	m. July 5 1753
Sarah & Samuel Duckinfield	m. July 17 1760
Sarah & Clement Collins	m. Oct 13 1772
Joseph & Sally Morrison	m. Dec 14 1786
Newall & Nabby Brett	m. Apr 23 1797

MASON
Deborah	Cov't.	Jan 15 1726/7
Elisabeth	Adm.	Dec 10 1727
Deborah	Adm.	Dec 31 1727
Deborah	Adm.	Jan 11 1756
Hannah	Adm.	Feb 8 1756
Abigail	Cov't.	Dec 6 1761
Sampson	Cov't.	Oct 2 1796
Nathaniel	Nathaniel & Elizabeth	bp Sept 23 1716
Elizabeth	Nathaniel & Elizabeth	bp Aug 10 1718
John	Nathaniel & Elizabeth	bp Oct 6 1723
Deborah	William & Deborah	bp Mar 21 1730/1
William	William & Deborah	bp July 16 1732
Rachel	William & Deborah	bp June 9 1734
Hannah	Joseph & Hannah	bp May 15 1743
Abigail	Joseph & Hannah	bp Mar 24 1744/5
Andrew	David & Hannah	bp Sept 1 1754

MASON (con't)
Arthur	David & Hannah	bp Sept 3 1758
Samuel	David & Hannah	bp Apr 26 1761
Susanna	David & Hannah	bp July 24 1763
Mary	David & Hannah	bp July 28 1765
Abigail	Sampson & Abigail	bp Jan 30 1763
Elisabeth	Sampson & Abigail	bp Feb 3 1765
Mary	Sampson & Abigail	bp Apr 26 1767
Sampson-Alden	Sampson & Abigail	bp Dec 3 1769
Sally	Sampson & Abigail	bp June 21 1772
Rebecca-Morton	Sampson & Abigail	bp Sept 14 1777
Elijah	Sampson & Lydia	bp Oct 2 1793

Deborah & William Warner	m. Sept 1 1743
David & Hannah Symmes	m. Sept 5 1751
Sampson & Abigail Stone	m. Feb 22 1759
Rachel & Joseph Snelling	m. Nov 28 1779
Susanna & John Smith	m. Jan 13 1785
Mary & Abraham Edwards	m. Aug 28 1791
Polly & Daniel Tuttle	m. Nov 23 1788
Sally & Cornelius Lyman	m. Jan 22 1793
Sampson & Lydia Horton	m. Sept 13 1795

Col. David, ch. Memb., a. 67,	d. Sept 1794

MASTERS
Philip	Adm.	July 5 1741
(Dismissed)		
Edward	Adm.	Feb 22 1784
John	Philip & Rachel	bp July 25 1742
Rachel	Philip & Rachel	bp July 8 1744
Katherine	Philip & Rachel	bp Sept 21 1746
Hannah	[blank] & Sarah	bp Aug 26 1750

MATHER
Lydia	Joseph & Sarah	bp Oct 9 1726
Sarah	Joseph & Sarah	bp Apr 20 1729
Mary	Joseph & Sarah	bp Aug 4 1734
Sarah	Eliakim & Ruth	bp Dec 5 1756

MATTHEWS
Mary & John Seward	m. June 11 1773

MATTOCKS
James	Adm.	July 18 1725
John	Samuel & Admonition	bp Oct 7 1716
John	Samuel & Admonition	bp Mar 16 1717/8
Elizabeth	Samuel & Admonition	bp Oct 18 1719
Sarah	Samuel & Admonition	bp Apr 16 1721
Sarah	James & Sarah	bp Jan 21 1727/8
Sarah	James & Sarah	bp Dec 7 1729
Anne	James & Sarah	bp Oct 17 1731
Elisabeth	James & Sarah	bp Oct 6 1734
James	James & Sarah	bp Dec 19 1736

MAUDLIN
Jane	Adm.	Aug 24 1755
Jane	Thomas & Jane	bp Aug 24 1755
Jane & Samuel Sumner		m. May 3 1763

MAVERICK
Elisabeth	Adm.	Mar 23 1766
Elisabeth & Ebenezer McIntosh		m. Aug 7 1766

MAY
Nancy & Samuel Treat		m. June 20 1790
Thomas & Abigail Gyles		m. May 18 1788

MAYER
Rachel	Cov't.	Mar 27 1743
Rachel	William & Rachel	bp Apr 24 1743
Rachel & Joseph Snelling		m. Oct 13 1763

MAYHEW
Susanna-Hunt	Benjamin & Mary	bp Dec 18 1791
Zechariah & Abigail Cross		m. Apr 27 1769
Augustus & Susanna Hermon		m. Aug 25 1774
Benjamin & Polly Cole		m. May 2 1790

MAYO
Hannah	Adm.	Nov 6 1743
(By dismission from Church in Eastham)		
Rebecca	Cov't.	Apr 13 1766
Thankful	Theophilus & Hannah	bp Nov 13 1743
Hannah	Theophilus & Hannah	bp Oct 27 1745
Eliakim	Theophilus & Hannah	bp Nov 29 1747
Benjamin	Benjamin & Rebecca	bp June 8 1766
John	Benjamin & Rebecca	bp Aug 19 1770
Richard-O'Neil	Benjamin & Rebecca	bp Oct 18 1772
Mrs., Ch. Memb., ae 35, (of small pox)		d. Sept 1792

MEARS
Elizabeth	John & Sarah	bp June 12 1715
George	John & Sarah	bp June 2 1717
John	John & Sarah	bp June 22 1718
Sarah	John & Sarah	bp Mar 6 1719/20
Abigail & Samuel Vaughan		m. Jan 9 1771

MEEDS
Susanna	Adm.	Jan 10 1719/20

MELLEDGE
Mary	Adm.	Mar 17 1727/8

MELLENDY : MELINDY
Thomas	Adm.	Feb 5 1726/7
John	Adm.	Mar 31 1728
Lydia	Thomas & Lydia	bp Sept 21 1729
Sarah	Thomas & Lydia	bp Feb 13 1731/2
Mary	Thomas & Lydia	bp Apr 22 1733
Elizabeth	Thomas & Lydia	bp Dec 14 1735
Mary & Samuel Jonah		m. Dec 27 1759

MELLING (see Millins)
Honour	Adm.	Nov 13 1720
John	Adm.	Jan 30 1730/1
(Suspended		Aug 9 1742)
James	Adm.	June 28 1741
(Dismissed to 1st Ch. Gloucester		Feb 8 1756)
Joanna	John & Honour	bp Dec 25 1720

MERCHANT
Samuel & Hannah Emmes		m. Mar 7 1796

MERIAM
Zadock & Polly Picket		m. May 21 1797

MERRIFIELD
Sarah	Adm.	Feb 15 1740/1
Sarah & John Hunting		m. Aug 2 1753

MERRITT
Sarah	Adm.	Jan 7 1721/2
Sarah	Adult	bp Mar 3 1716/7
John	John & Sarah	bp Mar 24 1716/7
Richard	John & Sarah	bp Mar 24 1716/7
Hannah	Adult	bp May 25 1718
Eunice & George Kilcup		m. Nov 11 1754

MERROW
Elisabeth	Cov't.	Sept 1760
Margaret	Peter & Elisabeth	bp Sept 28 1760
Hannah & Robert Boyes		m. Sept 8 1763

MERWICK
Rowland & Susanna Nottage		m. Jan 16 1752

MESSENGER
Thomas	Adm.	July 19 1724
(By dismission from the Old Church)		

MESSENGER (con't)

Rebecca	Adult	bp Apr 30 1749
John	Ebenezer & Rebecca	bp July 2 1749
Rebecca	Ebenezer & Rebecca	bp Aug 26 1750
Lydia	Ebenezer & Rebecca	bp July 28 1751
Henry	Ebenezer & Rebecca	bp Nov 18 1753

MIAS : MYAS

Mary	Adm.	Dec 14 1718
Mary	Cov't.	Oct 26 1735
Robert	Robert & Mary	bp Nov 2 1735
Elisabeth	Robert & Mary	bp Nov 2 1735

MILBOURN

Elizabeth	Cov't.	Apr 14 1745
Diana	William & Elisabeth	bp May 12 1745
Elisabeth	William & Elisabeth	bp Mar 29 1747
William & Elizabeth Gouge		m. July 24 1744

MILLINS (see Melling)

Katherine	Adult	bp Sept 9 1733
Katherine	William & Katherine	bp Jan 6 1733/4
Mary	William & Katherine	bp Mar 21 1735/6
William	William & Katherine	bp Nov 13 1737
Elisabeth	William & Katherine	bp Jan 27 1739/40
Catherine & Christopher Hoskins		m. May 17 1753

MILK

John	Cov't.	Dec 17 1732
(The only cov't. this year)		
John	Cov't.	Sept 18 1763
Eleanor	Cov't.	Apr 24 1791
John	John & Jane	bp Dec 17 1732
James	John & Jane	bp Mar 9 1734/5
Mary	John & Jane	bp Apr 3 1737
Jane	John & Jane	bp Sept 23 1739
Susanna	John & Susanna	bp Sept 18 1763
John	John & Susanna	bp Mar 17 1765
William	John & Susanna	bp Dec 7 1766
James	John & Susanna	bp Aug 28 1768
John	John & Eleanor	bp Apr 24 1791
Eleanor	John & Eleanor	bp Sept 1 1793
Sukey	John & Eleanor	bp May 31 1795
Ellenor	John & Eleanor	bp Mar 12 1797
Jane & Edward Burbeck		m. Mar 27 1761
		(BRCR - Mar 23)
John & Susanna Brown		m. Feb 3 1763
John & Eleanor Boden		m. June 6 1790
Betsy & Thomas Chrysty		m. Mar 9 1794
Child of Mrs., a few weeks old,		d. July 16 1792
Child of John, ae 6 mo.,		d. Nov 1 1794

MILLER : MILLAR

Mercy	Cov't.	Sept 17 1749
Mary	Adm.	Dec 11 1757
Mercy	Adult	bp Sept 17 1749
Mercy	Joseph & Mercy	bp Sept 17 1749
Mary	Joseph & Mercy	bp Nov 12 1749
Hannah & Peter Cross		m. Mar 31 1793

MILLNER

Thomas	Cov't.	Apr 13 1718
Thomas	Adm.	Mar 29 1724
Jane	Thomas & Mary	bp Apr 13 1718
Thomas	Thomas & Mary	bp Apr 2 1721
Elizabeth	Thomas & Mary	bp Dec 30 1722
Elisabeth	Thomas & Mary	bp July 18 1725

MILLS

Mary	Cov't.	Nov 28 1725
Sarah	Adm.	May 29 1726
Sarah	Adm.	July 5 1741
George	Adm.	May 9 1742
John	Cov't.	Dec 22 1754
Katharine	Adm.	Mar 30 1766
Mary	Adult	bp Apr 12 1719
Mary	John & Mary	bp Dec 26 1725
Sarah	John & Sarah	bp July 10 1726
Mary	John & Sarah	bp Jan 12 1728/9
John	John & Sarah	bp May 26 1734
William	John & Sarah	bp Feb 26 1737/8
Samuel	John & Sarah	bp Aug 3 1740
George	Adult	bp May 9 1742
George	George & Mary	bp Oct 21 1753
Mary	George & Mary	bp Oct 12 1755
Sarah	George & Mary	bp Mar 20 1757
Susanna	William & Susanna	bp May 22 1757
William	William & Katharine	bp Apr 20 1766
John	John & Abigail	bp Dec 22 1754
William	John & Abigail	bp Sept 12 1756
Samuel	John & Abigail	bp Aug 20 1758
Sarah	John & Abigail	bp Aug 24 1760
Abigail	John & Abigail	bp May 16 1762
Charles	John & Abigail	bp Apr 8 1764
Abigail	John & Abigail	bp Apr 8 1764
Robert	John & Abigail	bp Sept 15 1765
Charles	John & Abigail	bp Apr 10 1768
Zechariah	John & Abigail	bp Aug 19 1770
Benjamin	John & Abigail	bp May 23 1773
Sarah & Abel Badger		m. Oct 25 1750
George & Mary Baker		m. Dec 6 1750
Mary & Edward Brazier, Jr.		m. May 15 1753
William & Susanna Gross		m. July 12 1753
John & Abigail Marshal		m. Oct 10 1754
William & Katharine Lord		m. Nov 27 1760

MILLS (con't)
William & Betsy Green		m. June 12 1785

MILTON
William & Abigail Pickering		m. Jan 7 1756
Abigail & George Cross		m. Mar 18 1762
Sarah & Thomas Luckis		m. Nov 1 1782

MINZIES
John	Adm.	July 15 1780
John & Abigail Frost		m. Mar 29 1778
Mrs. Ch. Memb., ae. 82,		d. Dec 7 1793

MIRICK
Hannah	Adm.	Dec 18 1715
Abigail	Adm.	Mar 9 1717/8

MITCHELL
Peter	Cov't.	May 2 1773
(free negro)		
Thomas	Caesar & Tabitha	bp Aug 4 1723
Mary	Caesar & Tabitha	bp Aug 4 1723
William-Jackson	William & Lydia	bp Oct 30 1768
Susanna	Peter & Ruth	bp May 16 1773
(free negros)		
Peter	Peter & [blank]	bp Aug 17 1777
(sua domo)		
Hannah	Peter & Ruth	bp Aug 13 1780
Hannah	Peter & Ruth	bp July 18 1784
Sally	Peter & Ruth	bp May 6 1787
Martha & Humphrey Mullins		m. Apr 19 1750
Thomas & Rebecca Watt		m. Dec 9 1760
William & Lydia Townsend		m. Aug 14 1766
Thomas & Sarah Dennis		m. Jan 7 1785

MOAD
Elizabeth	Adm.	May 27 1722

MONCRIEF
Hannah Newcomb, a. 4 yrs., of Hannah Moncrief
bp May 10 1797
"This child was sick, the mother a widow. It had been adopted by Mr. & Mrs. Newcomb, the latter a covenant relation."

Joseph & Sarah Tidder		m. May 26 1756
John & Abigail True		m. Dec 19 1765

MONK
Christopher	Cov't.	Sept 9 1750
Christopher	Adm.	Aug 2 1772
Christopher	Christopher & Elisabeth	
		bp Sept 9 1750

MONK (con't)
Elisabeth	Christopher & Elisabeth	bp May 10 1752
Josiah	Christopher & Elisabeth	bp June 25 1758
Christopher & Elizabeth Robertson		m. Oct 4 1749

MONTFORT : MOUNTFORT
(see Mumford)
Hannah	Adm.	June 10 1716
Sarah	Cov't.	Aug 1 1779
Jonathan	Jonathan & Hannah	bp Jan 16 1714/5
Joanna	Jonathan & Hannah	bp Aug 18 1717
Mary	Jonathan & Hannah	bp Aug 3 1718
Abigail	Jonathan & Hannah	bp Sept 27 1719
Mary	Jonathan & Mary	bp Aug 10 1777
Elizabeth	Jonathan & Mary	bp July 11 1779
Sarah	Jonathan & Mary	bp Aug 12 1781
Ann	Jonathan & Mary	bp June 5 1785
(sua domo)		
Joseph	Joseph & Sarah	bp Sept 19 1779
Sally	Joseph & Sarah	bp June 17 1781
Mary-Maverick	Joseph & Mary	bp Jan 7 1785
John	Joseph & Mary	bp Dec 9 1787
Elizabeth-Lane	Joseph & Mary	bp Sept 1 1793
Jehoiadin-Lambert (dau.) Joseph & Mary		
		bp Mar 6 1796
Joseph & Sarah Gyles		m. Feb 2 1777
Mary & Francis Wright		m. July 24 1781
Mary & Ebenezer Bridge		m. Jan 25 1787

MONTGOMERY
Martha & Asahel Crow		m. Feb 18 1747

MOODY
Abigail	Adm.	Dec 6 1724
(Dismissed)		
Elisabeth	Cov't.	Mar 25 1750
Samuel	Nathaniel-Green & Elisabeth	
		bp Apr 1 1750
Mary	Nathaniel-Green & Elisabeth	
		bp Feb 22 1756
Nathaniel-Green & Elizabeth Belcher		
		m. Oct 26 1749
William & Ann Skinner		m. Nov 13 1749

MOORE
Francis	Adm.	Feb 2 1723/4
Mary	Adm.	Jan 7 1727/8
Anne	Adm.	Sept 28 1740
Anne	Samuel & Anne	bp Aug 25 1723
Eleanor	Samuel & Anne	bp Mar 10 1727/8
Jeremiah	Francis & Elisabeth	bp Aug 6 1738

MOORE (con't)
Mary & Richard McGarth		m. Dec 15 1758
Mary & Robert Jackson		m. Jan 8 1761
Seth H. & Margaret Newman		m. Feb 27 1797

MORE
Mary	Adm.	Feb 6 1714/5
Seth-Hastings	Cov't.	Dec 31 1797
John	Francis & Lydia	bp Feb 13 1714/5
Lydia	Francis & Lydia	bp Feb 13 1714/5
Mary	Francis & Lydia	bp Feb 27 1714/5
Thomas	Francis & Lydia	bp Sept 8 1717
John	Ephraim & Elizabeth	bp Mar 25 1716
Samuel	Ephraim & Elizabeth	bp Dec 22 1717
William	[blank] & Mary	bp June 26 1774
(by Mr. Woodward)		
Samuel	Abijah & Margaret	bp July 5 1778
Seth-Hastings-Newman		
	Seth-Hastings & Margaret	bp Dec 31 1797

MOREHEAD
Alexander & Elizabeth Vans   m. Aug 28 1775

MORGAN
Hannah	Adm.	Apr 22 1733
Rebecca	Cov't.	Mar 29 1778
Hannah	Richard & Sarah	bp Sept 19 1725
Hannah	Adult	bp Apr 22 1733
Richard	Richard & Elizabeth	bp Nov 5 1738
Elisabeth	Richard & Elizabeth	bp Nov 5 1738
Sarah	Richard & Elizabeth	bp Dec 28 1740
Mary	Richard & Elizabeth	bp July 17 1743
Thomas	Richard & Eoizabeth	bp Aug 11 1745
Jane	Richard & Elizabeth	bp Sept 27 1747
Hannah	Richard & Elizabeth	bp July 23 1749
John-Cherry	Richard & Elizabeth	bp Aug 18 1751
Thomas	Richard & Elizabeth	bp Mar 28 1756
John	Titus & Rebecca	bp May 3 1778
Joseph-Skillon	Titus & Rebecca	bp Apr 3 1785
Mary	Titus & Rebecca	bp Nov 9 1794
Joseph-Skillen	Jonathan & Rebecca	
		bp Dec 14 1783
Rebecca	Jonathan & Rebecca	bp Sept 9 1787

Mary & Abraham Joy	m. Feb 13 1766
Sarah & Daniel Brown	m. Apr 3 1766
Thomas & Elizabeth Henley	m. May 29 1777
(BRCR - Henry)	
Benjamin & Elizabeth Davis	m. July 8 1790
Elizabeth & Cornelius White	m. Dec 18 1791
Child of Titus, 15 mos.,	d. Jan 12 1796

MORRIS
Joanna	Cov't.	Oct 22 1789

MORRIS (con't)
John-Jennison	John & Joanna	bp Nov 22 1789
Samuel	John & Joanna	bp Aug 7 1791
George	John & Joanna	bp Nov 24 1793
Sarah & Ebenezer Kneeland		m. Sept 25 1764
John & Joanna Wesse		m. Jan 8 1789

MOR(R)ISON
Sarah	Peter & Priscilla	bp June 13 1725
John	Peter & Priscilla	bp Aug 2 1730
John	Richard & Elizabeth	bp Aug 23 1752
Sally & Joseph Martin		m. Dec 14 1786

MORISEY
Nicholas & Mary Major   m. Feb 14 1755

MORSE
Mary	Gideon & Mary	bp Mar 29 1797
Hannah	Gideon & Mary	bp Mar 29 1797
Lucy	Gideon & Mary	bp Mar 29 1797
(all bapt. *sua domo*)		

MORTIMER
Hephzibah	Adm.	Nov 14 1725
Yarrow (black), ae. 60 yrs.		d. Aug 1797

MORTON
Mary	William & Mary	bp Dec 30 1722

MOULTON
Robert	Cov't.	Jan 5 1728/9
Sarah	Robert & Margaret	bp Jan 5 1728/9
Elisabeth	Robert & Margaret	bp Oct 6 1734
John	John & Joanna	bp Sept 27 1747
Elizabeth & Moses Bundy		m. July 15 1776

MOWER
Hannah & John Pimm   m. June 18 1751

MULLINS
Humphrey & Martha Mitchel   m. Apr 19 1750

MUMFORD
Charles	Joseph & Sarah	bp Sept 5 1790

MURPHY
James	Adm.	Dec 10 1797
(The only adm. this year)		
Henry	Cov't.	Nov 26 1797
Henry	Henry & Mary	bp Nov 26 1797

MURPHY (con't)
Bridget & Francis Tree		m. Apr 8 1761
		(BRCR - Apr 2)
Henry & Mary Hunt		m. Jan 22 1797

MURRAY
Mary	Cov't.	July 2 1758
Mary	Adm.	Apr 26 1761
Robert	Robert & Mary	bp July 23 1758
Robert & Mary Townsend		m. Aug 18 1757

MYERS
John & Esther Roberts		m. Dec 1 1768

MYGATT
Webster & Elizabeth Jeffries		m. Nov 24 1748

NARSH
Joseph	Joseph & Sarah	bp June 8 1760

NASH
Solomon & Dorcas Gallop		m. Aug 1 1754
Solomon & Bathsheba Gains		m. Oct 17 1771

NATIONS
Sarah & John Edes		m. May 23 1794

NAVERS
Deborah (Woburn) & Samuel Jenkins		m. Mar 15 1742/3

NEALE
Elizabeth	Adult	bp Apr 24 1720

NEAT
John	Cov't.	Dec 1 1765
Samuell-Ruggles	John & Hannah	bp Dec 8 1765
Hannah	John & Hannah	bp May 1 1768
Hannah	John & Hannah	bp Sept 20 1772
John	John & Hannah	bp Apr 23 1775

NEEDHAM
Daniel	Adm.	Mar 29 1724
(Dismissed to 1st Ch. Salem		Nov 16 1729)

NEGROES & MULATTOES
Zipporah (woman)	Adm.		Dec 10 1721
Experience (mulatto)	Adm.		Nov 10 1723
Dinah, Negro of Capt Nickels,	Adm.		Nov 2 1766
Chloe, Svt Capt Bradford,	Adm.		Feb 2 1777
Samuel, man of Col. Jackson,	Cov't.		Dec 2 1781
Zipporah (Woman)			bp Mar 8 1718/9
Experience (Mulatto)			bp Nov 10 1723

NEGROES & MULATTOES (con't)
Abraham, Manservt Mr. S. Gardner,		bp Mar 26 1732
Sampson, Mansvt to John Baker, Jr.,		bp June 10 1733
Benjamin (free negro)		bp Dec 29 1734
Zilpha, Servt to Abiel Walley,		bp Oct 5 1735
Robin, Servt to Dea. Webb,		bp Aug 7 1737
Caesar, manservt of Mrs. Barrett,		bp Aug 6 1738
Nero, Servt to Mr. Thos. Barrett,		bp July 19 1741
Hannah, Servt to Mr. Burt,		bp July 19 1741
Priscilla, Svt to Capt Carnes,		bp Aug 30 1741
Will, son of Priscilla,		bp Aug 30 1741
Jenny, svt to Capt Viscount,		bp May 23 1742
Zilphah & Nancy, daus. Jenny		bp May 23 1742
Flora, of Boston, Svt to Elder Baker,		bp May 30 1742
Boston, Svt of John Breck,		bp Feb 6 1742/3
Jack, Svt to Elder Cheever,		bp May 15 1743
Salem, Svt to John Harrod,		bp May 15 1743
Quasheba, Svt to Hon. Saml Watts,		bp Apr 28 1744
Mary, Svt to Hon. Saml Watts,		bp Apr 25 1744
Flora, Svt of J. Richey,		bp Apr 29 1744
Sarah, dr. of Flora		bp Nov 18 1744
Cesar, of Jenney, Capt Viscounts,		bp Feb 24 1744/5
Rose, of Sampson, Svt to John Baker, and Dolly,		
Svt to Aftar Stoddard,		bp Mar 2 1745/6
Mark-Antony	Boston & Flora	bp Apr 7 1745
Phoebe	Boston & Flora	bp Sept 14 1746
Boston	Boston & Flora	bp Sept 4 1748
Flora	Boston & Flora	bp Aug 13 1749
Cato	Boston & Flora	bp Oct 27 1751
Jenny	Caesar & Jenny	bp Jan 31 1747/8
Suranam, Svt to Robt Breck,		bp Nov 12 1749
Jacob	Surrinam & Phillis	bp Feb 3 1750/1
Rose	Surrinam & Rose	bp July 22 1753
Flora	Surrinam & Rose	bp Aug 8 1756
Mark-Antony	Boston & Flora	bp Nov 4 1753
Elisabeth	Jack & Lydia	bp June 9 1754
Dinah, Svt of Capt Barber,		bp Dec 12 1756
Adam	of Dinah	bp June 17 1764
Susanna-Franklin (free negro) of Susanna		
Franklin		bp Nov 28 1779
Boston, Svt to John Breck, &		
Flora, Svt to John Proctor,		m. May 24 1744
Boston, Svt Nathaniel Holmes, & Patience,		
Svtt - Capt John Goldthwait,		m. Aug 26 1746
Surrinam, Svt to Robert Breck, &		
Rose, Svt to Nathl Langdon,		m. Aug 6 1752
Caesar, Svt to William Winter, &		
Dinah, Svt to Thomas Cushing,		m. Feb 8 1753

NEGROES & MULATTOES (con't)

Primus, Sv^t to James Clark, &		
Venus, Sv^t to Leach Harris,	m. Apr 18 1754	
Manuel & Silva (free negroes)	m. Sept 22 1756	
Archelaus, Sv^t to James Barra, &		
Esther, Sv^t to Alex^r Sears,	m. Dec 23 1756	
Jack, Sv^t to Sarah Lewis, &		
Lydia Obeson (free negro)	m. Jan 8 1760	
Caesar, Sv^t to John Wendall, &		
Jenny, free negro	m. Sept 19 1760	
Boston, Sv^t to Nathl Holmes, &		
Phillis, Sv^t to Abigail Lobb,	m. Nov 20 1760	
Peter, Sv^t to Mr. Kneal, &		
Jenny, Sv^t to Mrs. Ritchie,	m. Jan 4 1763	
Sambo, Sv^t to Mr. Ritchie, &		
Jane, free negro,	m. Nov 28 1765	
Prince & Doll, Sv^{ts} to After Stoddard,		
	m. Feb 6 1766	
Boston, Sv^t to Edward Foster, & Billah,		
Sv^t to Dea. Joseph Roby,	m. May 10 1768	
Salem, Sv^t to Nathl Greenwood, &		
Rose, free negro	m. Sept 28 1769	
Cuff, Sv^t to J^{no} Barrett, &		
Frank Hawks, free negro	m. Feb 21 1771	
Will, Sv^t to Sam^{ll} Harris, &		
Nancy, Sv^t to Eben^r Goofe,	m. July 15 1772	
Yarrow & Wilett	m. Oct 5 1780	
Lambo & Dinah	m. Mar 1 1781	
Henry & Grace	m. Feb 13 1780	
Polydore & Jenny	m. Oct 1784	
Thomas (blank) & Dolly Ball	m. Oct 9 1796	
Samuel & Dinah	m. Aug 25 1782	
Negro Woman, aged 19	d. Dec 1792	
Child of Isabella, black, 8 yrs.	d. Jan 22 1797	
Negro Woman, 50 yrs.	d. Feb 9 1797	
Negro Woman, 78 yrs.	d. Mar 18 1797	

Also see surnames: Ball, Bullen, Edes, Cary, Glover, Gregory, Gun, Hartfield, Hawkes, Holmes, Mitchell, Mortimer, Obeson, Pollard, Spear, Williams.

NEGUS
Ann & Edward Brazier	m. Jan 10 1750/1	

NETBY
Ann	Adm.	Nov 20 1743

NEWCOMB
Rachel	Cov't.	Nov 9 1788
Betsy-Barnard	Thomas & Rachel	bp Nov 9 1788
Jessee & Hannah Doane		m. Nov 30 1767
Sarah & Joab Hall		m. June 15 1783

NEWELL : NEWHALL
Eleazer	Cov't.	Jan 27 1722/3
Mary	Adm.	Dec 31 1727
Mary	Adm.	Dec 20 1741
Rebecca	Adm.	Dec 20 1741
John	Adm.	Mar 29 1761
Prudence	Adm.	Nov 22 1772
Abigail	Cov't.	Nov 22 1781
Mary	Eleazar & Mary	bp Jan 27 1722/3
Rebecca	Eleazar & Mary	bp July 12 1724
Elisabeth	Eleazar & Mary	bp Aug 22 1725
Elieser	Eleazar & Mary	bp June 11 1727
Josiah	Eleazar & Mary	bp Feb 23 1728/9
Henry	Eleazar & Mary	bp Aug 30 1730
William	Eleazar & Mary	bp Apr 9 1732
Jane	Eleazar & Mary	bp Jan 27 1733/4
Priscilla	Eleazar & Mary	bp Dec 28 1735
Priscilla	Eleazar & Mary	bp Feb 3 1739/40
Josiah	Josiah & Rachel	bp Sept 15 1751
William	Josiah & Rachel	bp May 26 1754
Eleazar	Josiah & Rachel	bp Jan 25 1756
Napthali	Josiah & Rachel	bp July 3 1757
Andrew	John & Elisabeth	bp Mar 29 1761
John	John & Elisabeth	bp Mar 29 1761
Martha	John & Prudence	bp Dec 7 1766
Prudence	John & Prudence	bp Aug 13 1769
Sarah-Williams	John & Prudence	bp Nov 29 1772
Polly	Joseph & Philippa	bp Sept 9 1783
Joseph	Andrew & Abigaill	bp Apr 20 1781
Mary & Moses Chadwell		m. Nov 26 1747
Jane & Thomas Leadbetter		m. Nov 28 1754
Andrew & Sarah Avis		m. Feb 19 1756
John & Elizabeth Skilling		m. May 27 1760
John & Prudence Harris		m. Jan 10 1765
John & Sarah White		m. July 7 1777
Henry & Hannah Pimm		m. Jan 3 1778
Henry & Sarah Grant		m. May 12 1787

NEWMAN
Rachel	Cov't.	Feb 5 1786
Thomas-Churchman	Thomas & Mary	
		bp Nov 10 1734
Peter	Thomas & Mary	bp Jan 4 1735/6
John	Thomas & Mary	bp Jan 2 1736/7
Mary	Thomas & Mary	bp Sept 3 1738
Thomas-Cunningham	John & Rachel	
		bp Mar 12 1786
Sally-Watts	John & Rachel	bp Sept 9 1787
John & Rachel Cunningham		m. Dec 8 1785
Rachel & Samuel Dexter		m. Dec 13 1789
Margaret & Seth H. Moore		m. Feb 27 1797

NIAS
Esther	Adult	bp Mar 12 1737/8

NICHOLS

William	Adm.	Nov 20 1715
Bethiah	Adm.	Nov 20 1715
Alice	Adm.	Feb 12 1715/6
Tabitha	Cov't.	May 14 1721
Samuel	Adm.	Aug 2 1741
John	Cov't.	Dec 31 1749
John	William & Bethiah	bp Feb 26 1715/6
Bethiah	William & Bethiah	bp Sept 29 1717
Joanna	William & Bethiah	bp Apr 26 1719
William	William & Bethiah	bp Dec 30 1722
Samuel	William & Bethiah	bp Feb 16 1723/4
James	William & Bethiah	bp Aug 14 1726
Edward	William & Bethiah	bp Aug 27 1727
Susanna	William & Bethiah	bp Dec 29 1728
Abigail	William & Bethiah	bp July 19 1730
Joseph	William & Bethiah	bp Nov 17 1734
John	James & Tabitha	bp July 28 1723
Frances	John & Mary	bp Dec 31 1749
Abigail & William Torrey, Jr.		m. Nov 1 1750
Susanna & Rev. Israel Cheever		m. May 3 1762
John & Susanna Fuller		m. July 18 1790

NICHOLSON

Hetty	Ebenezer & Elizabeth	bp Nov 24 1782

NICKERSON

Mary & Joseph Cunningham		m. Feb 1 1774

NIXON

Elisabeth	Adm.	Dec 26 1736
John	John & Elisabeth	bp Jan 23 1736/7
David	John & Elisabeth	bp July 23 1738
Mary & Michael Grant		m. Jan 14 1768

NOAH

Edward	Cov't.	Mar 26 1780
Edward	Adult	bp Mar 26 1780

NORCROSS

Child of Mr., a. 2 yrs.		d. Sept 10 1795

NORMAN

Joseph	Joseph & Lydia	bp May 9 1731
William	Joseph & Lydia	bp Dec 21 1732

NORRIS

Abiel (female)	Adm.	Feb 6 1725/6

NORTON

Sarah	Cov't.	July 30 1727

NORTON (con't)

Sarah	Adm.	Apr 28 1728
(Suspended for deserting her husband & withdrawn now to place unknown		Aug 9 1742)
Sarah	Cov't.	Nov 16 1765
Mary	George & Sarah	bp Oct 1 1727
John	George & Sarah	bp Nov 4 1733
Nathaniel	Nathaniel & Sarah	bp Nov 17 1765
Elisha	Nathaniel & Sarah	bp May 15 1768
Richard-Bore	Nathaniel & Sarah	bp Mar 17 1771
William & Elizabeth Bennett		m. Feb 9 1743
Nathaniel & Sarah Bass		m. May 13 1762
Thomas & Lydia Hammatt		m. June 2 1785

NORWOOD

Abigail	Cov't.	Apr 18 1736
Zebulon	Adm.	Aug 1 1736
Deborah	Adm.	Feb 2 1743/4
Mary	Zebulon & Anna	bp Aug 1 1736
Anna	Zebulon & Anna	bp Mar 5 1737/8
Jonathan	Zebulon & Anna	bp Aug 10 1740
Anna	Zebulon & Anna	bp Aug 22 1742

NOTTAGE

Susanna & Rowland Merwick		m. Jan 16 1752

NOWEL : NOWELL

Elisabeth	Adm.	Dec 8 1728
(Dismissed)		
Joseph	Adm.	June 25 1749
(d. 1795)		
Mary	Adm.	June 25 1749
Elisabeth	Adm.	May 30 1755
(Dismissed)		
Martha	Cov't.	Dec 1 1765
Samuel	Cov't.	Apr 23 1775
George	Joseph & Elisabeth	bp Dec 22 1728
Joseph	Joseph & Elisabeth	bp Dec 22 1728
Samuel	Joseph & Elisabeth	bp Dec 22 1728
Elisabeth	Joseph & Elisabeth	bp Dec 22 1728
Ephraim	Joseph & Elisabeth	bp Apr 1 1733
Ebenezer	Thomas & Mary	bp Feb 11 1732/3
Mary	Joseph & Mary	bp Sept 3 1749
Elisabeth	Joseph & Mary	bp Jan 6 1750/1
Mercy	Joseph & Mary	bp Aug 30 1752
Elisabeth	Joseph & Mary	bp Feb 10 1754
Mercy	Joseph & Mary	bp Oct 19 1755
Mercy	Joseph & Mary	bp Mar 5 1758
George	George & Martha	bp Dec 8 1765
Samuel	Samuel & Sarah	bp Apr 23 1775
Lydia & Stephen Simms		m. Sept 21 1750
Joseph & Sarah Sweetser		m. May 1 1760
George & Martha Bennett		m. Nov 27 1764

NOYES
Silas (of Newbury) & Dorcas Bradford		m. Feb 4 1790

NULTON
Mary & John Bouve		m. Dec 19 1751

NUTTING
Mary	Samuel & Mary	bp July 21 1728
Mary	Samuel & Mary	bp Oct 26 1729
Samuel	Samuel & Elizabeth	bp Aug 9 1778

NYE
William & Susanna Ingram		m. Dec 9 1792
Child of Mr., ae. 4 yrs.		d. Dec 1796

OBESON
Lydia, (free negro) & Jack		m. Jan 8 1760

OLIVER
Hephzibah	Adm.	Dec 2 1759
Abigail	Cov't.	Feb 18 1749/50
Abigail	Adm.	Apr 12 1772
Catherine	Cov't.	Dec 23 1781
Anna	Thomas & Abigail	bp Apr 8 1750
Thomas	Thomas & Hephzibah	bp Dec 30 1759
Abigail	of Abigail	bp Apr 10 1772
Betsy	Joseph & Abigail	bp Dec 12 1773
Benjamin	Joseph & Abigail	bp Nov 12 1779
Thomas	Joseph & Abigail	bp Aug 12 1781
Polly	Joseph & Abigail	bp Aug 10 1783
Aaron	Joseph & Abigail	bp June 5 1785
Andrew	Joseph & Abigail	bp Oct 15 1786
John-Floyd	Joseph & Abigail	bp July 1 1792
Sukey	Peter & Catharine	bp Jan 6 1782
Catharine-Jarvis	Peter & Catharine	bp Aug 10 1783
Thomas & Abigail Wetherhill		m. Aug 10 1749
Thomas & Hephzibah Hayward		m. June 26 1750
Anne & Ebenezer Bowman		m. Oct 19 1752
Hepzibah & Gibbins Sharp		m. Oct 29 1765
Peter & Catherine Jarvis		m. Mar 4 1781
Edward & Nancy Blake		m. Sept 30 1787
Abigail & James Dodge		m. Mar 31 1794
Mr., ae. 79,		d. Apr 1797

ORINGE
Hannah	Adm. & bp	Jan 12 1717/8
Edward	Robert & Hannah	bp Jan 12 1717/8
Robert	Robert & Hannah	bp Jan 12 1717/8
William	Robert & Hannah	bp Jan 12 1717/8
Mary	Robert & Hannah	bp Jan 12 1717/8
Abigail	Robert & Hannah	bp Jan 12 1717/8

ORINGE (con't)
Hannah	Robert & Hannah	bp Jan 12 1717/8
Mehitable	Robert & Hannah	bp Jan 12 1717/8
Thomas	Robert & Hannah	bp Mar 15 1718/9

ORCHARD
Diana & James Jackson		m. July 14 1775

ORCUTT
John	John & Sarah	bp Feb 8 1746/7

ORNE
Elizabeth & Jonathan Dakin		m. Dec 25 1753

ORRILL
Henry	James & Ann	bp Aug 15 1762
Mary	James & Ann	bp Dec 25 1763
(by Mr. Adams)		
Henry	James & Ann	bp Feb 24 1765
Lydia	James & Ann	bp Jan 31 1768

OSBORN
Mary	Adm.	Apr 21 1765
Frances	John & Ruth	bp June 16 1723
Sarah	John & Ruth	bp Oct 11 1724
Mary	James & Mary	bp Sept 30 1739
Elisabeth	James & Mary	bp Sept 26 1742
Elisabeth	James & Mary	bp Mar 10 1744/5
Simeon	James & Mary	bp Sept 28 1746

OSGOOD
Mary	Adm.	Sept 18 1737
Samuel	Dean & Mary	bp Sept 3 1738
Dean	Dean & Mary	bp Aug 24 1740
Susanna	Dean & Mary	bp May 1 1743
Hannah	Dean & Mary	bp May 12 1745
John	Dean & Mary	bp Feb 15 1746/7

OSMAN
Lydia & John Williams		m. Aug 23 1749

OTIS
Winnett	Cov't.	Apr 23 1780
Winnifred	John & Winnifred	bp June 18 1780
Mercy	John & Winnett	bp Feb 24 1782
Polly	John & Winifred	bp Feb 22 1784

OWEN
William	Adm.	July 31 1715
Mary	Adm.	May 27 1722
Alice	Adm.	May 8 1726
Hannah	Adm.	May 20 1768
Sarah	Adm.	June 18 1769
Sarah	Cov't.	Sept 7 1760

OWEN (con't)

Mary	William & Mary	bp Sept 18 1726
Mary	William & Mary	bp Oct 22 1727
William	William & Mary	bp Dec 15 1728
Abigail	William & Mary	bp Jan 31 1730/1
William	William & Mary	bp Apr 2 1732
Hannah	William & Mary	bp Apr 1 1733
Rebecca	William & Mary	bp June 2 1734
Elisabeth	William & Mary	bp July 27 1735
John	William & Mary	bp Apr 10 1737
Ebenezer	William & Mary	bp Aug 27 1738
Joseph	William & Mary	bp Dec 14 1740
John	John & Sarah	bp Sept 28 1760
David	John & Sarah	bp May 16 1762
William	John & Sarah	bp Mar 18 1764
John	John & Sarah	bp July 6 1766
John	John & Sarah	bp Mar 13 1768
Thomas	John & Sarah	bp July 1 1770
Benjamin-Loring	John & Sarah	bp July 12 1772
Aftar-Stoddard	John & Sarah	bp Apr 10 1774
Roger-Haddock	John & Sarah	bp Apr 19 1778
Ruth-Jones	John & Sarah	bp Oct 10 1779
Ruthy	John & Sarah	bp Oct 7 1781
Mary & Edward Emerson		m. Feb 14 1749
William & Sarah Harris		m. Aug 5 1755
John & Sarah Coney		m. Dec 19 1758

OXMAN

Lazarus	Cov't.	Aug 25 1717
Lazarus	Lazarus & Partridge	bp Sept 1 1717
Oliver	Lazarus & Partridge	bp Mar 6 1719/20

PADAN

Armadel	Adult	bp Jan 25 1718/9
John	John & Armadel	bp Feb 22 1718/9
Armadel	John & Armadel	bp Feb 22 1718/9

PAGE

Jonathan	Adm.	July 5 1741
Rebecca	Cov't.	July 25 1742
Abiel	Cov't.	Mar 9 1755
Rebecca	Adm.	Feb 23 1783
Sarah	Cov't.	July 2 1786
William	William & Dorcas	bp June 8 1740
Dorcas	William & Dorcas	bp Feb 28 1741/2
Edward	William & Dorcas	bp June 26 1743
John	William & Dorcas	bp Jan 27 1744/5
Ruth	William & Dorcas	bp Nov 16 1746
Abigail	William & Dorcas	bp Apr 10 1748
Edward	William & Dorcas	bp Nov 25 1750
Sarah	William & Dorcas	bp Oct 27 1754
Mary	Edward & Rebecca	bp Aug 22 1742
Edward	Edward & Rebecca	bp Oct 28 1744
Rebecca	Edward & Rebecca	bp Oct 12 1746
Jonathan	Edward & Rebecca	bp Aug 14 1748

PAGE (con't)

Abiel	Edward & Rebecca	bp Nov 18 1750
Rebecca	Edward & Rebecca	bp June 3 1753
Edward	Edward & Rebecca	bp Oct 19 1755
William	Edward & Rebecca	bp Jan 15 1758
Thomas	Edward & Rebecca	bp Apr 6 1760
John	John & Mary	bp Apr 1 1750
Edward	Thomas & Sarah	bp Aug 20 1786
John-Cogswell	Thomas & Sarah	bp Mar 3 1788
Thomas	Thomas & Sarah	bp Jan 24 1790
Abigail-Goodwin	Thomas & Sarah	bp Jan 1 1792
Edward	Thomas & Sarah	bp July 14 1793
William	Thomas & Sarah	bp Aug 30 1795
Kilby	Thomas & Sarah	bp Feb 5 1797
Abiel & William Winkfield		m. Aug 26 1760
Mary & James Barter		m. Jan 15 1761
Dorcas & Elisha Tyler		m. Mar 27 1766
Rebecca & Thomas Chamberlain		m. May 3 1773
Thomas & Sarah Coggswell		m. Nov 13 1785
Apprentice to Mr. Page, a. 20		d. Aug 1794
Mrs. ch. memb., wf of William, a. 84,		d. Jan 17 1796

PAIN etc.

Elisabeth	Cov't.	Oct 21 1764
William	Thomas & Elisabeth	bp Dec 16 1764
Jemima & Thomas Lewis		m. Nov 20 1755
Sarah & Reuben Burrell		m. May 27 1772
Keziah & Seth Webber		m. Feb 15 1780
William & Mary Christy		m. Feb 1 1784
Mrs. Mem. Ch., a. 78 y.		d. Apr 18 1793

PALFRY

Lydia	Adm.	Aug 23 1795
William	William & Lydia	bp Sept 11 1796
Susanna & Constant Freeman		m. Jan 31 1792
William & Lydia Cazneau		m. Dec 14 1794

PANNELL

Rebecca	Cov't.	Feb 20 1763
Mary	William & Rebecca	bp Feb 27 1763
Rebecca	William & Rebecca	bp June 19 1763

PARCER

Abigail & Samuel Hastings		m. Apr 30 1761

PARKER

Caleb	Adm.	June 12 1737
Margaret	Adm.	Mar 9 1755
Mary	Cov't.	July 15 1759

PARKER (con't)

Name	Parents	Event	Date
Jedidiah		Adm.	Sept 29 1771
(By dismission from 1st Ch. Berwick)			
Mary	Caleb & Mary	bp	Mar 9 1728/9
Caleb	Caleb & Mary	bp	Feb 6 1731/2
Thomas	Caleb & Mary	bp	Jan 5 1734/5
Hannah	Caleb & Mary	bp	Nov 25 1739
Jedediah	Joshua & Mary	bp	Nov 21 1736
Mehitable	Seth & Abigail	bp	June 6 1742
Stephen	Stephen & Elizabeth	bp	Apr 17 1743
Amos	Joshua & Jemima	bp	Mar 16 1745/6
Ann	Robert & Hannah	bp	Nov 25 1753
Mary	Robert & Hannah	bp	Nov 25 1753
John-Jenkyn	Robert & Hannah	bp	Aug 3 1755
Daniel	Daniel & Margaret	bp	Jan 23 1757
Mary	Daniel & Margaret	bp	July 1 1759
Elias	Daniel & Margaret	bp	June 8 1760
Stephen-Hall	Daniel & Margaret	bp	June 21 1761
Margaret	Daniel & Margaret	bp	June 13 1762
Isaac	Daniel & Margaret	bp	Apr 1 1764
John	Daniel & Margaret	bp	Mar 31 1765
Sarah	Daniel & Margaret	bp	Apr 27 1766
Edward	Daniel & Margaret	bp	Mar 22 1767
Isaac	Daniel & Margaret	bp	June 19 1768
John	Daniel & Margaret	bp	Dec 16 1770
Jacob	Daniel & Margaret	bp	Jan 3 1773
Caleb	Caleb & Mary	bp	Aug 19 1759
Mary	Caleb & Mary	bp	Apr 5 1761
Nathan-Eels	Jedidiah & Lydia	bp	Dec 19 1784
Mary-Adams	Jedidiah & Lydia	bp	Aug 20 1786
Caleb	Jedidiah & Lydia	bp	July 17 1788
Samuel-Williams	Isaac & Deborah	bp	Mar 22 1789
Catherine	Isaac & Deborah	bp	Mar 9 1794
Mary	Isaac & Deborah	bp	July 17 1796

Elizabeth & Zechariah Hicks	m.	Jan 4 1748/9
Daniel & Margaret Jarvis	m.	Oct 3 1751
Frances & Elias Kerr	m.	Aug 20 1778
Mary & Samuel Conant	m.	Mar 7 1782
Peggy & Abraham Eustis	m.	July 29 1784
Ann & Gyles Harris	m.	Oct 18 or 25 1789
Hannah & Joseph Stoddard	m.	Aug 18 1791
Jedidiah & Hannah Bothwick	m.	Oct 24 1793
Lucy & Nathaniel Blake	m.	Feb 25 1794

Miss, abt. 50,	d.	Feb 1793
Isaac, s. Daniel, Chief Justice	d.	July 25 1830

PARKMAN

William	12th Signer of Articles		1714
	Chosen Ruling Elder		Sept 2 1743
Elias		Adm.	Mar 27 1715
Martha		Adm.	Aug 28 1715
Samuel		Adm.	Feb 10 1716/7
Abigail		Adm.	June 7 1719
(By dismission from Ch. in Wenham)			

PARKMAN (con't)

Name	Parents	Event	Date
Ebenezer		Adm.	Mar 31 1723
(Dismissed)			
Hannah		Adm.	Jan 7 1727/8
Sarah		Adm.	Jan 7 1727/8
John		Adm.	Oct 2 1737
Elias		Adm.	Jan 20 1739/40
Mary		Adm.	June 30 1745
Mary		Adm.	May 27 1759
(By dismission from 1st Ch. in Marblehead)			
Elias		Adm.	July 11 1773
Lydia		Cov't.	Nov 19 1778
William	William & Hannah	bp	Jan 9 1714/5
Elizabeth	William & Hannah	bp	Jan 9 1714/5
John	William & Hannah	bp	Nov 25 1716
Benjamin	William & Hannah	bp	Sept 7 1718
Nathaniel	William & Hannah	bp	Aug 28 1720
Elizabeth	William & Hannah	bp	Mar 18 1721/2
Martha	William & Hannah	bp	Apr 26 1724
Samuel	William & Hannah	bp	Mar 6 1725/6
Susanna	William & Hannah	bp	Dec 17 1727
Mary	William & Hannah	bp	Nov 30 1729
Martha	Elias & Martha	bp	May 1 1715
Mary	Elias & Martha	bp	June 24 1716
Elias	Elias & Martha	bp	Mar 16 1717/8
Elizabeth	Elias & Elizabeth	bp	Aug 4 1723
Dorothy	Elias & Elizabeth	bp	Feb 13 1725/6
Deliverance	John & Abigail	bp	Jan 23 1725/6
Dorcas	Samuel & Dorcas	bp	Nov 15 1730
Elisabeth	Samuel & Dorcas	bp	Apr 30 1732
Samuel	Samuel & Dorcas	bp	Dec 23 1733
William-Bowes	Samuel & Dorcas	bp	July 27 1735
Samuel	Samuel & Dorcas	bp	May 24 1738
Sarah	Samuel & Dorcas	bp	June 29 1740
Abigail	Samuel & Dorcas	bp	Apr 10 1743
Mary	Nathaniel & Mary	bp	Aug 4 1745
Hannah	Nathaniel & Mary	bp	Dec 21 1746
Elisabeth	Nathaniel & Mary	bp	Apr 3 1748
William	Nathaniel & Mary	bp	Oct 8 1749
Sarah	Nathaniel & Mary	bp	Apr 28 1751
Nathaniel	Nathaniel & Mary	bp	Jan 13 1754
Susannah	Nathaniel & Mary	bp	Mar 27 1757
Elias	Elias & Abigail	bp	Dec 13 1747
Abigail	Elias & Abigail	bp	July 30 1749
Abigail-Hart	Elias & Abigail	bp	July 11 1773
Polly-Chandler	Elias & Abigail	bp	Mar 12 1775
Elias	Elias & Abigail	bp	Jan 2 1780
Sally	Elias & Abigail	bp	June 8 1783
Elizabeth	Elias & Abigail	bp	June 12 1785
Lydia	William & Lydia	bp	Apr 19 1778
Suckey	William & Lydia	bp	Dec 5 1779
Lidy	William & Lydia	bp	Mar 11 1781
Sukey	William & Lydia	bp	Mar 24 1782
William	William & Lydia	bp	Dec 14 1783
Hannah	William & Lydia	bp	Feb 6 1785
Joey (dau)	William & Lydia	bp	Dec 24 1786
Nathanael	William & Lydia	bp	Aug 24 1788

PARKMAN (con't)

Samuel-Sarvis	William & Lydia	bp Jan 23 1791
Nathanael & Mary Harlow		m. Sept 6 1742 (BRCR - 1744)
Elizabeth & Pearne Cowell		m. June 11 1747
William & Hannah Harris		m. July 19 1750
Mary & Edward Langdon		m. Nov 16 1752
Elizabeth & Samuel Brown		m. Nov 15 1754
William & Mary Hawkins		m. Feb 8 1757
Elizabeth & Job Bradford		m. Jan 26 1758
Abigail & Thomas Coverly		m. Nov 25 1761
Abigail & Thomas Lloyd		m. Dec 13 1763
Hannah & Benjamin Bowland		m. Nov 10 1768
Abigail & Ellis Tyler		m. Apr 6 1769
William & Lydia Service		m. June 12 1777
Mrs. of the Ch., 96th yr.,		d. Jan 15 1797

PARSONS

William & Sarah Loue		m. May 20 1787

PARTRIDGE

Betty	Adm.	July 24 1737
William	William & Betty	bp Aug 21 1737
Mary	William & Betty	bp Aug 26 1739
Thaddeus & Jane Johnson		m. Nov 19 1759
Mary (altered from Mary Sigourney; because published) & Moses Tyler		m. July 17 1760

PATTEN

Elizabeth	Cov't.	Nov 1 1772
Hannah	John & Mary	bp Nov 13 1748
John	John & Mary	bp Nov 13 1748
Mary	John & Mary	bp Nov 13 1748
William	John & Mary	bp Aug 19 1750
Sarah	John & Mary	bp Aug 16 1752
William	William & Elizabeth	bp Feb 14 1773
Mary	William & Elizabeth	bp Oct 23 1774
Elizabeth	William & Elizabeth	bp Dec 7 1777
John & Hannah Sigourney		m. Aug 20 1771
William & Elizabeth Ballard		m. Mar 19 1772

PATTERSON : PATTISON

Mary	Adm.	Dec 21 1740
William	Cov't.	Apr 8 1753
William	William & Elizabeth	bp Apr 8 1753
Jonas & Mary White		m. Feb 12 1756
Jonah & Nancy Lenox		m. Oct 27 1768

PAUL

Alexander-Coffian	Mark & Mary	bp Feb 11 1790
Mark & Polly Berry		m. June 4 1782

PAYSON

Samuel & Grace Welsh		m. Dec 16 1790

PEABODY

Mary	Adm.	Mar 21 1735/6

PEAKE

Mercy	Cov't.	June 7 1741
Phillip	Cov't.	Jan 30 1742/3
Esther	Adm.	Aug 20 1749
(By dismission from 1st Ch. in Marblehead)		
Lois	Cov't.	Aug 12 1770
Philip	Adm.	Nov 27 1774
Philip	Cov't.	May 20 1797
Mercy	John & Mercy	bp June 28 1741
Mary	John & Mercy	bp Mar 27 1743
John	John & Mercy	bp Oct 26 1746
Thomas	John & Mercy	bp Apr 1 1750
Philip	John & Mercy	bp May 3 1752
Hannah	Philip & Hannah	bp Jan 30 1742/3
Sarah	Philip & Hannah	bp Sept 9 1744
Philip	Philip & Hannah	bp Mar 9 1745/6
Sarah	Philip & Hannah	bp Jan 31 1747/8
William	Philip & Hannah	bp June 10 1750
Mary	Philip & Hannah	bp Aug 30 1752
Mary	Philip & Hannah	bp Apr 13 1755
Thomas	Thomas & Sarah	bp Nov 17 1745
Sarah	Thomas & Sarah	bp Apr 3 1748
Sarah	Thomas & Sarah	bp Sept 30 1753
Philip	Philip & Lois	bp Aug 12 1770
William	Philip & Lois	bp Sept 6 1772
Sarah-Hart	Philip & Lois	bp Apr 16 1775
Philip	Philip & Elizabeth	bp May 20 1797
(the mother died in child-birth)		
Sarah & Edward Drinker		m. Dec 22 1743
Hannah & William Vose		m. May 31 1744
Sarah & Henry Clements		m. Oct 4 1759
Philip & Lois Hart		m. Nov 13 1769
Sarah & Matthew Tuckerman		m. Apr 22 1775
Philip & Elizabeth Graham		m. June 5 1796
Mrs., ae 26 yrs.,		d. Mar 1 1797
Mrs., ae 45, ch. memb.,		d. Feb 8 1795

PEARD

Margaret	Adult	bp Apr 17 1743

PEARSON : PIERSON

Hannah	Cov't.	May 1 1715
Mary	Adm.	Aug 23 1719
Hammond	Adm.	Dec 31 1727

PEARSON : PIERSON (con't)

Esther	Adm.	Aug 16 1752
Mary	Adm.	Dec 22 1771
(d. 1808)		
Joseph	Joseph & Hannah	bp May 1 1715
Hannah	Joseph & Hannah	bp May 22 1715
Wheelwright	Joseph & Hannah	bp Apr 22 1716
Wheelwright	Joseph & Hannah	bp June 9 1717
Elizabeth	Joseph & Hannah	bp Apr 26 1719
Thomas	Joseph & Hannah	bp Apr 23 1721
Abigail	Joseph & Hannah	bp May 26 1723
Thomas	Joseph & Hannah	bp June 14 1724
George	Joseph & Hannah	bp Sept 19 1725
Edward	Joseph & Hannah	bp May 21 1727
Mary	Joseph & Hannah	bp Mar 16 1728/9
Wheelwright	Thomas & Eunice	bp Mar 5 1720/1
Mary	Thomas & Eunice	bp Nov 4 1722
Anna	Thomas & Eunice	bp Nov 18 1733
Hammond	Thomas & Eunice	bp Jan 16 1725/6
John	Thomas & Eunice	bp Feb 18 1727/8
Eunice	Thomas & Eunice	bp Dec 21 1729
Elisabeth	Thomas & Eunice	bp Dec 19 1731
Webb	Hammond & Esther	bp Apr 30 1727
Esther	Hammond & Esther	bp Mar 16 1728/9
Mary	Hammond & Esther	bp Apr 25 1731
George	Joseph & Mary	bp Jan 6 1739/40
Mary	Joseph & Mary	bp Nov 15 1741
Joseph	Joseph & Mary	bp Oct 30 1743

PECK

Elizabeth & Edward Kelley	m. Dec 9 1762

PECKER

Daniel & Hannah Vernon	m. July 6 1775

PEET

Rebecca	Robert & Sarah	bp Feb 7 1768
Robert	Robert & Sarah	bp Aug 25 1771
Sarah	Robert & Sarah	bp Oct 17 1773
Robert	Robert & Sarah	bp Aug 19 1776
Rebecca & Benjamin Seward		m. July 19 1789

PELIER

Ann & George Thomson	m. Nov 2 1752

PELL

Peter	Edward & Sarah	bp June 29 1718

PEMBERTON

Rev.d Ebenezer & Rebecca Smith	m. Sept 1 1757

PENNEY

John	Edmund & Mary	bp June 18 1784
Hannah	Edmund & Mary	bp June 18 1784
Nabby	John & Mary	bp Oct 24 1790

PENNIMAN

Margaret	Adm. & bp	Mar 17 1727/8

PEPPER

Samuel	Samuel & Sarah	bp Nov 2 1766
Isaac	Samuel & Sarah	bp June 25 1769
Samuel & Sarah Trout		m. Mar 6 1764
Mr., abt. 24 or 5,		d. May 1794

PERCIVAL

James & Mary Hancock	m. May 25 1796

PERKINS

Elisabeth	Cov't.	Feb 2 1766
Lydia	Cov't.	Mar 13 1791
Houghton	Isaac & Sarah	bp Feb 16 1734/5
John	John & Elisabeth	bp Mar 16 1766
Abigail	John & Elisabeth	bp Mar 16 1766
Elizabeth	John & Elisabeth	bp Apr 10 1768
Betsy	of Lydia, widow	bp May 8 1791
John & Elizabeth Kennedy		m. May 10 1764
John & Lydia Dunnells		m. Feb 23 1789
Lydia & Richard Dexter		m. Nov 7 1793

PERRIGO

Susanna	Adm.	May 26 1728
Elisa	Adm.	Sept 27 1741
John	Adm.	Feb 6 1757
Ezekiel	Adult	bp Feb 12 1726/7
Susanna	Ezekiel & Susanna	bp Jan 21 1727/8
Susanna	Ezekiel & Susanna	bp June 22 1729
John	Ezekiel & Sarah	bp Oct 13 1745
Judith	Ezekiel & Sarah	bp Dec 3 1749
John	Adult	bp Feb 6 1757
Ezekiel & Sarah Farnum		m. Dec 24 1744

PERRY

Mary	Adm.	Sept 7 1735
John	John & Mary	bp Mar 23 1728/9
John	John & Mary	bp Feb 14 1730/1
Mary	John & Mary	bp Oct 8 1732
James	John & Mary	bp Nov 3 1734
Sarah	John & Mary	bp Jan 25 1735/6
Jonah	John & Mary	bp Feb 5 1737/8
Susanna	John & Mary	bp Nov 11 1739
John	John & Mary	bp Sept 13 1741
William	John & Mary	bp Feb 13 1742/3
John	John & Mary	bp June 30 1745
John	Joseph & Mary	bp Nov 24 1754
Jonathan	Joseph & Mary	bp May 28 1758

PHILBROOK

Thomas	Jonathan & Dorothy	bp May 11 1760

PHILLIPS

Ann	Cov't.	July 7 1717
Rebecca	Cov't.	Oct 19 1729
Mary	Adm.	June 28 1741
Hannah	Cov't.	Aug 29 1742
Mercy	Adm.	Jan 13 1744/5
Martha	Cov't.	June 10 1759
Martha	Cov't.	Nov 17 1771
Elizabeth	Adm.	Nov 26 1775
William	Joseph & Anna	bp Aug 23 1719
Richard	Adult	bp Dec 11 1720
Rebecca	Richard & Rebecca	bp Jan 1 1720/1
Ruth	Richard & Rebecca	bp Jan 14 1721/2
Nathaniel	William & Ann	bp Aug 27 1721
Mary	Samuel & Rebecca	bp Nov 9 1729
Elizabeth	Samuel & Rebecca	bp June 27 1731
Samuel	Samuel & Rebecca	bp Dec 24 1732
John	Samuel & Rebecca	bp Feb 24 1733/4
Nathaniel	Samuel & Rebecca	bp June 8 1735
Joseph	Samuel & Rebecca	bp Oct 24 1736
Rebecca	Samuel & Rebecca	bp Oct 11 1741
John	John & Hannah	bp Oct 24 1742
Hannah	John & Hannah	bp Sept 7 1746
Abigail	John & Hannah	bp Sept 7 1746
Elisabeth	Henry & Elisabeth	bp Jan 27 1744/5
Henry	Henry & Mercy	bp Aug 30 1747
John	Joseph & Martha	bp July 1 1759
Thomas	Joseph & Martha	bp Feb 14 1762
James	Joseph & Martha	bp Aug 25 1765
Patty	Joseph & Martha	bp Feb 16 1772
Polly	Joseph & Martha	bp Feb 16 1772
Joseph	Joseph & Martha	bp Feb 16 1772

Mary & William Davis	m. Dec 29 1748
John & Martha Lewis	m. May 7 1757
Joseph & Martha Hammatt	m. Aug 28 1766
Mercy & Uriah Tufts	m. Nov 30 1797

(The last marriage in the book)

PHILLIS

Elisabeth	Adm.	June 7 1741

PICKAREN

Christian & Alexander Gregory	m. Mar 26 1744

PICKERING

Elizabeth	Cov't.	June 15 1718
Jonathan	of Elizabeth	bp June 22 1718
Abigail	Adult	bp Sept 30 1750

Abigail & William Milton	m. Jan 7 1756

PICKEY

Polly & Zadock Meriam	m. May 21 1797

PICO

Abigail	Cov't.	Apr 12 1761
Abigail	Adm.	Dec 24 1769
Joshua	Joshua & Susanna	bp July 16 1732
Joshua	Joshua & Susanna	bp Dec 30 1733
Lucy	Joshua & Susanna	bp June 29 1735
Joshua	Joshua & Abigail	bp June 7 1761
Lucy	Joshua & Abigail	bp Feb 27 1763
Abigail	Joshua & Abigail	bp Aug 19 1764
Nathaniel	Joshua & Abigail	bp July 6 1766
Nathaniel	Joshua & Abigail	bp Feb 7 1768
Sarah	Joshua & Abigail	bp Apr 15 1770
Richard-Lane	Joshua & Abigail	bp Aug 23 1772
Susanna-Kennedy	Joshua & Abigail	bp May 8 1774

Joshua & Abigail Howland	m. May 1 1760
Lucy & James Rob	m. July 17 1760
Joshua & Isabella Brown	m. Aug 2 1778
Lucy & Lemuel Gardener	m. Feb 13 1793

PIERCE etc.

Moses	14th Signer of the Articles	1714

Dismissed to form the New Brick Ch. Mar 6 1720/1

Nathaniel	Adm.	Sept 23 1716
Abigail	Adm.	Sept 23 1716
Joseph	Adm.	May 3 1719

(Dismissed to Chelmsford Lord's day evening Mar 10 1744/5

Agnes	Adm.	Feb 4 1727/8
Isaac	Adm.	June 7 1741
Mary	Adm.	June 7 1741
Lydia	Adm.	June 7 1741
Isaac	Adm.	Oct 25 1741

(Dismissed to Old South July 11 1756)

Samuel	Adm.	Nov 22 1741
Joseph	Adm.	Jan 10 1741/2
Mary	Adm.	Jan 10 1741/2

(Joseph & Mary dismission from Old South Ch.)

Hepzibah	Adm.	Apr 10 1743
Sarah	Cov't.	Feb 16 1752
Samuel	Cov't.	July 25 1756
Joshua	Cov't.	Apr 22 1764
Sarah	Cov't.	Nov 23 1766
Joshua "Dis"	Adm.	Oct 2 1768
Nicholas	Cov't.	Nov 6 1768
Erasmus	Cov't.	Aug 1 1779
Hannah	Cov't.	Jan 6 1793
Elizabeth	Moses & Elizabeth	bp Nov 14 1714

(the first baptism)

Ebenezar	Moses & Elizabeth	bp Dec 16 1716
Nathaniel	Nathaniel & Abigail	bp Oct 21 1716
Joseph	Nathaniel & Abigail	bp Oct 21 1716

PIERCE etc. (con't)

Name	Parents	Date
Nathaniel	Nathaniel & Abigail	bp Nov 3 1717
Joseph	Nathaniel & Abigail	bp Nov 22 1719
Luke-Greenough	Nathaniel & Abigail	bp Mar 24 1722/3
Moses	Nathaniel & Abigail	bp July 25 1725
Samuel	Nathaniel & Abigail	bp Nov 19 1727
Abigail	Nathaniel & Abigail	bp Dec 6 1730
Samuel	Nathaniel & Abigail	bp Feb 25 1732/3
Joseph	Joseph & Thankfull	bp Sept 9 1722
Sarah	Joseph & Thankfull	bp Feb 16 1723/4
Susanna	Joseph & Thankfull	bp May 22 1726
Jacob	Joseph & Thankfull	bp July 30 1727
Ebenezer	Joseph & Thnakfull	bp Apr 20 1729
Agnes	Isaac & Agnes	bp Mar 21 1724/5
Johanna	Isaac & Agnes	bp Apr 9 1727
John	Isaac & Agnes	bp June 29 1729
Thomasin	Isaac & Agnes	bp Jan 9 1731/2
Mary	Isaac & Agnes	bp Jan 13 1733/4
Elizabeth	Isaac & Agnes	bp Apr 11 1736
John	Isaac & Agnes	bp May 21 1738
Joshua	Isaac & Agnes	bp Aug 31 1740
Jonathan	Isaac & Agnes	bp Aug 15 1742
Jonathan	Joseph & Mary	bp Nov 30 1735
William	Jeffs & Mary	bp Feb 19 1737/8
Mary	Jeffs & Mary	bp Feb 3 1739/40
Josiah	Adult	bp Oct 31 1742
Josiah	Josiah & Mary	bp Oct 31 1742
Mary	Josiah & Mary	bp Oct 31 1742
Elisabeth	Josiah & Mary	bp Mar 24 1744/5
Sarah	Josiah & Mary	bp July 5 1747
Sarah	Josiah & Mary	bp Dec 17 1749
Anne	Josiah & Mary	bp Feb 9 1752
Joseph	Isaac & Mary	bp Dec 29 1745
Isaac	Isaac & Mary	bp Jan 24 1747/8
John	Isaac & Mary	bp Sept 30 1750
Isaac	Isaac & Mary	bp Dec 30 1753
Isaac	Isaac & Miriam	bp June 28 1747
Erasmus	Isaac & Miriam	bp Sept 25 1748
Miriam	Isaac & Miriam	bp Apr 7 1751
Agnes	Isaac & Miriam	bp June 24 1753
Elisabeth	Isaac & Miriam	bp Oct 12 1755
Sarah	Isaac & Miriam	bp Sept 4 1757

(by Mr. Pemberton)

Name	Parents	Date
Deliverance	Isaac & Miriam	bp Oct 15 1758
Joseph	Isaac & Miriam	bp Mar 2 1760
Deliverance	Isaac & Miriam	bp Mar 8 1761
Sarah	Isaac & Miriam	bp Mar 8 1761
Joanna	Isaac & Miriam	bp July 25 1762
John	Isaac & Miriam	bp Aug 14 1763
James	Isaac & Miriam	bp Sept 9 1766
Sarah	Isaac & Miriam	bp Sept 20 1767
William	Adult	bp 12 Mar 1738
William	William & Elizabeth	bp 10 Dec 1738
Jonathan	William & Elizabeth	bp 11 Jan 1740/1
John	William & Elizabeth	bp 27 Apr 1746
Samuel	Samuel & Deborah	bp 6 Feb 1742/3
Lydia	Samuel & Deborah	bp 26 Aug 1744
Christopher-Souther	Samuel & Deborah	bp 29 June 1746
Elizabeth	Samuel & Deborah	bp Feb 5 1748/9
Mary	Samuel & Deborah	bp June 2 1751
Sarah	Joseph & Sarah	bp Mar 22 1752
Mary	Joseph & Sarah	bp June 6 1756
Sarah	Joshua & Sarah	bp Apr 29 1764
Susanna	Joshua & Susanna	bp Nov 16 1766
Susanna	Joshua & Sarah	bp Jan 10 1768
Joshua	Joshua & Sarah	bp July 2 1769
Mary-Sharp	Samuel & Mary	bp July 25 1756
Sarah	Samuel & Mary	bp Oct 19 1760
Dorcas	Samuel & Mary	bp June 12 1763
Sarah	Samuel & Sarah	bp Jan 11 1767
Samuel	Samuel & Sarah	bp Jan 8 1769
Peggy	Samuel & Sarah	bp Nov 25 1770
Peggy	Samuel Jr. & Sarah	bp Dec 13 1772
Jonathan-Coolidge	Samuel & Sarah	bp Jan 22 1777
John	Samuel & Sarah	bp July 2 1780
Nancy	Nicholas & Anne	bp Nov 6 1768
Nicholas	Nicholas & Anne	bp Dec 16 1770
Hannah	Nicholas & Anne	bp Aug 9 1772
Patty	Erasmus & Susanna	bp Aug 1 1779

(by Mr. Clark)

Name	Parents	Date
Erasmus-James	Erasmus & Susanna	bp Nov 12 1780
Samuel-Parkman	Samuel & Hannah	bp Apr 16 1797
Hannah-Harris	Samuel & Hannah	bp Jan 13 1793

Joseph & Elizabeth Rowell	m. Dec 23 1742
Agnes & Stephen Stephens	m. July 24 1744
Joseph & Mary Webber	m. Feb 5 1745/6
Joanna & Thomas Cunningham	m. Mar 24 1746/7
Susanna & Nathan Beech	m. May 7 1747
Joseph, Jr. & Sarah Cruft	m. June 14 1750
Mary & Ebenezer Floyd	m. May 27 1756
Elizabeth & D. Webber	m. June 5 1760
Sarah & Henry Roby	m. Aug 13 1761
Joshua & Sarah Sanders	m. July 7 1763
Abigail & John N. Woodward	m. Feb 28 1765
Samuel & Sarah Coolidge	m. Aug 1 1765
Eunice & William Hardy	m. Nov 21 1769
Elizabeth & Benjamin Thompson	m. Aug 22 1776
Sarah & Moses Grant	m. Dec 2 1773
Agnes & Joseph Daniels	m. Oct 31 1776
Margaret & William Vincent	m. Sept 15 1785
Samuel & Hannah Tyler	m. Sept 29 1791
William & Mehitable Lothrop	m. Aug 20 1772
Mary & Samuel Gore	m. Mar 10 1774
Mr. Isaac, (adm. 1741)	d. Dec 1811
Samuel, (adm. 1741)	d. 1802

PIKE : PYKE

Mary	Adm.	Dec 24 1727

PIKE : PYKE (con't)

Mary	Adm.	Jan 28 1727/8
Susanna	Adm.	Mar 25 1733
Mary	Cov't.	Sept 18 1748
James	Cov't.	Sept 12 1772
Elizabeth	Cov't.	June 11 1797
William	William & Susanna	bp May 19 1723
James	James & Mary	bp Oct 16 1748
Mary	James & Mary	bp June 10 1750
John	James & Mary	bp May 24 1752
Joshua	James & Mary	bp June 16 1754
Mary	James & Mary	bp Oct 31 1756
Mary	James & Mary	bp Oct 8 1758
Ruth	James & Mary	bp Dec 28 1760
William	James & Mary	bp Apr 8 1764
Andrew	James & Mary	bp Feb 23 1766
Zaccheus-Goldsmith	James & Mary	bp Jul 31 1768
Lucretia	James & Mary	bp Nov 10 1771
James	James & Lucretia	bp Dec 26 1773
Lucretia	James & Lucretia	bp Oct 31 1779

(by Mr. Eliot of F---d).

Deliverance	Moses & Susanna	bp Mar 19 1786

(sua domo)

Elijah-Kissick	Enoch & Elizabeth	bp 8 Oct 1797
Moses & Susanna Clark		m. July 12 1784
Susanna & Samuel Harnden		m. June 1 1797
Enoch & Elizabeth Kissick		m. July 17 1796
Mary (adm. 1727/8)		d. Dec 1791

PIKETT

Polly & Zadok Meriam		m. May 21 1797

PIMM

John	Adm.	June 3 1716
John & Jane Tout		m. Oct 2 1744
John & Hannah Mower		m. June 18 1751
Hannah & Henry Newhall		m. Jan 3 1778

PINKNEY

Susanna	John & Susanna	bp Mar 30 1735
Francis & John Gore		m. May 5 1743
Mary & Martin Gay		m. Dec 13 1750

PIPER

Walter	Cov't.	Apr 21 1745
Walter, Jr.	Cov't.	Mar 11 1770
Walter	Walter & Miriam	bp May 12 1745
Moses	Walter & Miriam	bp Oct 12 1746
Moses	Walter & Miriam	bp Apr 10 1748
Joseph	Walter & Miriam	bp Apr 23 1749
Robert	Walter & Miriam	bp Mar 31 1751

PIPER (con't)

Miriam	Walter & Miriam	bp Dec 2 1753
Mary	Walter & Miriam	bp Aug 3 1755
Moses	Walter & Miriam	bp June 26 1757
James	Walter & Miriam	bp Nov 18 1759
Elisabeth	Walter & Miriam	bp Apr 25 1762

(by Mr. Adams)

Sarah	of Walter	bp Mar 11 1770
Walter	Walter, Jr. & Sarah	bp July 28 1771
William	Walter, Jr. & Sarah	bp Oct 4 1772
Miriam	Walter, Jr. & Sarah	bp Oct 16 1774

(by Mr. Bridge of Sudbury)

Moses & Elizabeth Guilkey		m. Mar 1 1781
Nahum & Betsy Lillie		m. Dec 8 1795

PITCHER

Thomas & Anna Jones		m. Dec 24 1793

PITMAN

Elizabeth	Adm.	Dec 10 1727
Joseph	William & Elizabeth	bp June 30 1728
William	William & Mary	bp Nov 8 1747
Eunice	William & Mary	bp Sept 10 1749
John	William & Mary	bp Apr 21 1751
Isaac	William & Mary	bp Aug 2 1752
Elizabeth & John Wormsted		m. Mar 26 1753

PLAISWAY : PLAITHWAIT

Mercy	Cov't.	Feb 26 1792
Mercy	Adult	bp Feb 26 1792
Mary	William & Mercy	bp July 29 1792
Sally-Carpenter	William & Mercy	bp Feb 2 1794

PLATT

Tabitha	Adult	bp June 30 1723
Margaret	John & Tabitha	bp Sept 1 1723

PLUMER

David & Elizabeth Marshall		m. June 13 1765

POGUE

George & Elizabeth White		m. Feb 14 1753

POACH : PORCH

Richard & Elizabeth Hyden		m. Apr 1 1755
Elizabeth & Francis Avalo		m. Sept 27 1762

POLLARD

Richard & Nancy Glover (negroes)		m. July 30 1786

(BRCR - Lucy)

POLLY

Sarah & William Sprague		m. Aug 2 1750

POOK

Sarah	Cov't.	Oct 29 1738
Sarah	Thomas & Sarah	bp Oct 29 1738
Thomas	Thomas & Sarah	bp Feb 3 1739/40
Samuel	Thomas & Sarah	bp Feb 14 1741/2
Samuel	Thomas & Sarah	bp Dec 31 1749

William & Abigail Emmes	m. Dec 30 1781
Thomas & Lydia Doakes	m. Nov 15 1795

POOLE

Return	Return & Martha	bp Sept 1 1745
Matthew	Benjamin & Ann	bp Nov 26 1758
Ann	Benjamin & Ann	bp Nov 7 1762
Nancy	Fitch & Anna	bp Mar 27 1774

("Nancy of Fitch & Anna, ae 9 yrs., parents dec^d the grandparents engaged, etc.").

Return & Martha Coolidge	m. Nov 15 1744
Mr., aged 65,	d. Oct 1794

POPE

Ralph	Cov't.	Dec 30 1787
Sarah-Hill	Ralph & Elizabeth	bp Dec 30 1787
Sarah-Hill	Ralph & Elizabeth	bp July 8 1792
Ralph	Ralph & Elizabeth	bp July 19 1795

Edward & Elizabeth Eliot	m. June 2 1785

POPKINS

John	Cov't.	July 14 1771
John-Snelling	Adm.	July 27 1794

(the only adm. this year - Dismissed)

John-Snelling	John & Rebecca	bp July 14 1771
(by Mr. Haven)		
Rebecca	John & Rebecca	bp June 19 1774
Polly	John & Rebecca	bp Aug 26 1776
William	John & Rebecca	bp Apr 6 1783
Sally	John & Rebecca	bp Dec 29 1795
Betsy	John & Rebecca	bp Dec 29 1795

John & Rebecca Snelling	m. Jan 26 1769
Thomas & Sarah Johnson	m. Jan 18 1770
Mr., ae 48 yrs.,	d. Apr 26 1796

PORCH (see Poach)

PORTER

Eunice	Adult	bp Mar 31 1728
Eunice	Joseph & Eunice	bp Mar 31 1728
Joseph	Joseph & Eunice	bp July 5 1730
Mary	Joseph & Eunice	bp Oct 6 1734

PORTER (con't)

Sarah	Joseph & Eunice	bp Oct 6 1734
Francis-Haynes	Joseph & Dorcas	bp Feb 18 1781

Frederic & Mary Chamblet	m. Nov 4 1751
Jacob & Dorcas Haynes	m. July 13 1777
William & Margaret Jarvis	m. May 15 1788

POTTER

Alice	Adm.	Mar 29 1724
Suspended		Apr 20 1729
Esther	Adm.	Dec 3 1727
Richard	Richard & Alice	bp Oct 6 1717
Mary	Richard & Alice	bp Mar 13 1719/20
William	Richard & Alice	bp Mar 18 1721/2

Ephraim & Elizabeth Eustis	m. Mar 12 1780

POTTS

Hannah	Thomas & Mary	bp Sept 23 1716

POWARS

Miriam & Thomas Wain	m. June 3 1766

PRATT

Anne	Adm.	Feb 18 1727/8
Mary	Adm.	Apr 21 1734
Gill	Adm.	Aug 2 1741
Joseph	Joseph & Sarah	bp Nov 10 1717
Samuel	Joseph & Sarah	bp Oct 4 1724
Anne	Caleb & Anne	bp Mar 13 1725/6
Thomas	Caleb & Anne	bp Dec 24 1727
John	Caleb & Anne	bp Nov 30 1729
John	Caleb & Sarah	bp Jan 1 1737/8
Sarah	Caleb & Sarah	bp Oct 28 1739
Anne	Caleb & Sarah	bp Apr 19 1741
Abigail	Caleb & Sarah	bp Jan 16 1742/3
Martha	Caleb & Sarah	bp Sept 16 1744
Hannah	Caleb & Sarah	bp May 4 1746
Caleb	Caleb & Sarah	bp Feb 14 1747/8
Martha	Caleb & Sarah	bp Aug 12 1750
Caleb	Caleb & Sarah	bp Jan 26 1752
Gill	Gill & Martha	bp Sept 8 1745
Susanna	Joseph & Susanna	bp Apr 19 1747
Jonathan	Joseph & Susanna	bp Feb 26 1748/9

Olive & John Fenno	m. Dec 8 1793
Nathan & Betsy Hunt	m. Dec 16 1793

PRENTICE

Rev. Thomas	Chosen to preach on probation From	
Arundel		May 28 1739
Chosen Pastor		July 9 1739
Declined		Aug 12 1739
William-Henry	Cov't.	Mar 4 1754
William-Henry	Adm.	Mar 7 1756

PRENTICE (con't)

Sarah	Adm.	Mar 7 1756
(William-H. & Sarah Dismissed to Littleton		
		Nov 25 1776)
Sarah	William-Henry & Sarah	bp Mar 31 1754
Nathaniel	William-Henry & Sarah	bp Dec 21 1755
William-Henry & Sarah Edes		m. Apr 12 1753

PRESSON

Susanna & Aaron Bickford		m. May 31 1753

PREST

Hannah	Cov't.	Mar 2 1755
Hannah	John & Hannah	bp Mar 2 1755
John	John & Hannah	bp July 11 756
William	John & Hannah	bp May 7 1758
Mary	John & Hannah	bp Oct 12 1760
John & Hannah Roberts		m. Apr 12 1754

PREVEAR

Edward	Edward & Susanna	bp Apr 7 1754
Margaret	Edward & Susanna	bp Mar 28 1756
Mary & Daniel Jones		m. July 3 1777
Edward & Mary Woodhouse		m. Oct 21 1781

PRICE

Noah	Cov't.	Oct 28 1770
William	Noah & Mary	bp Oct 28 1770
Hannah & John House		m. Sept 1 1760

PRINCE

John, Jr.	Adm.	Feb 23 1772
(Dismissed to 1st Ch. Salem		Oct 31 1779)
John	John & Esther	bp Apr 1 1750
John	John & Esther	bp July 14 1751
Joseph	John & Esther	bp Aug 26 1753
Thomas	John & Esther	bp Feb 29 1756
David	John & Esther	bp Sept 18 1757
Samuel	John & Esther	bp Dec 14 1760
Revd John of Salem & Mary Bailey		m. Apr 12 1780

PRITCHARD

Mary & Joseph Carnes		m. Sept 13 1758

PRITTAM

Elizabeth & Nathaniel Whittell		m. Aug 12 1742

PROCTER

John	Adm.	June 7 1741
Sarah	Cov't.	Aug 18 1745
Elisabeth	Cov't.	Aug 18 1745
Susanna	Cov't.	Oct 13 1754
Samuel	Cov't.	Jan 11 1756
Margaret	Adm.	Mar 4 1759
Susanna	Adm.	Apr 21 1765
John	Adm.	Sept 19 1773
Samuel	Adult	bp Aug 7 1715
Samuel	Samuel & Mary	bp Aug 7 1715
Mary	Samuel & Mary	bp Feb 22 1718/9
Jane	Samuel & Mary	bp May 28 1721
John	Samuel & Mary	bp Mar 3 1722/3
Benjamin	Samuel & Mary	bp Mar 1 1723/4
Benjamin	Samuel & Mary	bp Dec 7 1725
Jane	Samuel & Mary	bp Nov 16 1729
Mary	Benjamin & Margaret	bp Sept 3 1732
Margaret	Benjamin & Margaret	bp Sept 29 1734
Joanna	Benjamin & Margaret	bp Oct 5 1735
Joseph	Benjamin & Margaret	bp Aug 13 1738
Susanna	Benjamin & Margaret	bp May 4 1740
Josiah	Benjamin & Margaret	bp Dec 26 1742
Sarah	Benjamin & Sarah	bp Sept 29 1745
Elizabeth	Benjamin & Sarah	bp Oct 26 1746
Benjamin	Benjamin & Sarah	bp Mar 20 1747/8
John	Benjamin & Sarah	bp Oct 15 1749
Samuel	Benjamin & Sarah	bp Aug 18 1751
Mary	Benjamin & Sarah	bp Nov 12 1752
Samuel	Benjamin & Sarah	bp Mar 9 1755
Margaret	Benjamin & Sarah	bp Aug 17 1766
Lydia	John & Susannah	bp Oct 20 1754
Susana	John & Susannah	bp Oct 19 1755
Mary	John & Susannah	bp July 17 1757
John	John & Susannah	bp Feb 2 1777
Edward-Langdon	John & Susannah	bp Oct 18 1778
(by Mr. Howard)		
Samuel	Samuel & Elizabeth	bp June 11 1756
Elisabeth	Samuel & Elizabeth	bp June 1 1766
Elizabeth & John Williams		m. Dec 1 1747
Rachel & Rev. Joseph Roby		m. Apr 13 1752
Samuel & Elizabeth Linch		m. May 15 1755
John & Susanna Langden		m. June 11 1773
Edward & Sarah Byles		m. Dec 21 1783

PROUT

Lidia	Adm.	Jan 20 1788
Lydia	Timothy & Abigail	bp Mar 12 1769
Lucy	Timothy & Abigail	bp June 9 1771

PRUETT

Martha	Cov't.	Feb 5 1720/1
Mary	John & Martha	bp Mar 19 1720/1

PUDDINGTON

Mary	Adult	bp May 27 1722

PULLEN

Mary	Adult	bp Jan 14 1727/8

PULLING

Sarah & Peter Brown		m. Jan 15 1775

PULMAN

Rebecca	Adm.	Mar 17 1727/8

PULCIFER

Elizabeth	Cov't.	May 23 1773
Sarah	Cov't.	Jan 9 1774
Elizabeth	Adm.	Dec 21 1788
Richard-Smith	Freeman & Rebecca	bp Mar 27 1763
Rebecca	Freeman & Rebecca	bp June 17 1764
Dolly-Capron	Freeman & Sarah	bp Jan 9 1774
Susanna	Freeman & Sarah	bp Aug 23 1778
Sally	Freeman & Sarah	bp Feb 4 1781
Thomas-Capron	Freeman & Sarah	bp Mar 9 1783
William-Furnell	Freeman & Sarah	bp Jan 23 1785
Freeman	Freeman & Sarah	bp July 8 1787
Augustus-Manning	Freeman & Sarah	bp Sept 13 1789
Peggy-Dovell	Freeman & Sarah	bp Nov 27 1791
David-Dun (by Mr. Bridge)	David & Elizabeth	bp June 20 1773
David-Dunn	David & Elizabeth	bp Nov 24 1776
Patience-Sherman	David & Elizabeth	bp July 20 1777
Joseph (by Mr. Lothrop)	David & Elizabeth	bp Oct 3 1779
Sally-Pierce	David & Elizabeth	bp Sept 2 1781
Jacob-Lord-Kettell	David & Elizabeth	bp June 13 1784
Joseph	David & Elizabeth	bp Aug 20 1786
Betsy	David & Elizabeth	bp Aug 20 1786
Robert-Starky	David & Elizabeth	bp Aug 31 1788
Robert-Starky	David & Elizabeth	bp Jan 8 1792
Sarah & Philip Crotton		m. Oct 27 1763
Thomas & Sarah Dorr (BRCR - Freeman)		m. Mar 9 1773
Freeman, ae 58,		d. Mar 22 1793
D. ae 56,		d. Sept 26 1797

PURPOON

John & Abigail Swift		m. Oct 31 1759

PURSLEY

Jane	Cov't.	Oct 13 1728
Henry	Henry & Jane	bp Oct 13 1728

PURSLEY (con't)

Jane	Henry & Jane	bp Oct 13 1728
Mary	Henry & Jane	bp Oct 13 1728
Mary	acc^t of Henry Burger	bp Dec 4 1757

QUINCY

Abigail	Cov't.	May 1 1795
Abigail-Burt	John W. & Abigail	bp Mar 8 1795
Martha-Atkins (*sua domo*)	John W. & Abigail	bp Feb 13 1797
John & Abigail Atkins		m. May 1 1794

RAIN : REAN

Gilbert & Ann-Secstone Fleming		m. Sept 27 1759
Anna & Samuel Whitman		m. Oct 23 1766

RAND

Anna	Cov't.	June 14 1767
Anna	Isaac & Anna	bp Aug 9 1767
Isaac	Isaac & Anna	bp Jan 29 1769
James	Isaac & Anna	bp Dec 2 1770
Edward	Isaac & Anna	bp Aug 22 1773
John	Isaac & Anna	bp Apr 30 1775
Jane	Isaac & Anna	bp Jan 12 1777
Peggy-Devins	Isaac & Anna	bp Dec 17 1782
Robert & Mary Simpkins		m. June 3 1773
Rebecca & Zaccheus Stowers		m. May 2 1790
Mrs, ae. 75 yrs.,		d. Dec 1792

RANGER

Mercy	Adm.	Apr 4 1756
Mercy & Samuel Laha		m. Apr 3 1760

RANSFORD

Joseph	Cov't.	Dec 17 1758
Thomas	Cov't.	Mar 18 1759
Elisabeth	Joseph & Elisabeth	bp Dec 24 1758
Katharine	Joseph & Elisabeth	bp Jan 15 1764
Joseph	Joseph & Elisabeth	bp Jan 15 1764
Josiah	Joseph & Elisabeth	bp Aug 4 1765
Lucy	Joseph & Elisabeth	bp Oct 11 1767
Lydia	Joseph & Elisabeth	bp Dec 13 1768
Thomas	Thomas & Experience	bp Mar 18 1759
James	Thomas & Experience	bp Dec 6 1761
Rebecca	Thomas & Experience	bp Oct 21 1764
Anna	Thomas & Experience	bp Dec 20 1767

RANSTEED

John	John & Esther	bp Apr 24 1726
Jonathan	Samuel & Esther	bp Jan 21 1727/8

RANSTEED (con't)
Joseph	Samuel & Esther	bp June 1 1729

RAVEN
James & Elizabeth Reyard		m. Sept 13 1796

RAWLINS
Love	Adm.	May 6 1716
Cartret (son)	John & Love	bp Apr 28 1717

RAWSON
Preserved	Adm.	Oct 21 1716
Ann	Edward & Preserved	bp July 21 1717
Preserved	Edward & Preserved	bp July 12 1719

RAYMOND
Mary	Adm.	Oct 29 1738
Elisabeth	Adm.	Apr 15 1739
Bartholomew	Cov't.	Sept 16 1744
Elisabeth	William & Elisabeth	bp May 27 1739
Sarah	William & Elisabeth	bp Dec 6 1741
Jonathan	Thomas & Margaret	bp Sept 2 1744
Elisabeth	Bartholomew & Elizabeth	bp Sept 16 1744
Bartholomew	Bartholomew & Elizabeth	bp Sept 7 1746
Rebecca & Eli Jenkins		m. June 12 1796

REDDINGTON
Mary	Cov't.	Feb 3 1744/5
Mary	William & Mary	bp Mar 3 1744/5

REED
Rachel	Adm.	Apr 3 1726
Ruth	Adm.	Dec 31 1732
Richard	Cov't.	June 20 1736
Hannah	Richard & Hannah	bp June 20 1736
Richard	Richard & Hannah	bp Dec 3 1738
Esther	Richard & Hannah	bp Apr 12 1741
Mary	Richard & Hannah	bp May 27 1744
Mary	John & Hannah	bp Apr 11 1756
John	John & Hannah	bp Sept 18 1758
Jane & Jonathan Harris		m. Jan 4 1749/50
Hannah & John Folst		m. May 25 1758
Susanna & Ebenezer Hemmenway		m. Aug 31 1794

REMICK
Daniel	Christian & Sarah	bp Mar 9 1766

REMOTE
Jane	Adm.	Nov 22 1741

REVERE
Silence	Adm.	Nov 21 1790
John & Silence Ingerfield		m. Aug 21 1785

REVES
Sarah	Adult	bp July 25 1773

REYAD : REYARD
Elizabeth & James Raven		m. Sept 13 1796

REYNOLDS
Edward & Debby Belcher		m. June 20 1790
Samuel & Dolly Baker		m. Oct 20 1793

RHODES
Mary	Cov't.	Dec 8 1745
Jeremiah	Adult	bp Dec 28 1718
Peleg	Jeremiah & Lydia	bp June 5 1720
Priscilla	Jeremiah & Lydia	bp Mar 25 1722
Jacob	Adult	bp May 7 1738
Mary	William & Mary	bp Dec 22 1745
Samuel	William & Mary	bp June 14 1747
Catharine	William & Mary	bp Oct 20 1751
William	William & Mary	bp Sept 17 1758
Hannah	Jacob & Sarah	bp Nov 23 1777

RICE
Rev. Asaph & Thankful Clough		m. Feb 14 1777 (BRCR - 1771)
Amos & Eunice Crosby		m. Nov 26 1787
Ruth & Samuel Richards		m. Mar 23 1797

RICH
Rebecca	Cov't.	Apr 15 1781
Sally-Ruby	Matthias & Rebecca	bp Apr 15 1781
Peggy	Matthias & Rebecca	bp Sept 20 1788
	(sua domo)	
Charles	Matthias & Rebecca	bp Nov 22 1789
Becky	Matthias & Rebecca	bp Nov 22 1789
Matthias	Matthias & Rebecca	bp Nov 22 1789
George-Bottan	Matthias & Rebecca	bp Sept 11 1791
John	Matthias & Rebecca	bp May 25 1794
Henry	Obadiah & Salome	bp Aug 9 1789
	(by Mr. Foster of Little Cambridge)	
Henry	Obadiah & Salome	bp Aug 31 1794
Salome	Odadiah & Salome	bp Jan 22 1797
Thankful & John Wen		m. Oct 8 1797 (BRCR - 1795)

RICHARDS
Hannah	Cov't.	Dec 14 1729
Edward	Edward & Hannah	bp Dec 14 1729

RICHARDS (con't)
Hannah	Edward & Hannah	bp Dec 14 1729
Hannah	Edward & Hannah	bp Oct 3 1731
Edward	Edward & Hannah	bp Aug 5 1733
Martha	Edward & Hannah	bp July 17 1737
John-Lockwood	John & Sarah	bp Jan 15 1786
William	John & Sarah	bp Aug 19 1787
Sally	John & Sarah	bp Dec 14 1788

John & Mary Snelling	m. Sept 11 1769
Samuel & Ruth Rice	m. Mar 23 1797

RICHARDSON
Elisabeth	John & Elisabeth	bp Oct 19 1729
John	John & Elisabeth	bp June 20 1731
Elisabeth	Caleb & Elisabeth	bp Oct 21 1739

Willing & Hannah Snelling	m. Feb 27 1744/5
Rev. Gideon & Martha Thornton	m. Dec 12 1754
Margarett & John Lambert	m. June 15 1794

RICHEY
Tamson	Adm.	Sept 17 1758

Francis & Tamson Waiscoat	m. July 17 1744

RIDGWAY : RIDGAWAY
Mary	Cov't.	Apr 8 1764
Mary	Ebenezer & Mary	bp May 20 1764
John	Ebenezer & Mary	bp May 30 1766
Ebenezer	Ebenezer & Mary	bp Jan 31 1768
Elisabeth	Ebenezer & Mary	bp Sept 17 1769
Susanna	Ebenezer & Mary	bp May 12 1771
John-West	Ebenezer & Mary	bp Oct 24 1773
Sarah	Ebenezer & Mary	bp Mar 19 1775
Philip-Reynolds	Ebenezer & Mary	bp Apr 6 1777
Samuel	Ebenezer & Mary	bp Oct 22 1782
Polly	Thomas & Lydia	bp Dec 17 1780
Thomas	Thomas & Lydia	bp Aug 18 1782
Polly	Thomas & Lydia	bp Sept 26 1784

Hannah & Perkins Ingersol	m. Aug 11 1747

RIDLEY
Elisabeth	Cov't.	Mar 16 1766
Jacob	Isaac & Elizabeth	bp Mar 30 1766
Isaac	Isaac & Elizabeth	bp Feb 14 1768
Elizabeth	Isaac & Elizabeth	bp July 29 1770
Mary	Isaac & Elizabeth	bp June 14 1772
Abraham	Isaac & Elizabeth	bp May 23 1773
Mary	Isaac & Elizabeth	bp Nov 12 1775
Sally	Isaac & Elizabeth	bp Nov 12 1780

RIEDEL
John-Henry	Cov't.	Feb 23 1772

RIEDEL (con't)
Henry	John-Henry & [blank]	bp Mar 1 1772
Jacob	John-Henry & [blank]	bp Mar 1 1772
Mary	John-Henry & Mary	bp Sept 26 1773
Joseph	John-Henry & Mary	bp Jan 31 1779

RIGGS
Anna & Anderson Lynch	m. Dec 31 1761

RIPLEY
Roger & Margarett Barrett	m. May 10 1792

ROACH
Ann & Charles Henley	m. Nov 2 1773

ROB
James & Lucy Pico	m. July 17 1766
Lucy & Alexander Hill	m. Oct 24 1765

ROBBINS
George	Nehemiah & Elizabeth	bp Apr 29 1750

Nehemiah & Elisabeth Hubbard	m. Oct 23 1746
Sarah & William Main	m. May 6 1756
Thomas & Mary Stokes	m. Dec 12 1774
Mary & Stephen Stearns	m. May 2 1781

ROBERTS
Rachel	Cov't.	Apr 26 1719
Priscilla	Cov't.	Sept 30 1722
Abigail	Adm.	June 22 1723
John	Adm.	July 19 1724
(Dismissed to ch. in Huntington, L.I.,		
		June 20 1731)
Rachel	Adm.	Jan 18 1740/1
Joseph	Adm.	Feb 15 1740/1
(Student at H. Coll.; Dism.)		
Benjamin, Jr.	Adm.	June 28 1741
John-White	Cov't.	Aug 13 1769
Mercy	Cov't.	Apr 23 1786
Elizabeth	Cov't.	July 22 1798
Joseph	Joseph & Rachel	bp May 17 1719
Rachel	Joseph & Rachel	bp July 31 1720
Rachel	Joseph & Rachel	bp Apr 26 1724
Thomas	Joseph & Rachel	bp Dec 18 1726
Jonathan	Joseph & Rachel	bp Aug 10 1729
Esther	Joseph & Rachel	bp Aug 1 1731
Jonathan	Joseph & Rachel	bp Mar 30 1735
Hannah	Joseph & Rachel	bp Jan 15 1737/8
Joseph	Joseph & Abigail	bp Sept 17 1721
Samuel	Samuel & Abigail	bp Apr 9 1721
Abigail	Samuel & Abigail	bp Oct 28 1722
Nathaniel	Samuel & Abigail	bp Dec 11 1726
Elisabeth	Samuel & Abigail	bp Mar 8 1729/30
Mary	Samuel & Abigail	bp May 12 1734
Benjamin	Benjamin & Priscilla	bp Oct 14 1722
Priscilla	Benjamin & Priscilla	bp Sept 13 1724

ROBERTS (con't)

Joseph	Benjamin & Priscilla	bp Oct 9 1726
John	Benjamin & Priscilla	bp Nov 24 1728
Joseph	Benjamin & Priscilla	bp Feb 14 1730/1
Esther	Benjamin & Priscilla	bp Nov 25 1733
Mary	Benjamin & Priscilla	bp Jan 18 1735/6
Sarah	Benjamin & Sarah	bp Oct 14 1739
John-Leate	John-White & Mercy	bp Aug 13 1769
Mary	John-White & Mercy	bp Dec 16 1770
William	Nathaniel & Mercy	bp Mar 15 1772
Richard	Richard & Mercy	bp July 9 1786
Elizabeth	Richard & Mercy	bp Apr 25 1790
Rachel & Estes How		m. Aug 31 1750
Priscilla & John Edmonds		m. Dec 3 1751
Hannah & John Prest		m. Apr 12 1754
Nathaniel & Alice Lovis		m. Mar 12 1756
John-White & Mercy Late		m. July 14 1768
Esther & John Myers		m. Dec 1 1768
Richard & Mercy Gyles		m. Nov 14 1784
Benjamin & Sally Barrett		m. Apr 24 1794
Mary & Henry Emmes		m. June 21 1795

Capt., sailed for N. Carolina & never heard of June 1792
Miss Mary, ae 50 yrs.　　d. Aug 25 1795

ROBIE etc.

Priscilla	Adm.	Jan 8 1720/1
Joseph	Adm.	Feb 15 1740/1
Henry	Adm.	Oct 25 1741
Sarah	Adm.	June 12 1774
Joseph	Adm.	May 14 1786
Joseph	Joseph & Priscilla	bp Apr 2 1721
Henry	Joseph & Priscilla	bp Oct 7 1722
Joseph	Joseph & Priscilla	bp May 17 1724
Mary	Joseph & Mary	bp Oct 14 1733
Henry	Henry & Elizabeth	bp Apr 12 1747
Joseph	Henry & Elizabeth	bp Aug 21 1748
William	Henry & Elizabeth	bp May 27 1750
Henry	Henry & Elizabeth	bp Apr 22 1753
John	Henry & Elizabeth	bp Aug 11 1754
Henry	Henry & Sarah	bp Feb 23 1766
Henry & Elizabeth Greenough		m. Oct 24 1745
Ann & Thomas Mansfield		m. Aug 15 1751
Rev. Joseph & Rachel Procter		m. Apr 13 1752
Henry & Sarah Pierce		m. Aug 13 1761

ROBINSON : ROBSON : ROBERTSON

Elisabeth	Cov't.	July 14 1751
Rebecca	Cov't.	Nov 16 1777
Elizabeth	Thomas & Elizabeth	bp Aug 25 1751
Thomas	Thomas & Elizabeth	bp Nov 19 1752
John	Budd & Mary	bp Aug 23 1772
William	Budd & Mary	bp Aug 17 1777

ROBINSON : ROBSON : ROBERTSON (con't)

Rebecca-Gutridge	Budd & Mary	bp Apr 25 1779
(by Mr. Clark of Lexington)		
Benjamin	Budd & Mary	bp Dec 10 1780
Joseph	Budd & Mary	bp July 7 1782
Rebecca	of Rebecca	bp Jan 4 1778
Elizabeth	James & Elizabeth	bp Nov 18 1781
Elizabeth & Christopher Monk		m. Oct 4 1749
Thomas & Elizabeth Bovey		m. May 25 1750
Elizabeth & William Summers		m. Apr 15 1766
Bradbery & Abigail Howard		m. Dec 12 1793

RODGER

Elizabeth	Thomas & Elizabeth	bp May 26 1723
James	Thomas & Elizabeth	bp May 23 1725

ROGERS

Daniel Rogers, tutor at Harvard College
　was invited to preach　　　　Dec 3 1739
Chosen Pastor　　　　Aug 18 1740
　(Choice not acceded)

Elisabeth	Cov't.	Feb 27 1763
Simon	William & Mary	bp Dec 8 1754
Abraham	William & Mary	bp Dec 5 1756
Jonathan	William & Mary	bp Sept 16 1759
Mary	John & Elisabeth	bp Apr 24 1763
Abraham-Foster	John & Elisabeth	bp Oct 7 1764
William	John & Elisabeth	bp Nov 9 1766
William	John & Elisabeth	bp July 3 1768
Elizabeth	John & Elisabeth	bp Dec 16 1770
Sarah	John & Elisabeth	bp July 25 1773
Abigail	Josiah & Abigail	bp Feb 16 1774
Martha-Ruggles	William & Lydia	bp Jan 26 1777
Polly	of [blank]	bp Aug 29 1779
John & Mary Davenport		m. Mar 13 1745
Daniel & Elizabeth Simpkins		m. Oct 23 1760
(marked as not of Boston)		
Lydia & Thomas Bailey		m. Jan 12 1786
Martha-Ruggles & James Gardener		m. Oct 2 1791

ROMERIL

Thomas	Adm.	Apr 10 1743

ROSS

Jane	Robert & Agnes	bp Dec 25 1726/7
John & Mary Clay		m. Dec 25 1751
Samuel & Abigail Tarbox		m. June 19 1755

ROUSE : ROWSE

Elizabeth	Cov't.	Apr 15 1739
Abigail	Adm.	Apr 15 1739

ROUSE : ROWSE (con't)
Alexander   Alexander & Elizabeth
                                                          bp Feb 26 1715/6

Name	Parents/Status	Date
Abigail	Adult	bp Sept 5 1736
Joseph	Joseph & Abigail	bp Sept 12 1736
James	Joseph & Abigail	bp Sept 12 1736
William	Joseph & Abigail	bp Mar 13 1736/7
Benjamin	Joseph & Abigail	bp June 17 1739
Jeremiah	Joseph & Abigail	bp Jan 4 1740/1
Lydia	Joseph & Abigail	bp July 3 1743

Child of Mr., ae 10 yrs.,   d. May 7 1796

ROWE
Name	Parents/Status	Date
John	Adm.	June 28 1741

Margaret & Ebenezer Simpson   m. Nov 1 1758

ROWELL
Elizabeth & Joseph Pierce   m. Dec 23 1742

ROXBURY
Name	Parents/Status	Date
Dinah	Adm.	Mar 6 1725/6

ROYALL : RYAL
Samuel	Cov't.	June 4 1721
Priscilla	Adm.	July 24 1726
Mary	Samuel & Priscilla	bp June 4 1721
Mary	Samuel & Priscilla	bp Aug 4 1723
Jacob	Samuel & Priscilla	bp Jan 29 1726/7
Eliah (son)	Samuel & Priscilla	bp Mar 7 1724/5

RUBY
Name	Parents/Status	Date
Mary	Adm.	Aug 26 1744

Mary & Daniel Threll   m. Mar 26 1752

RUCKS
John & Hannah Trench   m. Nov 16 1763

RUDDOCK
Abiel-Pen	widow, gave a tankard (not very early)	
Molly	Cov't.	Sept 22 1771
Sarah	Cov't.	Dec 15 1776
Ruth	Ebenezer & Elizabeth	bp Sept 22 1771
Samuel	Ebenezer & Elizabeth	bp June 13 1773
Abiel (son)	Ebenezer & Elizabeth	bp Jan 29 1775
Molly	Ebenezer & Elizabeth	bp Dec 31 1780
Sally	Edward & Sarah	bp Dec 15 1776
Edward	Edward & Sarah	bp Dec 15 1776
Edward	Edward & Sarah	bp June 21 1778
John	Edward & Sarah	bp May 20 1781
Tabitha	Edward & Sarah	bp Jan 4 1784
Mary-Haybry	of Sarah	bp Nov 13 1785

(the father died before ye birth)

Name	Parents/Status	Date
Nathaniel	John & Sarah	bp Oct 5 1788

RUGG
Name	Parents/Status	Date
Elizabeth	Adm.	Mar 10 1716/7

RUGGLES
Name	Parents/Status	Date
John	Adm.	May 5 1717
(Dismissed)		

RUMLY : RUMNEY
John	Adm.	Dec 20 1741
Abigail	Cov't.	Aug 18 1745
Abigail	Adm.	Sept 23 1753
(d. 1798)		
Edward	Adm.	Mar 15 1772
Edward	Edward & Abigail	bp Aug 25 1745
Elizabeth	Edward & Seeth	bp May 3 1772
Sarah	Edward & Seeth	bp Jan 30 1774
Abigail	Edward & Seeth	bp May 19 1776
Nabby	Edward & Seeth	bp June 7 1778
Joseph	Edward & Seeth	bp Mar 11 1781
Polly	Edward & Seeth	bp Apr 13 1783
Edward	Edward & Seeth	bp June 11 1786
John	Edward & Seeth	bp July 8 1787
Sophia	Edward & Seeth	bp Mar 8 1789
Julia	Edward & Seeth	bp Sept 4 1791

Elizabeth & John H. Belcher   m. July 25 1793

RUSH
John	John & Margaret	bp Mar 30 1766
William	John & Margaret	bp Apr 3 1768
Joseph	John & Margaret	bp Aug 12 1770
Sylvester	John & Margaret	bp Dec 27 1772
Peggy	John & Margaret	bp Jan 3 1779

John & Margaret Cox   m. Feb 28 1765
Margaret & Josiah Vose   m. May 31 1765

RUSSELL
Isaac	Cov't.	July 2 1721
Elizabeth	Adm.	Dec 11 1726
Elizabeth	Adult	bp May 27 1716
Joseph	John & Elizabeth	bp June 10 1716
Elizabeth	John & Elizabeth	bp June 10 1716
Mary	John & Elizabeth	bp Jan 12 1717/8
Sarah	John & Elizabeth	bp July 10 1720
Elisabeth	John & Elizabeth	bp Dec 18 1726
Sarah	John & Elizabeth	bp Dec 18 1726
Isaac	Isaac & Katherine	bp July 9 1721
Timothy	Isaac & Katherine	bp July 9 1721
Susanna	Isaac & Katherine	bp July 9 1721
Elisabeth	Isaac & Katherine	bp July 9 1721
Anne	Isaac & Katherine	bp Aug 5 1722
Thomas	Isaac & Katherine	bp Sept 8 1723
Experience	Isaac & Katherine	bp June 26 1726

Alexander & Mary Cornett   m. June 1 1747

RUST

Enoch	Cov't.	Oct 14 1753
Susanna	Cov't.	May 30 1756
Margaret	Adm.	Oct 11 1761
Ruthy	Cov't.	Apr 21 1792

Susanna	Nathaniel & Susanna	bp July 11 1756
Nathaniel	Nathaniel & Susanna	bp July 23 1758
Margaret	Nathaniel & Susanna	bp July 23 1758
Miriam	Enoch & Elisabeth	bp Oct 14 1753
James-Dyke	Enoch & Elisabeth	bp July 25 1756
Henry	Joseph & Ruth	bp Aug 19 1791
(*sua domo*)		
Henry	Joseph & Ruth	bp July 22 1792
Joseph	Joseph & Ruth	bp Oct 12 1794

Enoch & Elizabeth Bartlett	m. Jan 22 1750
Joseph & Ruth Lash	m. Sept 21 1786

RYAN

Michael & Mary Dowse	m. Nov 13 1770

RYFORD

Salome & Ludwick J. Brown	m. Oct 17 1782

SAFFORD etc.

Nathan	Nathan & Elizabeth	bp Oct 6 1745

Stephen & Sarah Champnies	m. May 17 1744

St. BARBE

Capt. Wyat (not of Boston) & Lydia Clough
m. Oct 13 1768

St. PRIE

Benett-Martino de & Elizabeth Gyles
m. Feb 22 1778

SALISBURY

William	William & Lydia	bp Mar 1 1729/30
William	William & Lydia	bp Sept 19 1731
Stephen	William & Lydia	bp Feb 10 1733/4

Elizabeth & Samuel Barrett   m. May 9 1771

SALMON

John	Cov't.	Aug 5 1792

John	Francis & Mercy	bp Sept 23 1770
Katherine-McIntyre	Francis & Mercy	bp Apr 19 1772
John-Morton	John & Elizabeth	bp Aug 5 1792
Francis	John & Elizabeth	bp June 8 1794
Mary-Cistern	John & Elizabeth	bp Oct 18 1795

John & Elizabeth Cistern   m. Dec 25 1791

Child of Mr., a. 7 mos.,   d. Dec 1794

SALTER

Richard	Adm.	July 10 1737
(from Brattle St. Ch.)		
Richard, Jr.	Adm.	Nov 23 1740
(Dismissed to Mansfield		June 17 1744)

Elizabeth	Matthew & Elisabeth	bp Mar 31 1728
Richard	Richard & Rachel	bp Aug 28 1737
William	Richard & Rachel	bp Nov 26 1738
Elisabeth	Richard & Rachel	bp May 25 1740
William	Richard & Rachel	bp Feb 14 1741/2
Abigail	Richard & Rachel	bp Sept 11 1743
Nathaniel	Richard & Rachel	bp Dec 23 1744

Susanna & Edward Brazier, Jr.	m. Jan 5 1775
Susanna & Benjamin Cushing	m. Oct 13 1761

SAMPLE

Sally & Caleb Swan   m. Aug 14 1777

SAMPSON

Sarah	Cov't.	Sept 14 1788

Sally	Chapin & Sarah	bp Sept 28 1788
Chapen	Chapen & Sarah	bp Jan 6 1793
William-Smith	Chapen & Sarah	bp Oct 12 1794

Chapin & Sarah Smith   m. July 13 1788

SANDERS : SAUNDERS

Rachel	Cov't.	Mar 26 1727
Elisabeth	Adm.	Dec 31 1732
Elisabeth	Cov't.	June 6 1756
Sarah	Adm.	Apr 8 1798

Elisabeth	Robert & Rachel	bp Apr 30 1727
George	Robert & Rachel	bp Aug 11 1728
Robert	Robert & Elizabeth	bp July 4 1756
William	Robert & Elizabeth	bp Nov 5 1758
Elisabeth	Robert & Elizabeth	bp Sept 7 1760
William	Robert & Elizabeth	bp Mar 18 1764
Hannah	Robert & Elizabeth	bp Feb 1 1767
Sarah-Hawes	Robert & Elizabeth	bp July 29 1770

George & Ann Weymouth	m. Nov 28 1751
Sarah & Joshua Pierce	m. July 7 1763
Elizabeth & Joseph Burbeck	m. Mar 14 1784
John-Dunning & Sarah Smith	m. Mar 26 1797

SARGENT

Elisabeth	Adm.	Nov 20 1743
(Dismissed from a Ch. in Provincetown)		
Thomas	Adm.	Apr 29 1750

Samuel	Thomas & Elizabeth	bp June 3 1744
Francis	Thomas & Elizabeth	bp June 22 1746
Sarah	Thomas & Elizabeth	bp July 16 1749

SARGENT (con't)

Elizabeth & John Dolbear		m. Aug 15 1754
Ruth & John Bartlett		m. Oct 4 1756
Samuel & Bethany Smallidge		m. Sept 19 1765
Winthrop & Mary Lord		m. Dec 31 1765
Thomas & Frances Look		m. Aug 13 1770
Mrs., ae 86 yrs., Ch. member,		d. Feb 1795

SAUNDERS (see Sanders)

SAVAGE

Peggy	Adm.	June 5 1791
Thomas	Ezekiel & Peggy	bp Sept 8 1793
Mrs., a. 29, mem. Ch.,		d. Oct 1 1793

SAWYER

Enoch of Newbury & Judith Greenleaf of Boston
m. Oct 17 1793

SAXTON

Margaret	Cov't.	Aug 19 1716
Samuell	John & Margaret	bp Aug 19 1716

SCAMMEL

Anna	Adm.	Apr 10 1743

SCARBOROUGH

Phebe & Peter Spear		m. Feb 1788

SCOLLAY

Rebecca	Adm.	Mar 5 1758

SCOT : SCOTT

Deliverance	Adm.	Feb 12 1715/6
John	Adm.	Oct 13 1723
(Dismissed)		
Mary	Adm.	July 24 1726
Jemima	Adm.	Apr 28 1728
(Dismissed - see ?Davis)		
William	Adm.	Nov 27 1737
(Dismissed to Old North		Nov 10 1751)
Lydia	Cov't.	Mar 9 1755
Peter	Joseph & Deliverance	bp Feb 12 1714/5
Peter	Joseph & Deliverance	bp Jan 12 1717/8
Benjamin	Joseph & Deliverance	bp Dec 13 1719
John	Joseph & Deliverance	bp Aug 6 1721
John	John & Mary	bp Feb 5 1726/7
Abigail	John & Mary	bp Jan 19 1728/9
Mary	John & Mary	bp Jan 3 1730/1
John	John & Mary	bp July 15 1733
Benjamin	John & Mary	bp July 15 1733
Samuel	John & Mary	bp Jan 25 1735/6
Lydia	Edward & Lydia	bp Mar 16 1755

SCOT : SCOTT (con't)

Edward	Edward & Lydia	bp Oct 23 1763
Edward & Lydia Lewis		m. Oct 4 1753

SCOTTOW

John	Adm.	Jan 7 1721/2
(Dismissed to Brattle St. Ch.		Dec 16 1732)
Joshua	Adm.	Oct 16 1726
John	John & Elizabeth	bp Jan 15 1726/7
Edward-Bray	John & Elizabeth	bp Apr 13 1729

SCRANTON

Ann & John Doble		m. Sept 30 1757

SCUTT

James	James & Elizabeth	bp Apr 8 1722
Elizabeth	James & Elizabeth	bp Feb 9 1723/4

SEAGRAVE

Sarah	Adm.	June 9 1771

SEARS

Alexander	2nd Signer of Articles	1714
Dismissed to New Brick		Mar 6 1720/1
Hannah	Alexander & Hannah	bp Feb 25 1732/3
Sarah	Alexander & Hannah	bp Aug 18 1734
Sarah & Jonathan Lord		m. Oct 11 1757
Sarah & William Ballard		m. Apr 4 1765
Ruthy & Nathaniel Jenks		m. Oct 17 1795

SEAVER : SEVER

Mary & Joseph True		m. Aug 31 1757
Susanna & Samuel Hunt		m. Oct 29 1767

SERVICE

Lydia & William Parkman		m. June 12 1777

SEWARD

Samuel	Cov't.	May 29 1726
Sarah	Cov't.	Aug 26 1764
Samuel	Samuel & Elizabeth	bp June 12 1726
Mary	Samuel & Elizabeth	bp Nov 10 1728
Thomas	Samuel & Elizabeth	bp May 10 1730
Elisabeth	Samuel & Elizabeth	bp Feb 27 1731/2
Samuel	Samuel & Elizabeth	bp Sept 22 1734
Benjamin	Benjamin & Sarah	bp Aug 26 1764
Benjamin	Thomas & Mary	bp July 6 1766
Sarah-Martin	Thomas & Mary	bp Dec 4 1768
Thomas	Thomas & Mary	bp Dec 2 1770
Jerusha-Colter	Thomas & Sarah	bp July 18 1773
James & Katharine Bennet		m. Dec 22 1757
Samuel & Mary Windditt		m. Nov 24 1761

SEWARD (con't)
Thomas & Sarah Colter		m. Oct 17 1763
Benjamin & Elizabeth Tufton		m. July 4 1765
Elizabeth & Benjamin Curtis		m. June 29 1769
John & Mary Matthews		m. June 11 1773
Benjamin & Rebecca Peete		m. July 19 1789

SEYMOUR
Mary & John Thompson		m. Feb 27 1758

SHARP
Sarah	Adm.	Feb 25 1727/8
Mary	Cov't.	Oct 19 1729
Gibbins	Adm.	Dec 21 1740
Chosen Deacon		May 12 1774
Mary	Adm.	Jan 18 1740/1
Thomas	Cov't.	Feb 14 1773
Alexander	Adult	bp Aug 11 1723
Mary	James & Mary	bp Nov 23 1729
Elisabeth	James & Mary	bp Aug 29 1731
James	James & Mary	bp Apr 21 1734
Gibbons	James & Mary	bp July 4 1736
Silence	James & Mary	bp Apr 29 1744
Thomas	James & Mary	bp Mar 12 1748/9
Hannah	Thomas & Mary	bp Feb 14 1793
Gibbons & Hephzibah Oliver		m. Oct 29 1765
Gibbons		d. Sept 15 1805

SHARPLESS
Penelope & Nathanael Adams		m. Nov 23 1758

SHAW
Francis & Sarah Burt		m. Sept 22 1747
Abigail & Dr. John Crocker		m. Dec 23 1779

SHELDON
William	Richard & Elizabeth	bp Dec 13 1791
(aged 19 yrs., sua domo)		

SHELTON
Bridget	Cov't.	June 16 1793
William-Parsons	John & Bridget	bp June 16 1793
Bridget	John & Bridget	bp Mar 22 1795
Lydia	John & Bridget	bp Feb 5 1797
John & Bridget Doakes		m. Jan 8 1792
Esther & George Graham		m. Nov 21 1793
Child of John, ae. 13 mos.,		d. Apr 13 1796

SHEPHERD
Samuel	Nathaniel & Mary	bp Dec 21 1729
Nathaniel	Nathaniel & Mary	bp Sept 26 1731
Sarah	Nathaniel & Mary	bp Mar 4 1732/3

SHEPHERD (con't)
Betsy & John Blackburt		m. Aug 25 1785

SHERBURN
Mary	Joseph & Mary	bp Jan 19 1734/5

SHERMAN
Katharine & William Tailer		m. Jan 12 1758

SHEVALO (see Chevalier)
Peter & Grace Fore-Acres		m. Dec 12 1776

SHIDDLEY
Susanna & Charles Coffin		m. Nov 26 1752
(BRCR shows "Susanna Studley")		(BRCR - 1751)

SHILLABER
David & Sally Curtain		m. Aug 29 1790

SIGOURNEY
Daniel	Cov't.	Sept 19 1736
Mary	Cov't.	Jan 4 1740/1
Daniel	Adm.	Feb 13 1742/3
Mary	Adm.	Feb 13 1742/3
Mary	Cov't.	Feb 22 1761
Ann	Cov't.	Nov 25 1764
Joanna	Adm.	Aug 3 1766
Elisha	Adm.	Dec 22 1771
(d. Sept 10 1811)		
Ann	Adm.	May 17 1772
Joanna	Adm.	Nov 22 1772
Elizabeth	Adm.	July 22 1798
Martha	Adm.	July 22 1798
Mary	Daniel & Mary	bp Sept 19 1736
Andrew	Daniel & Mary	bp Feb 12 1737/8
Daniel	Daniel & Mary	bp Oct 7 1739
James	Daniel & Mary	bp May 31 1741
Charles	Daniel & Mary	bp Aug 26 1744
Elisha	Daniel & Joanna	bp Oct 25 1747
Thomas-Tylston	Daniel & Joanna	bp Jan 15 1748/9
Joanna	Daniel & Joanna	bp July 29 1750
Jane-Pool	Daniel & Joanna	bp Nov 17 1751
Elisha	Daniel & Joanna	bp Apr 15 1753
Susanna	Daniel & Joanna	bp Dec 1 1754
Mary Ann	Daniel & Joanna	bp Aug 29 1756
Sarah	Daniel & Joanna	bp Aug 27 1758
Mary Ann	Daniel & Joanna	bp Oct 28 1759
Mary-Baker	Daniel & Joanna	bp Nov 29 1761
Mary	Anthony & Mary	bp Mar 28 1742
Susanna	Anthony & Mary	bp Jan 15 1743/4
Peter	Anthony & Mary	bp Dec 8 1745
Anthony	Anthony & Elizabeth	bp May 19 1751
Andrew	Anthony & Elizabeth	bp Dec 3 1752
Hannah	Anthony & Mary	bp May 5 1754
Mary-Baker	Andrew & Anne	bp Dec 9 1764
Andrew	Andrew & Anne	bp Nov 30 1766

SIGOURNEY (con't)

Daniel	Andrew & Anne	bp Feb 26 1769
Mary	James & Mary	bp Mar 22 1761
Nathaniel-Kidder	John-Ranshon & Eunice	bp Dec 15 1765
Mary	John-Ranshon & Eunice	bp June 14 1767
Susanna	John-Ranshon & Eunice	bp Feb 12 1769
Hannah	John-Ranshon & Eunice	bp June 7 1772
Eunice	John-Ranshon & Eunice	bp Aug 15 1773
Eunice	John-Ranshon & Eunice	bp Mar 7 1779
Polly	John-Ranshon & Eunice	bp June 13 1784

Hannah & Samuel Dexter	m. June 23 1748
James & Mary Hammatt	m. Sept 18 1760
Mary & Benjamin Jepson	m. Jan 29 1761
Mary & Samuel Sloan	m. June 19 1760
Mary & James Butler	m. May 9 1763
Andrew & Ann Hammatt	m. July 7 1763
Mary & Michael Holland	m. Jan 12 1764
Hannah & John Patten	m. Aug 20 1771
Elisha & Ann Sigourney	m. Feb 6 1780
Ann & Elisha Sigourney	m. Feb 6 1780
Daniel & Rebecca Tilestone	m. Feb 13 1780
Polly & Peter L'Mercier	m. Mar 29 1781
Mary & John Cathcart	m. Dec 27 1790
Andrew & Elizabeth Williams	m. Oct 17 1797

SIMMES (see Symmes)

SIMMONS : SYMMONDS

Micah	Cov't.	Dec 12 1762
Sarah	Cov't.	Mar 31 1782
James-Jeffs	Micah & Sarah	bp Jan 9 1763
George	Micah & Sarah	bp June 24 1764
Sarah	Micah & Sarah	bp Sept 29 1765
John-Cades	John & Marcy	bp Mar 28 1779
Elizabeth-Ewing	John & Marcy	bp Sept 16 1781
Joseph-Cuzneau	Isaiah & Sarah	bp Mar 31 1782

Micah & Sarah Whittemore	m. Mar 18 1762
Isaiah & Sarah Cuzneau	m. July 29 1781

SIMPKINS : SYMPKINS

Elizabeth	Cov't.	Jan 1 1726/7
Elizabeth	Adm.	Dec 2 1733
William	Adm.	June 6 1742
Elisabeth	Cov't.	Dec 15 1728
John	Adm.	Mar 29 1761
Chosen Deacon		Nov 25 1776
John	Adm.	Jan 20 1788
Mary	Adm.	Feb 12 1792
(The only adm. this year)		

Elizabeth	William & Elizabeth	bp Jan 8 1726/7
Thomas-Barton	William & Elizabeth	bp Nov 10 1728
Margery	William & Elizabeth	bp Dec 6 1730

SIMPKINS : SYMPKINS (con't)

Joanna	William & Elizabeth	bp Dec 24 1732
William	William & Elizabeth	bp Dec 15 1734
Mary	Thomas & Elisabeth	bp Mar 9 1728/9
Elisabeth	Thomas & Elisabeth	bp July 11 1731
Katherine	Thomas & Elizabeth	bp Oct 13 1734
Katherin	William & Elizabeth	bp Jan 16 1736/7
John	William & Elizabeth	bp Feb 4 1738/9
John	William & Elizabeth	bp Nov 16 1740
James	William & Elisabeth	bp Sept 11 1743
Mary	William & Elisabeth	bp Nov 18 1744
Joanna	William & Elisabeth	bp Sept 20 1747
Joanna	William & Elizabeth	bp Aug 25 1751
Elisabeth	John & Elisabeth	bp Dec 18 1765
John	John & Elisabeth	bp Apr 17 1768
Mary-Thacher	John & Elisabeth	bp May 28 1769
William	John & Elisabeth	bp July 28 1771
Elizabeth	John & Mehetable	bp Feb 20 1774

Mary & Benjamin Hanners	m. Sept 7 1748
Margery & Thomas Blanchard	m. Jan 10 1754
Elizabeth & Daniel Rogers	m. Oct 23 1760
John & Elizabeth Grant	m. Aug 30 1764
Mary & Robert Rand	m. June 3 1773

Mrs. Elizabeth, Ch. Memb., ae 88 yrs.
                                                                d. Feb 19 1794

SIMPSON

Jane	Adm.	July 29 1744
Jane	Adult	bp June 7 1741

Ebenezer & Margaret Rowe	m. Nov 1 1758
Ann & Thomas Britt	m. Oct 10 1759
Sally & John Smith	m. June 6 1793

SINCLAIR

Susanna	Adm.	Dec 7 1735
Constantia	Cov't.	May 5 1771
Mary	George & Susanna	bp Jan 11 1735/6
Thomas	Thomas & Constantia	bp May 12 1771
Isabella	Thomas & Constantia	bp Apr 25 1773
Thomas	Thomas & Constantia	bp Sept 24 1775

Thomas & Constantia Condon	m. Aug 16 1768

SINGLETON

Mary	Adm.	Sept 29 1771
George	Cov't.	Feb 5 1793
Patience	George & Mary	bp Mar 27 1774
Samuel	George & Mary	bp Nov 17 1776
William	George & Mary	bp Nov 7 1779
George	George & Lydia	bp Feb 3 1793
Samuel-Harris	George & Lydia	bp Oct 19 1794
Lidia-Harris	George & Lydia	bp Feb 27 1797

SINGLETON (con't)

William & Sarah Strough		m. Oct 21 1781
George & Lidia Harris		m. Dec 24 1791
Patience & Samuel Cushing		m. Jan 4 1795
Child, a. 1 yr.,		d. Sept 1795

SISTENS (see Cisterns)

Elizabeth	Cov't.	June 9 1771
Elizabeth	of Elizabeth	bp July 21 1771

SKIFF

Hannah	Adm.	Aug 24 1746
Hannah & Charles Lenox		m. Dec 1 1748

SKILLING : SKILLINS

Elisabeth	Adm.	Oct 7 1739
Ruth	Cov't.	Dec 16 1739
John	Adm.	Jan 5 1752
Elisabeth	Adm.	Oct 8 1780
Mary	Cov't.	Mar 30 1766
Anna	Adm.	Dec 18 1791
Mary	Cov't.	May 29 1796

John	John & Elisabeth	bp Oct 7 1739
Elisabeth	John & Elisabeth	bp May 24 1741
Hannah	John & Elisabeth	bp Apr 3 1743
Sarah	John & Elisabeth	bp Aug 12 1744
Mary	John & Elisabeth	bp Apr 12 1747
Merey	John & Elisabeth	bp Jan 29 1748/9
Hannah	John & Elisabeth	bp Nov 24 1751
Ann	John & Elisabeth	bp June 2 1754
Elizabeth	Simeon & Ruth	bp Jan 27 1739/40
Simeon	Simeon & Ruth	bp Jan 4 1740/1
Samuel	Simeon & Ruth	bp July 11 1742
Richard	Simeon & Ruth	bp Jan 22 1743/4
John	Simeon & Ruth	bp Dec 1 1745
Ruth	Simeon & Ruth	bp Mar 20 1747/8
Rebecca	Simeon & Ruth	bp Apr 22 1750
Mary	Simeon & Ruth	bp Dec 16 1753
Simeon	Simeon & Ruth	bp Dec 19 1756
Joseph	Simeon & Ruth	bp July 29 1759
Mary	Richard & Mary	bp Apr 27 1766
Simeon	Richard & Mary	bp Apr 27 1766
Samuel	Richard & Mary	bp July 17 1768
Ruth	Richard & Mary	bp Oct 28 1770
Anna-Mary	John & Mary	bp June 24 1796

Elizabeth & Benjamin B. Burchstead	m. Apr 3 1760
Elizabeth & John Newell	m. May 27 1760
Merey & Joseph Cross	m. June 17 1762
Ruth & John Adams, Jr.	m. May 11 1767
John & Anne Fowle	m. May 19 1768
Sarah & Thompson Ingerfield	m. Aug 17 1769
Mary & Zachariah Hall	m. Sept 11 1765
Simeon & Margaret Cazneau	m. Oct 1 1782

SKILLING : SKILLINS (con't)

Samuel & Sarah Whitney	m. July 23 1791
Sarah & Rev. James Lyon	m. Nov 24 1793
John & Mary Fowle	m. Oct 1 1795
Samuel, ae. 51 yrs.,	d. Sept 15 1793
Mrs. A., ae 46 yrs., ch. Mem.	d. Apr 23 1795

SKIMMER

Mary	Cov't.	Dec 28 1778
Simeon	John & Mary	bp Jan 31 1779

SKINNER

Elizabeth	Adm.	Jan 31 1724/5
Elizabeth	Cov't.	Dec 10 1780
Elisabeth	Henry & Elizabeth	bp Jan 28 1781
Hannah	Henry & Elizabeth	bp July 28 1782
Henry	Henry & Elizabeth	bp July 18 1784
Ann & William Moodey		m. Nov 13 1749
Mercy & John Wendell		m. Oct 17 1751
Henry & Elizabeth Langdon		m. Apr 13 1779
		(BRCR - 1780)

SLADE

John	Cov't.	June 29 1777
Anna	John & [blank]	bp June 29 1777

SLADEN

Sarah & Henry Blasdell	m. Oct 26 1742

SLAUGHTER

Mary	Adult	bp Apr 14 1728

SLOAN

Mary	Adm.	Mar 29 1761
Mary	Cov't.	Sept 5 1784
Andrew-Sigourney	Adm.	May 10 1789
Mary	Samuel & Mary	bp May 10 1761
Andrew-Sigourney	Samuel & Mary	bp Nov 21 1762
Samuel	Samuel & Mary	bp Mar 25 1764
Agnes	Samuel & Mary	bp Mar 2 1766
Mary	Samuel & Mary	bp Sept 27 1767
Hans	Samuel & Mary	bp Sept 10 1769
Polly	James & Mary	bp Oct 3 1784
Sally	James & Mary	bp Aug 20 1786
James	James & Mary	bp Nov 16 1788
Robert & Sarah Whitman		m. Dec 28 1758
Samuel & Mary Sigourney		m. June 19 1760
Sarah & Isaac Warren		m. Oct 2 1783
Samuel & Sukey Larkin		m. June 12 1788
Francis & Mary Swift		m. Mar 3 1793

SLOAN (con't)
Widow of Samuel, ae. 32,		d. Mar 20 1792

SMALL
Lemuel & Catherine Field		m. Mar 3 1796

SMALLEDGE
Nathan	Cov't.	Aug 17 1755
Jemima	Cov't.	Feb 25 1759
John	Nathan & Lois	bp Aug 17 1755
John	Nathan & Lois	bp Jan 7 1759
Lois	Nathan & Lois	bp July 13 1760
Daniel-Eliot	Nathan & Lois	bp Oct 25 1767
Samuel	of Jemima	bp Mar 4 1759
Jemima	of Jemima	bp Mar 4 1759
Rachel	James & Jemima	bp Oct 19 1760
Rachel	James & Jemima	bp Nov 18 1764
Sarah	James & Jemima	bp Apr 9 1775
Mary & John Gault		m. Jan 15 1753
Nathan & Lois Eliot		m. Sept 10 1754
Bethany & Samuel Sargent		m. Sept 19 1765

SMART
Elisabeth	Cov't.	Aug 29 1736
Elizabeth	John & Elizabeth	bp Sept 19 1736

SMITH
John	Cov't.	Sept 16 1716
Thomas	Adm.	May 27 1722
(Dismissed)		
John	Adm.	June 22 1723
(Brother John Smith going voyage to London		
Recommended		Dec 2 1732
Mr. Smith, desired by church to preach by vote		
during vacancy		Dec 3 1739)
John	Cov't.	Jan 17 1724/5
John	Adm.	Feb 28 1724/5
Mindwell	Adm.	Feb 28 1724/5
Mary	Adm.	Sept 19 1725
Margaret	Adm.	Feb 27 1731/2
Priscilla	Adm.	June 15 1735
Rebecca	Cov't.	Mar 28 1736
Susanna	Adm.	Feb 15 1740/1
Elisabeth	Cov't.	Mar 17 1751
Submit	Cov't.	July 20 1755
Dorothy	Cov't.	Jan 10 1768
John-Kilby	Adm.	Aug 4 1771
(Dismissed)		
Sarah	Cov't.	Dec 14 1777
Priscilla	John & Priscilla	bp Sept 16 1716
Elizabeth	John & Priscilla	bp Dec 28 1718
Anna	John & [blank]	bp Jan 17 1724/5
Mary	John & Mercy	bp Jan 4 1729/30
John	John & Mercy	bp May 30 1731

SMITH (con't)
Curwin	John & Mercy	bp Apr 22 1733
Margaret	John & Mercy	bp Aug 10 1735
Thomas	John & Mercy	bp Aug 27 1738
Richard	Richard & Rebecca	bp May 9 1736
Benjamin	Isaac & Rachel	bp May 8 1748
Elisabeth-Liscow	William & Elisabeth	
		bp Nov 10 1751
John-Kilby	William & Elisabeth	bp Dec 23 1753
William	William & Elisabeth	bp Feb 1 1756
Richard	William & Elisabeth	bp Mar 12 1758
Elisabeth	William & Elisabeth	bp Oct 26 1760
Edward	William & Elisabeth	bp Jan 23 1763
Michael	Ebenezer & Submit	bp Aug 17 1755
Abigail	Ebenezer & Submit	bp July 17 1757
Susanna	Ebenezer & Submit	bp Sept 13 1761
Sarah	William & Dorothy	bp Jan 31 1768
Dorothy-Barber	William & Dorothy	
		bp Apr 22 1770
John	Duncan & Margaret	bp Sept 3 1775
Sarah-Brigden	Joseph & Sarah	bp Jan 18 1778
Francis	John & Mary	bp Mar 22 1778
Lidia	John & Mary	bp Sept 10 1780
Samuel	John & Mary	bp Dec 1 1782
Rachel	Jacob & Rachel	bp May 25 1783
William & Elizabeth Kilby		m. July 5 1750
Ebenezer & Submit Tapper		m. Jan 10 1754
Rebecca & Rev. Ebenezer Pemberton		
		m. Sept 1 1757
William & Dorothy Barber		m. July 24 1776
John & Mary McMillian		m. Nov 17 1768
Joseph & Sarah Fisher		m. Apr 27 1777
Jacob & Rachel Barker		m. Sept 24 1782
Sarah & Richard Green		m. Apr 11 1784
Rev. John of N. Hampshire & Susanna Mason		
		m. Jan 13 1785
Susanna & Timothy Brown		m. Mar 13 1785
Elisabeth & Isaac Cunningham		m. Oct 1 1786
Sarah & Chapin Sampson		m. July 13 1788
John & Sally Simpson		m. June 6 1793
Polly & Jacob Jones		m. Nov 1 1795
Charles & Lettey Snelling		m. Dec 8 1796
Sarah & John-Dunning Sanders		m. Mar 26 1797
Benjamin & Mary Hale		m. Apr 11 1797
Mr., age 22, died abroad,		d. Oct 1795
Mrs., ch. member, ae 82,		d. Aug 29 1795

SNELLING
Sarah	Adm.	June 1 1718
Mary	Cov't.	Oct 23 1718
Joseph	Adm.	Apr 26 1724
Benjamin	Cov't.	Oct 25 1724
Mary	Adm.	Dec 12 1725
Lydia	Adm.	May 28 1727
Josiah	Adm.	Nov 12 1727
Philippe	Adm.	Dec 19 1742

RECORDS OF THE NEW NORTH CHURCH

SNELLING (con't)

Name	Parents/Status	Date
Hannah	Adm.	Aug 12 1744
Elisabeth	Adm.	Dec 10 1758
Rachel	Cov't.	Jan 6 1765
Lois	Cov't.	Sept 22 1765
Priscilla	Adm.	July 14 1782
Lydia	Adm.	Mar 6 1796
Mary	Joseph & Mary	bp Dec 28 1718
Samuel	Joseph & Mary	bp May 26 1723
Elizabeth	Joseph & Elizabeth	bp Jan 29 1726/7
Rebecca	Joseph & Elizabeth	bp Dec 1 1728
Hannah	Joseph & Elizabeth	bp Dec 1 1728
Jonathan	Joseph & Elizabeth	bp Apr 25 1731
John	Joseph & Elizabeth	bp Dec 24 1732
Thomas	Joseph & Elizabeth	bp May 11 1735
Mary	Jonathan & Mary	bp Dec 26 1725
Rebecca	Jonathan & Mary	bp Nov 17 1728
Jane	Jonathan & Mary	bp July 25 1731
Jonathan	Jonathan & Mary	bp July 28 1734
John	Jonathan & Mary	bp Feb 3 1739/40
Joseph	Jonathan & Mary	bp Dec 6 1741
Sarah	Jonathan & Mary	bp Mar 13 1742/3
Joshua	Jonathan & Mary	bp Nov 17 1745
Hannah	Jonathan & Mary	bp Jue 26 1748
Hannah	Benjmain & Hannah	bp Oct 25 1724
Jemima	Benjamin & Hannah	bp Oct 25 1724
Elisabeth	Benjamin & Hannah	bp Jan 2 1725/6
Benjamin	Benjamin & Elisabeth	bp Apr 16 1732
Benjamin	Benjamin & Elisabeth	bp Aug 25 1734
Robert	Robert & Lydia	bp July 2 1727
Lydia	Robert & Lydia	bp Oct 26 1729
Sarah	Robert & Lydia	bp July 18 1731
Rebecca	Robert & Lydia	bp June 19 1737
Philippe	Josiah & Philippe	bp Aug 1 1731
Philippe	Josiah & Philippe	bp Oct 15 1732
Philippe	Adult	bp Dec 19 1742
Priscilla	Joseph & Priscilla	bp Dec 24 1738
Rebecca	Joseph & Priscilla	bp Feb 3 1739/40
Robert	Joseph & Priscilla	bp Sept 27 1741
Mary	Joseph & Priscilla	bp Apr 24 1743
Nathaniel	Joseph & Priscilla	bp Sept 16 1744
Anna	Joseph & Priscilla	bp Feb 16 1745/6
Sarah	Joseph & Priscilla	bp Aug 9 1747
Rebecca	Joseph & Hannah	bp Aug 12 1744
Joseph	Joseph & Hannah	bp Sept 23 1744
Hannah	Joseph & Hannah	bp June 28 1747
Mary	Joseph & Hannah	bp Oct 1 1749
Sarah	Joseph & Hannah	bp Nov 3 1751
John	Joseph & Hannah	bp May 13 1753
Sarah	Joseph & Hannah	bp Sept 5 1756
Josiah	Josiah & Hannah	bp Jan 2 1757
Jonathan	Jonathan & Elizabeth	bp Dec 24 1758
Elisabeth	Jonathan & Elizabeth	bp Dec 21 1760
Hephzibah	Jonathan & Elizabeth	bp Oct 30 1763
Samuel	Jonathan & Elizabeth	bp Apr 27 1766
Mary	Joseph & Rachel	bp Feb 3 1765
Rachel	Joseph & Rachel	bp Nov 30 1766

SNELLING (con't)

Name	Parents/Status	Date
Jonathan	Joseph & Rachel	bp Dec 25 1768
William	Joseph & Rachel	bp Dec 25 1768
Elizabeth	Joseph & Rachel	bp Apr 28 1771
Joseph	Joseph & Rachel	bp Aug 1 1773
William	Joseph & Rachel	bp Sept 8 1776
Jean	Joseph & Rachel	bp Aug 29 1779
Sarah	Joseph & Rachel	bp June 9 1782
Mary	John & Lois	bp Oct 6 1765
Joseph	John & Lois	bp Feb 9 1766
Andrew-Symmes	Jonathan & Lydia	bp July 23 1797

Hannah & Willing Richardson	m. Feb 27 1745/6
Elizabeth & Giles Harris	m. Nov 8 1748
Jane & Philip Lewis	m. Dec 26 1751
Philippe & Jonathan Low	m. Nov 1 1753
Josiah & Hannah Chamberlain	m. Aug 19 1755
Jonathan & Elizabeth Barrett	m. Mar 7 1758
Joseph & Rachel Mayer	m. Oct 13 1763
John & Louis Walker	m. Aug 2 1764
Mary & Samuel Greenwood	m. Aug 2 1764
Rebecca & Michael Malcolm	m. Feb 4 1768
Rebecca & John Popkins	m. Jan 26 1769
Mary & John Richards	m. Sept 11 1769
Joseph & Rachel Mason	m. Nov 28 1779
Joseph & Elizabeth Warner	m. June 22 1794
Jonathan & Lydia Symmes	m. July 2 1795
Mary & Thomas Fletcher	m. Dec 8 1795
Betsy & Charles Jacobs	m. Mar 20 1796
Lettey & Charles Smith	m. Dec 8 1796

SNODEN : SNOWTON

William	Cov't.	Dec 27 1762
Rebecca	Adm.	Dec 5 1779
Elizabeth	Adm.	Mar 25 1786
William	William & Elizabeth	bp Dec 27 1762
Betsy	William & Elizabeth	bp Apr 30 1786
Joanna	William & Elizabeth	bp July 6 1788
William-Welden	William & Elizabeth	bp July 24 1791
Agnes-Lobdell	William & Elizabeth	bp Nov 3 1792

William & Elizabeth Stevens	m. Oct 29 1761
Thomas & Rebecca Lislie	m. May 6 1777
William & Elizabeth Cunningham	m. Mar 17 1785

SNOW

Name	Parents/Status	Date
Sally	Cov't.	May 26 1798
Doane & Sarah Fling		m. July 9 1797

SOHIER

Susanna	Adm.	Nov 16 1760
Martin-Brimmer	Edward & Mary	bp Dec 14 1760

SOHIER (con't)
Edward	Edward & Mary	bp Sept 5 1762
John-Baker	Edward & Mary	bp Aug 11 1765
Andrew	Edward & Mary	bp Aug 16 1767

Edward & Susanna Brimmer — m. Mar 13 1760
Edward & Mary Davis — m. Aug 8 1786

SOMES : SOLMES
Susanna	Cov't.	Aug 13 1769
Nehemiah	Adm.	June 7 1772
(Dismissed to Old South		May 3 1789)
John	Nehemiah & Susanna	bp Sept 24 1769

Nehemiah & Susanna White — m. Oct 25 1768
Nehemiah & Elizabeth Dawes — m. Apr 22 1775

SOPER
Hannah	James & Hannah	bp July 22 1750

SORIEN
Elias	Adm.	Dec 24 1727
Mary	Elias & [blank]	bp Nov 19 1738
Matthew	Elias & Dorothy	bp Dec 13 1741

SOULARD etc.
Peter member in full communion (per votes, etc.)
  Prior to — Mar 8 1719

Mary	Peter & Martha	bp Sept 9 1716
Ruth	Peter & Hannah	bp Mar 15 1718/9

SOUTHER
Deborah	Adm.	July 5 1741

SPADES
Joseph & Mary Godfrey — m. Aug 11 1777

SPALDEN
Suckey & Levi Williams — m. June 5 1791

SPEAR
Susanna	Cov't.	Sept 8 1745
Nero (free negro)	Adm.	Jan 2 1780
Joseph	Gershom & Susanna	bp Nov 3 1745
Susanna	Gershom & Susanna	bp Feb 14 1747/8
Hannah	Gershom & Susanna	bp Nov 19 1749
Susanna	Gershom & Susanna	bp Jan 14 1754
Gershom	Gershom & Susanna	bp Feb 11 1761
Joseph	Nathan & Rebecca	bp Jan 26 1766
Becky	Joseph & Mary	bp Nov 19 1791
  (*sua domo*)

Nathan & Rebecca Howard — m. Oct 25 1759
Judith & James Bell — m. Feb 26 1786

SPEAR (con't)
Peter & Phebe Scarborough — m. Feb 1788
Joseph & Mary Tuckerman — m. Mar 5 1789

Nero, church member, ae 68, — d. Dec 28 1797

SPENCER
John	John & Hannah	bp Jan 2 1736/7

SPIKES
Mary	Adm.	May 6 1716
Elizabeth	John & Mary	bp May 13 1716

SPRAGUE
Sarah	Cov't.	June 2 1751
William	William & Sarah	bp July 14 1751
Sarah	William & Sarah	bp Mar 18 1753
John	William & Sarah	bp June 22 1755
Elisabeth	William & Sarah	bp Jan 15 1758
Betsy-Mills	Thomas & Sarah	bp Aug 2 1789
Nabby-King	Thomas & Sarah	bp Aug 2 1789
Thomas	Thomas & Sarah	bp Nov 13 1791

William & Sarah Polly — m. Aug 2 1750

Child, ae 9 yrs., — d. Aug 24 1795

SPUR
Zephaniah & Peggy Vose — m. Apr 17 1796

STACEY
Deborah & Abraham Thayer — m. Oct 7 1792

STANBRIDGE
Mildred & Samuel Bickner — m. Feb 12 1746

STANLEY
Mary & Benjamin Chubb — m. May 22 1766

STANTON
Robert	Adm.	Apr 12 1741
(Dr. Robert dismissed to Stafford		Sept 16 1770)

STANWOOD
Mary	Cov't.	Jan 25 1778
Josiah-King	Peter & Mary	bp Jan 25 1778

Peter & Mary King — m. Mar 6 1777

Lucy, ae. 50 yrs., — d. Sept 1794

STARKEY
William & Elizabeth Swale — m. Oct 8 1754

STARR
Jarvis & Ann Bartlett		m. Sept 12 1757

STEBBINS
Martha	Cov't.	Jan 27 1716/7
William	Richard & Martha	bp Feb 3 1716/7
Mary	Richard & Martha	bp May 24 1719

STEEL
Alexander	Cov't.	Dec 4 1768
Sarah	Alexander & Sarah	bp Dec 4 1768
Alexander	Alexander & Sarah	bp Mar 10 1771
Alexander & Sarah McKarn		m. Feb 26 1768

STEARNS etc.
Daniell	Adm.	July 29 1716
Hannah	Adult	bp Mar 9 1745/6
Stephen & Mary Robbins		m. May 2 1781

STEPHENS : STEVENS
Erasmus	11th Signer of Articles	1714
Pierces	Adm.	Feb 4 1727/8
Katherine	Adm.	Mar 18 1738/9
Elisabeth	Adm.	Mar 18 1738/9
Hephzibah	Cov't.	Oct 7 1750
John	Erasmus & Pierces	bp Nov 13 1715
Elizabeth	Erasmus & Pierces	bp Aug 18 1717
Erasmus	Erasmus & Pierces	bp Dec 27 1719
Erasmus	Erasmus & Pierces	bp Dec 24 1721
Hannah	Erasmus & Pierces	bp Nov 24 1723
Benjamin	Erasmus & Pierces	bp Oct 23 1726
Ebenezer	Erasmus & Pierces	bp Oct 23 1726
John	John & Susanna	bp Nov 15 1724
William	John & Susanna	bp Nov 27 1726
David	John & Susanna	bp Apr 13 1729
Samuel	Samuel & Katherine	bp Apr 1 1739
Katherine	Samuel & Katherine	bp May 18 1740
Joseph	Joseph & Hephzibah	bp Oct 28 1750
James	Joseph & Hephzibah	bp Mar 9 1755
Stephen & Agnes Pierce		m. July 24 1744
Gammon & Elizabeth Wiswall		m. Feb 1 1748/9
Jospeh & Hephzibah Baker		m. Jan 11 1749/50
Agnes & Nicholas Lobdell		m. June 21 1753
Elizabeth & William Snowden		m. Oct 29 1761
Marcy & Nathan Hinckley		m. June 11 1773
William & Rachel Cunningham		m. July 26 1776
Samuel & Susanna Adlington		m. Sept 5 1793
Susanna & John Elmes		m. Oct 16 1796
Thomas & Thomasin Bryant		m. Nov 30 1794

STEVENSON
Mary	of Sarah	bp Oct 29 1775

STERLING
William	Cov't.	Oct 25 1741
William	Adult	bp Feb 26 1715/6
William	William & Patience	bp Oct 25 1741
Richard	William & Patience	bp July 29 1744
John	William & Patience	bp Sept 7 1746

STOCKER
John	John & Abigail	bp Oct 6 1717
Thomas	John & Abiagil	bp Mar 29 1719
Abigail	John & Abigail	bp Apr 2 1721
Sarah	John & Abigail	bp Dec 1 1723
William	John & Abigail	bp July 31 1726

STODDARD : STODDER
Hannah	Cov't.	May 9 1742
Aftar	Adm.	Feb 8 1756
Asa	Cov't.	Sept 21 1766
Elizabeth	Cov't.	Nov 12 1786
Hannah	Cov't.	July 13 1794
Daniel	Aftar & Hannah	bp July 4 1742
Hannah	Aftar & Hannah	bp July 24 1743
Elisabeth	Aftar & Hannah	bp Dec 23 1744
Hannah	Aftar & Hannah	bp Feb 16 1745/6
Thomas	Aftar & Hannah	bp Apr 1 1750
Jonathan	Asa & Mary	bp Sept 21 1766
William	Asa & Mary	bp May 1 1768
Joseph	Asa & Mary	bp June 10 1770
Polly	Asa & Mary	bp May 2 1773
Sally	Asa & Mary	bp Jan 3 1779
(by Dr. Thatcher of Malden)		
Deborah	Asa & Mary	bp July 20 1783
Betsy	Noah & Elizabeth	bp Dec 31 1786
Sophia	Noah & Elizabeth	bp Dec 31 1786
John	Noah & Elizabeth	bp June 29 1788
Mary	Joseph & Hannah	bp July 13 1794
Joseph	Joseph & Hannah	bp Feb 19 1797
After & Ruth Jones		m. May 6 1760
Jonathan & Susanna Cushing		m. Nov 25 1761
Elizabeth & William Hoogs		m. Nov 8 1763
Joseph & Hannah Parker		m. Aug 18 1791

STOKES
Mary & Thomas Robbins		m. Dec 12 1774

STONE
Anne	Cov't.	Sept 28 1735
Elisabeth	Adm.	July 5 1741
William	Adm..	Nov 22 1741
Elisabeth	Adult	bp Jan 30 1725/6
Elisabeth	William & Elisabeth	bp Apr 3 1726

STONE (con't)

Mary	William & Elisabeth	bp Aug 18 1728
Sarah	William & Elisabeth	bp Apr 11 1731
Abigail	William & Elisabeth	bp Apr 10 1737
Anne	William & Elisabeth	bp July 16 1738
Josiah	Benjamin & Anne	bp Oct 5 1735
William	Benjamin & Anne	bp Feb 15 1735/6
Benjamin	Benjamin & Anne	bp Jan 15 1737/8
John	Benjamin & Anne	bp Oct 28 1739
Anne	Benjamin & Anne	bp Oct 14 1744

Mary & William Bickner — m. Feb 5 1753
Abigail & James Witham — m. Dec 17 1754
Abigail & Sampson Mason — m. Feb 22 1759
Edward & Sarah Browne — m. July 8 1786
Catherine-Annaly & Caleb Bangs — m. July 14 1789

STORER

Ruth	Adm.	Feb 18 1738/9
Mary	Adm.	Apr 12 1772
Benjamin	Adm.	Apr 12 1772
Jeremiah	Jeremiah & Margaret	bp June 12 1715
Sarah	Jeremiah & Margaret	bp Sept 9 1716
Ruth	Jeremiah & Margaret	bp June 28 1719
Abraham	Jeremiah & Margaret	bp May 28 1721
Ruth	Benjamin & Ruth	bp July 8 1739
Ruhamah	Benjamin & Ruth	bp Apr 5 1741
Benjamin	Benjamin & Ruth	bp July 2 1749
John	Benjamin & Ruth	bp June 18 1758
Mary	Jonathan & Mary	bp Dec 16 1750
Jonathan	Jonathan & Mary	bp May 14 1758
Sally-Gordon	Benjamin & Sarah	bp Oct 12 1777
Polly-Leslie	Benjamin & Sarah	bp Dec 5 1779

Jonathan & Mary Collins — m. Feb 6 1749/50
Susanna & John Williams — m. July 25 1763
Priscilla & John Holbrook — m. June 8 1769
Sarah & Edward Jarvis — m. July 19 1781

Mrs., Ch. Member, ae 73, — d. Feb 21 1795

STORY

Elisabeth	John & Elisabeth	bp Nov 24 1751

Susanna & David Edes — m. Nov 16 1779

STOW

William	Adm.	Nov 22 1772

STOWELL

Ebenezer & Nancy Ellery — m. Oct 9 1791

STOWERS

Zaccheus & Rebecca Rand — m. May 2 1790

STREET

Mary	Cov't.	Oct 23 1715

STREET (con't)

William	Benjamin & Mary	bp Oct 23 1715
Benjamin	Benjamin & Mary	bp June 8 1718

STRINGER

Lydia	John & Deborah	bp Feb 10 1722/3

STROUGH

Sarah & William Singleton — m. Oct 21 1781

STUART

Mary a Sister of the Church, a complaint against her — Dec 5 1736

STUDE

Elizabeth & James Hastings — m. Mar 26 1752

STURGIS

Russell	Cov't.	Oct 30 1774
James-Perkins	Russell & Elizabeth	bp Oct 30 1774
Elizabeth-Peck	Russell & Elizabeth	bp June 16 1776
Elizabeth-Peck	Russell & Elizabeth	bp June 22 1777

SUCKER

Elizabeth	Adm.	Nov 26 1775

Elizabeth & Thomas Gardner — m. Aug 22 1776

SULLIVAN

Margaret & Alexander McGregore — m. Apr 17 1770

SUMMERS

William & Elizabeth Robinson — m. Apr 15 1766

SUMNER

Ebenezer	Adm.	July 26 1719
Elisabeth	Adm.	Dec 3 1729
Susanna	Adm.	June 2 1745
Clement	Adm.	Feb 8 1756
Lydia	Cov't.	July 9 1758
Hannah	Cov't.	Oct 18 1761
Elizabeth	Ebenezer & Elizabeth	bp Oct 11 1724
Susanna	Ebenezer & Elizabeth	bp Sept 18 1726
Ebenezer	Ebenezer & Elizabeth	bp Nov 10 1728
Samuel	Ebenezer & Elizabeth	bp Dec 27 1730
Ebenezer	Ebenezer & Elizabeth	bp Mar 25 1733
Clement	Ebenezer & Elizabeth	bp Sept 28 1735
Mary	Ebenezer & Elizabeth	bp Apr 1 1739
Rachel	Ebenezer & Elizabeth	bp Aug 23 1741
Elizabeth	Ebenezer & Lydia	bp Sept 10 1758
Margaret	Benjamin & Hannah	bp Nov 1 1761
Mary	Clement & Mary	bp Dec 21 1760
Elisabeth	Clement & Mary	bp Nov 21 1762
Joseph	Clement & Mary	bp Apr 29 1764

SUMNER (con't)

Susanna & Ephraim Foster		m. Nov 1 1753
Ebenezer & Lydia Britton		m. Apr 21 1757
Benjamin & Hannah Bemis		m. Feb 3 1761
Samuel & Jane Maudlin		m. May 3 1763
Benjamin & Elizabeth Hudson		m. July 19 1768

SUNDERLAND

Hannah	Adm.	Dec 11 1726

SWALE

Elizabeth & William Starkey		m. Oct 8 1754

SWAIN

Daniel	Daniel & Miriam	bp Apr 17 1743

SWAN

Ebenezer	Ebenezer & Rebecca	bp Feb 14 1730/1
Thomas	Ebenezer & Rebecca	bp Jan 21 1732/3
Henry	Ebenezer & Rebecca	bp Mar 2 1734/5
Dudly-Wade	Ebenezer & Rebecca	bp Mar 20 1736/7
Rebecca	Ebenezer & Rebecca	bp July 29 1739
Ebenezer	Ebenezer & Rebecca	bp June 14 1741
William	Ebenezer & Rebecca	bp June 14 1741
Rebecca	Ebenezer & Rebecca	bp Sept 4 1743
Benjamin-Burt	Caleb & Sarah	bp June 14 1778
Joan	Caleb & Sarah	bp Nov 28 1779
Caleb	Caleb & Sarah	bp Mar 10 1782
Sally	Caleb & Sarah	bp Apr 13 1783

Benjamin & Martha King		m. Oct 13 1757
Caleb & Sally Sample		m. Aug 14 1777
Rebecca & John Brennock		m. Oct 18 1795
Mary & John Sweat		m Apr 25 1797

SWANTON

Rachel	Adm.	May 10 1741
Rachel	William & Rachel	bp July 5 1741
Prudence	William & Rachel	bp Sept 5 1742
Anne	William & Rachel	bp July 29 1744
William	William & Rachel	bp Jan 19 1745/6
Rachel & Edward Hall		m. Dec 5 1765
Anne & Benjamin Backoon		m. Nov 24 1767
Susanna & William Wallis		m. Dec 13 1770
Prudence & William Blasland		m. Jan 26 1771
Samuel & Sarah Wallis		m. June 3 1773

SWEAT : SWEET

Elizabeth & Samuel Chadwell		m. Mar 17 1763
John & Mary Swan		m. Apr 25 1797

SWEETSER

John	Adm.	June 21 1724
(ob. Feb 1796)		
Mary	Adm.	Oct 9 1726

SWEETSER (con't)

Sarah	Adm.	Oct 6 1734
(d. 1796)		
John	Adult	bp June 21 1724
John	John & Sarah	bp Oct 9 1726
Elisabeth	John & Sarah	bp Aug 18 1728
Sarah	John & Sarah	bp Sept 6 1730
Hannah	John & Sarah	bp May 21 1732
Mary	John & Sarah	bp Mar 17 1733/4
Hannah	John & Sarah	bp Mar 21 1735/6
Abigail	John & Sarah	bp Mar 5 1737/8
Susanna	John & Sarah	bp Mar 9 1739/40
Hannah	John & Sarah	bp Feb 28 1741/2
Joanna	John & Sarah	bp Sept 30 1744
Jacob	John & Sarah	bp Dec 28 1746
Nathaniel	John & Sarah	bp Oct 23 1748
Mary	Phillips & Mary	bp Oct 23 1726
Phillips	Phillips & Mary	bp Aug 27 1727
Mary	Phillips & Mary	bp Nov 24 1728
Elizabeth & Elias Dupee, Jr.		m. Feb 27 1752
Susanna & Daniel Lillie		m. Oct 11 1759
Sarah & Joseph Nowel		m. May 1 1760
Mary & John Dyer		m. Sept 24 1761
Abigail & Harris E. Fudger		m. Oct 4 1768
Mr., Ch. Member, ae 88 yrs.,		d. Nov 1794
Mr., one of oldest mem. of Ch., ae. 93 yrs.		d. Feb 21 1796

SWIFT

James	Adm.	Feb 14 1741/2
Edy	Cov't.	July 2 1758
Winifred	Cov't.	Oct 20 1765
Mary	Cov't.	Nov 6 1768
Ann	Cov't.	Dec 30 1781
James	James & Mary	bp July 10 1743
Henry	James & Mary	bp June 22 1746
William	James & Mary	bp Nov 20 1748
William	James & Mary	bp Aug 12 1750
Mary	James & Mary	bp Sept 30 1753
Silence	James & Mary	bp Nov 30 1755
Susanna	James & Mary	bp Dec 24 1758
Abigail	James & Mary	bp June 7 1761
Elijah	Elijah & Edy	bp Aug 27 1758
Elisabeth	Elijah & Edy	bp Aug 31 1760
Sarah	Elijah & Edy	bp Dec 12 1762
William	Elijah & Edy	bp Sept 16 1764
Mary	Elijah & Edy	bp May 31 1767
Mary	Elijah & Edy	bp Sept 4 1768
Benjamin	Elijah & Edy	bp Aug 19 1770
William	James & Winifred	bp Oct 11 1767
Sarah-Brigden	James & Winifred	bp Sept 17 1769
Elizabeth-Gillam	James & Winifred	bp May 10 1771
James	James & Winifred	bp May 14 1773

SWIFT (con't)

Name	Parents	Date
Winifred	James & Winifred	bp Dec 15 1776
John	James & Winifred	bp Nov 7 1779
Henry	Henry & Mary	bp Nov 6 1768
Mary	Henry & Mary	bp Nov 6 1768
Sarah	Henry & Mary	bp Dec 16 1770
Peggy-Richardson	Henry & Mary	bp Mar 21 1773
Nancy-Lapis	Elijah & Ann	bp Jan 27 1782
Elijah	Elijah & Ann	bp Nov 30 1783
William	Elijah & Ann	bp Sept 25 1785
Benjamin	Elijah & Ann	bp Sept 2 1787
Elizabeth-Hudson	Elijah & Ann	bp Oct 25 1789
George	Elijah & Ann	bp Feb 12 1792
Katy-Richardson	Elijah & Ann	bp Nov 9 1794

Silence & Desire Hawes		m. Oct 6 1748
Abigail & John Purpoon		m. Oct 31 1759
Elijah & Nancy Brown		m. Apr 22 1781
Silence & Paul Ingerfield		m. Dec 2 1773
Mary & Francis Sloan		m. Mar 3 1793

Wife of Elijah, ae 64 yrs.   d. Oct 12 1795

SYMMES : SIMMES

Andrew	Adm.	Dec 10 1721
Hannah	Adm.	May 15 1737
Andrew	Adm.	July 8 1764
(d. Apr 1797)		
Lydia	Adm.	July 8 1764
Hannh	Adm.	Jan 26 1766
Hephzibah	Cov't.	Feb 18 1770
Mary	Adm.	Sept 25 1774
(formerly of English Ch., d. in London 1810)		
Mary	Adm.	Feb 1 1778
Experience	Adm.	Feb 27 1780

Name	Parents	Date
Elizabeth	Adult	bp Feb 2 1723/4
John	John & Elizabeth	bp Mar 15 1723/4
Elizabeth	John & Elizabeth	bp Mar 15 1723/4
Mary	John & Elizabeth	bp Apr 19 1724
Sarah	John & Elizabeth	bp Mar 17 1727/8
Hannah	Andrew & Hannah	bp June 17 1733
Mary	Andrew & Hannah	bp Jan 26 1734/5
Andrew	Andrew & Hannah	bp Mar 21 1735/6
Ebenezar	Andrew & Hannah	bp Jan 8 1737/8
Elisabeth	Andrew & Hannah	bp Mar 4 1738/9
Thomas	Andrew & Hannah	bp Jan 4 1740/1
John	Andrew & Hannah	bp Feb 7 1741/2
Mary	Andrew & Hannah	bp May 13 1744
William	Andrew & Hannah	bp May 19 1745
William	Andrew & Hannah	bp June 22 1746
Sarah	Andrew & Hannah	bp Sept 27 1747
Abigail	Andrew & Hannah	bp Mar 5 1749/50
Susanna	Andrew & Hannah	bp Apr 1 1750
Experience	Andrew & Hannah	bp Nov 24 1751
William	Andrew & Hannah	bp June 10 1753
Mary	Andrew & Lydia	bp Aug 12 1764
Thomas	Andrew & Lydia	bp Apr 6 1766

SYMMES : SIMMES (con't)

Name	Parents	Date
Andrew	Andrew & Lydia	bp Aug 16 1767
Lydia	Andrew & Lydia	bp Dec 13 1768
Andrew	Andrew & Lydia	bp Sept 23 1770
Polly-Holmes	Andrew, Jr. & Mary	bp May 15 1774
Andrew-Eliot	Andrew & Mary Ann	bp June 18 1780
Mary-Charnock	Ebenezer & Hannah	bp Feb 2 1766
Samuel	John & Hephzibah	bp Apr 1 1770
Rebecca	John & Hephzibah	bp Apr 1 1770
John	John & Hephzibah	bp Apr 1 1770
Thomas	John & Hephzibah	bp Feb 14 1773
Elizabeth	William & Mary	bp Feb 22 1778
Ebenezer	William & Mary	bp May 9 1779
Polly-Thompson	William & Mary	bp Jan 14 1781
Sarly	William & Mary	bp July 14 1782

Stephen & Lydia Nowell		m. Sept 21 1750
Hannah & David Mason		m. Sept 5 1751
John & Hephzibah Barrett		m. June 2 1766
Mary & William Thompson		m. July 2 1767
William & Polly King		m. Nov 19 1776
Susanna & John Drew		m. Feb 10 1778
Polly-Homes & Nathaniel-Homes-Downes		m. July 28 1793
Lydia & Jonathan Snelling		m. July 2 1795
Samuel & Polly Buntead		m. Aug 16 1796

Mr., Ch. Member, ae 79 yrs.,   d. Apr 9 1797

SYRE

Sarah & William Turner   m. Dec 21 1783

TAFT

Isaac & Tamson Bryant   m. Apr 23 1778

TAPPER

Submit	Cov't.	1719
Submit	Adm.	May 27 1722
Hannah	Michael & Submit	bp July 5 1719
John	Michael & Submit	bp Apr 26 1724
Submit	Michael & Submit	bp Aug 7 1726

Submit & Ebenezer Smith   m. Jan 10 1754

TARBOX : TAROUX

Mary	Adm.	Aug 2 1741
(Dismissed to 1st Ch. Gloucester Apr 15 1753)		
Jonathan	Adult	bp May 12 1723
Mary	Jonathan & Mary	bp Dec 6 1724
Jonathan	Jonathan & Mary	bp Sept 18 1726
Abigail	Jonathan & Mary	bp Jan 21 1727/8
Benjamin	Jonathan & Mary	bp June 29 1729
Samuel	Jonathan & Mary	bp Mar 14 1730/1

TARBOX : TAROUX (con't)

James	Jonathan & Mary	bp June 4 1732
Samuel	Jonathan & Mary	bp Mar 17 1733/4
William	Jonathan & Mary	bp Aug 24 1735
Elisabeth	Jonathan & Mary	bp May 29 1737
Samuel	Jonathan & Mary	bp Nov 12 1738
Susanna	Jonathan & Mary	bp Mar 16 1739/40
Elisabeth	Jonathan & Mary	bp Sept 12 1742
George	Jonathan & Mary	bp Sept 1 1745
John	Jonathan & Mary	bp Apr 17 1748
Mary & Alexander Baker		m. Nov 10 1743
Abigail & Samuel Ross		m. June 19 1755
Mary & Ebenezer Tufts		m. July 3 1788

TARR

Sarah & David Marston	m. Sept 12 1786

TASKER

William	Matthew & Mira	bp Sept 29 1793
(by Mr. Bradford of Roxbury)		
Elizabeth-Foster	Matthew & Mira	bp July 17 1796
Matthew & Mira Hamlin		m. Dec 16 1792

TAVERNER

Mary & Davis Whitman	m. Aug 17 1770

TAYLOR

Mary	Adm.	May 1 1726
Sarah	Cov't.	Sept 12 1756
Edward	Edward & Thomasin	bp Dec 1 1734
Hugh	Hugh & Sarah	bp Sept 12 1756
James	Hugh & Sarah	bp Sept 17 1758
William	Hugh & Sarah	bp Sept 14 1760
Sarah	Hugh & Sarah	bp June 30 1762
Alexander	Hugh & Sarah	bp May 6 1764
Thomas	Hugh & Sarah	bp Oct 13 1765
Ann	Hugh & Sarah	bp Mar 6 1768
Robert	John & Hannah	bp Oct 10 1790
(by Mr. Fiske of Cambridge)		
William	John & Hannah	bp July 13 1994
George	John & Hannah	bp July 10 1796
William & Katherine Sherman		m. Jan 12 1758
Child of Capt., 4 weeks,		d. Apr 14 1792

TEEL : TEALE

Joseph	William & Lydia	bp Apr 21 1745
Sarah	William & Lydia	bp May 24 1747
Abigail	William & Lydia	bp Dec 18 1748

TENNY

Rebecca	Cov't.	June 2 1723
Rebecca	Adm.	Mar 31 1728

TENNY (con't)

Rebecca	John & Rebecca	bp June 2 1723
Mary	John & Rebecca	bp Aug 16 1724

TERRANCE

Thomas & Elizabeth Harris	m. July 17 1788

THACHER

Rev. Peter	Adm.	Jan 15 1719/20
From Weymouth		
Installed as Pastor		Jan 27 1719/20
Died in 62nd Year		Feb 26 1738
Elisha	Elisha & Mary	bp June 15 1766

THAXTER

Samuel & Polly Hilyer	m. June 14 1792
Judith & Joseph Curtis	m. Jan 31 1796

THAYER

Elizabeth	Adm.	May 15 1768
Susanna	of Elizabeth	bp July 10 1768
Abner & Perses Turner		m. Oct 20 1790
Abraham & Deborah Stacey		m. Oct 7 1792

Mr. Thayer, called one of our society ae. 32 yrs.
d. Mar 7 1796

THOMAS

Peter	Adm.	May 1 1720
(By dismission from Old Ch. Boston)		
Rebecca	Adm.	Apr 1 1722
Elias	Adm.	Apr 2 1727
(Dismissed to Old North		Nov 10 1750
Elizabeth	Cov't.	Apr 2 1727
Elizabeth	Adm.	Dec 31 1727
Peter	Adm.	Jan 7 1727/8
Abigail	Adm	Jan 28 1727/8
Hannah	Adm.	Feb 25 1727/8
Lydia	Adm.	Apr 14 1728
Elisabeth	Adm.	Apr 12 1741
Hannah	Adm.	July 5 1741
Sarah	Adm.	Nov 21 1742
Catharine	Adm.	Jan 11 1756
Alexander	Cov't.	Aug 11 1771
Abigail	Richard & Abigail	bp Dec 20 1719
John	Richard & Abigail	bp Mar 7 1724/5
Elizabeth	Peter & Mary	bp June 4 1721
Mercy	Peter & Mary	bp Dec 23 1722
William	Peter & Mary	bp Dec 29 1723
Mary	Peter & Mary	bp Dec 27 1724
Elisabeth	John & Elizabeth	bp May 21 1727
John	Adult	bp Dec 24 1727
Abigail	Adult	bp Feb 4 1727/8
Elizabeth	Peter & Katherine	bp May 2 1731

THOMAS (con't)

Katherine	Peter & Katherine	bp Jan 20 1733/4
Elizabeth	Peter & Katherine	bp Feb 9 1745/6
Mary	Peter & Katherine	bp Feb 9 1745/6
Elias	Elias & Hannah	bp May 23 1736
Hannah	Elias & Hannah	bp Feb 5 1737/8
Elisabeth	Elias & Hannah	bp Aug 17 1740
Abigail	Harvey & Sarah	bp Dec 26 1742
Harvey	Harvey & Sarah	bp Aug 19 1744
Harvey	Harvey & Sarah	bp July 27 1746
Thomas-Kemble	Alexander & Mary	bp Aug 11 1771
Elizabeth	Alexander & Mary	bp Oct 18 1772
Sarah	Gershom & Susanna	bp July 14 1782
Betsy	Gershom & Susanna	bp July 27 1783

Sarah & William Cox	m. Jan 26 1743/4
Elizabeth & Paul Vickery	m. Aug 14 1746
John & Martha Edes	m. May 16 1754
Mary & Ebenezer Dispar	m. May 1 1760
Catharine & John Ware	m. July 9 1756
Sarah & Thomas Hinch	m. Nov 25 1756
(BRCR - Henry)	
Alexander & Mary Kemble	m. Aug 16 1770

Gershom, ae 45 yrs.,   d. Jan 6 1793

THOMPSON : TOMSON

Elisabeth	Cov't.	Dec 14 1735
Ruth	Adm.	June 7 1741
(Suspended)		Aug 9 1742
Elisabeth	Cov't.	Aug 12 1750
Susanna	Cov't.	Oct 28 1759
Benjamin	Cov't.	Feb 2 1777

John	John & Elisabeth	bp Dec 21 1735
Susanna	Thomas & Susanna	bp Apr 24 1743
Thomas	Thomas & Susanna	bp July 21 1745
Richard	Thomas & Elisabeth	bp Aug 12 1750
Benjamin	Thomas & Susanna	bp July 29 1753
Elisabeth	Joseph & Susanna	bp Nov 4 1759
John-Perigo	Joseph & Susanna	bp Nov 21 1762
John-Perigo	Joseph & Susanna	bp Sept 23 1764
James	James & Jane	bp Sept 3 1775
Richard	Benjamin & Elizabeth	bp Feb2 1777
Betsy	Benjamin & Elizabeth	bp Apr 2 1780
Benjamin	Benjamin & Elizabeth	bp Mar 24 1782
Sally	Benjamin & Elizabeth	bp Apr 4 1784
Laura-Barns	Benjamin & Elizabeth	bp Aug 14 1785

Thomas & Elisabeth Barnes	m. Sept 29 1748
George & Ann Pelier	m. Nov 2 1752
William & Jane Tudor	m. May 14 1754
John & Susanna Belcher	m. July 25 1763
John & Mary Seymour	m. July 2 1767
(BRCR - Feb 27 1758)	
Benjamin & Elizabeth Pierce	m. Aug 22 1776

THOMPSON : TOMSON (con't)

Mary & Ebenezer Ayres	m. Feb 1 1778
Mary & Robert Barnett	m. Nov 28 1782
William & Abigail Craft	m. Sept 10 1791

THORN

Hannah & John Waddell	m. Oct 24 1752
Elizabeth & Isaac Whitney	m. Jan 5 1758

THORNTON

Timothy	Adm.	Apr 3 1721
(By dismission from Old North)		
Martha	Adm.	Jan 27 1722/3
Martha	Adm.	Nov 7 1731
Joseph	Adm.	Mar 14 1741/2
Mary	Joshua & Martha	bp Jan 27 1722/3
William	Joshua & Martha	bp Mar 1 1723/4
Martha	Joshua & Martha	bp Sept 3 1727
Sarah	Joshua & Martha	bp Mar 30 1729
Joshua	Joshua & Martha	bp Jan 16 1731/2
Elizabeth	Joshua & Martha	bp Feb 6 1736/7
Thomas	Joshua & Martha	bp Mar 29 1741
Joseph	Adult	bp Mar 14 1741/2

Martha & Rev. Gideon Richardson	m. Dec 12 1754
Mary & Joshua Trevers	m. Nov 29 1787

THRELL

Daniel & Mary Ruby	m. Mar 26 1752

THWING : TWING

Sarah	Adm.	Dec 10 1721
Hannah	Cov't.	Aug 30 1767
Ann	of Hannah	bp Oct 18 1767
(by Mr. Bowen)		
John	John & Hannah	bp Sept 24 1769
Hannah	John & Hannah	bp Jan 6 1771

Silence & Joshua Hubbard   m. Sept 29 1769

TIBBET

Mary	Adm.	Oct 25 1741

TIDDER

Sarah & Joseph Moncrief   m. May 26 1756

TIDD

Porter	of Adam	bp Apr 23 1786

TIDMARSH

Margaret & Joshua Loring   m. Oct 30 1760

TILDEN

Benjamin	Cov't.	Sept 23 1798
William	Charles & Isabella	bp Sept 24 1796

TILESTON

James	Adm.	May 6 1716
Mary	Adm.	May 6 1716
(Both above dismissed to New Brick		
		Mar 6 1720/1)

Elizabeth	James & Mary	bp Oct 21 1716
Sarah	James & Mary	bp Apr 5 1719
Rebecca	John & Rebecca	bp Apr 16 1732
Anne	John & Rebecca	bp Feb 10 1733/4
John	John & Rebecca	bp Feb 29 1735/6
Mary	John & Rebecca	bp Aug 10 1740
Michael	John & Rebecca	bp Apr 24 1743
Mary	John & Rebecca	bp May 20 1744
Thomas	John & Rebecca	bp Oct 27 1745

John & Lydia Coffin	m. Oct 23 1760
Rebecca & Daniel Sigourney	m. Feb 13 1780
Ebenezer & Sally Whitney	m. Dec 24 1793

TILLEY

Mary & John Torrey	m. Oct 10 1751

TILLOCK : TULLOCK

Magnus & Experience Lightning	m. Jan 31 1754
Magnus & Ruth Beard	m. Mar 4 1762
Magnus & Martha Call	m. Aug 27 1765

TILTON

Hannah	Cov't. & Bapt	Nov 9 1788
James	William & Hannah	bp Nov 9 1788
William-Phillips	William & Hannah	
		bp Aug 1 1790
Sally	William & Hannah	bp Jan 29 1792
Mary	William & Hannah	bp May 25 1794
Anderson-Phillips	William & Hannah	
		bp Mar 19 1797

Arodi & James Briant	m. Mar 30 1783
Mr., ae 70 yrs.,	d. Sept 4 1792
Daughter of Mr. T, ae 40,	d. Sept 27 1792

TOLLMAN

Mary	Samuel & Mary	bp Sept 21 1746
Susanna & Thomas Fricker		m. Apr 22 1762

TOPP

John-Montaque & Abigail Dickinson	
	m. Dec 10 1772
Mrs. Abigail & Josiah King	m. Jan 5 1784

TORREY etc.

Charles	James & Eunice	bp July 10 1791
Sally-Rand	James & Eunice	bp June 9 1793

TORREY etc. (con't)

William Jr. & Abigail Nichols	m. Nov 1 1750
John & Mary Tilley	m. Oct 10 1751
Deborah & Gershom Cutter	m. Mar 15 1789
Sally & Ezechel Burroughs	m. Nov 19 1794

TOUEMAN

Henry & Lydia Holbrook	m. May 30 1754

TOUT etc.

Jane	Cov't.	Jan 3 1724/5
Jane	Adm.	Aug 17 1729
Benjamin	Benjamin & Jane	bp Feb 21 1724/5
Martha	Benjamin & Jane	bp July 23 1727
Jane & John Pimm		m. Oct 2 1744

TOWER

Elkanah	Adm.	Jan 11 1756
Jonathan	Ambrose & Mary	bp June 8 1729

TOWNSEND

Solomon	6th Signer of the Articles	1714
(Dismissed to New Brick		Mar 6 1720/1)
Elias	8th Signer of the Articles	1714
Thomas	Adm.	Mar 29 1724
Davis	Cov't.	Oct 28 1733
Alice	Adm.	Nov 3 1734
Jeremiah	Adm.	Mar 21 1735/6
Rachel	Adm.	Apr 18 1736
Sarah (ae 83)	Adm.	Sept 21 1746
Lydia	Adm.	Apr 26 1761
Sarah	Cov't.	Feb 3 1765
Susanna	Adm.	Nov 25 1770
Judith	Adm.	Aug 16 1772
Elizabeth	Cov't.	Nov 1 1779
Solomon	Solomon & Esther	bp Sept 25 1715
Gregory	Solomon & Esther	bp Dec 8 1717
Gregory	Solomon & Esther	bp Jan 4 1718/9
John	Elias & Rebecca	bp Nov 25 1716
Martha	Elisha & Martha	bp July 5 1730
Davis	Davis & Sarah	bp Oct 28 1733
James	Davis & Sarah	bp Aug 31 1735
Joseph	Davis & Sarah	bp Dec 4 1737
Sarah	Davis & Sarah	bp Dec 30 1739
Susanna	Davis & Sarah	bp Feb 22 1740/1
Sarah	Davis & Sarah	bp Mar 27 1743
Elizabeth	Adult	bp Sept 27 1735
Elias	Elias & Elizabeth	bp Nov 16 1735
John	Elias & Elizabeth	bp May 24 1741
Sarah	James & Rachel	bp May 23 1736
Isaac	Jeremiah & Hannah	bp July 18 1736
Isaac	Jeremiah & Hannah	bp Oct 16 1737
John	John & Martha	bp Dec 17 1738
Hezekiah	John & Martha	bp Mar 8 1740/1

TOWNSEND (con't)

Name	Parents	Date
Narrias (son)	John & Martha	bp Sept 9 1744
William	John & Martha	bp Sept 28 1746
Martha	John & Martha	bp May 20 1750
David	Andrew & Abigail	bp Aug 26 1753
Jacob	Andrew & Abigail	bp July 20 1755
Abigail	Andrew & Abigail	bp Nov 7 1756
Mary	Andrew & Abigail	bp Jan 10 1762
Mary	Elias & Sarah	bp Feb 10 1765
Nathan	Nathan & Judith	bp Aug 16 1772
Samuel	Nathan & Judith	bp Aug 7 1774
Nathan	Nathan & Judith	bp June 23 1776
Polly	Nathan & Judith	bp Dec 20 1778
John	Nathan & Judith	bp Nov 19 1780
Judith	Nathan & Judith	bp June 11 1786
David	David & Elizabeth	bp Feb 6 1780
Alexander	David & Elizabeth	bp July 4 1784
Elizabeth	David & Elizabeth	bp June 11 1786
Elizabeth	David & Elizabeth	bp Mar 9 1788
Harriot	David & Elizabeth	bp Aug 9 1789
Mary & Robert Murray		m. Aug 18 1757
Mary & Ebenezer Cushing		m. Nov 20 1758
Elishaby & Rowland Bennett		m. June 10 1762
Elias & Sarah Manwarring		m. Oct 27 1763
Lydia & William Mitchell		m. Aug 14 1766
Nathan & Judith Bowland		m. May 26 1768
David & Elizabeth Bayley		m. Nov 4 1777
Judith & Elijah Adams		m. Oct 18 or 25 1789
Elijah & Betsy Brown		m. Nov 8 1792

TRASK

Hannah & Isaac Barrett		m. Dec 4 1788

TRASKER

Child of Mr., ae 1 yr.,		d. Sept 16 1795

TREADWELL

Mehitabel	Adm.	Nov 21 1790

TREAT

Name	Parents	Date
Mary	Cov't.	Mar 13 1747/8
Elizabeth	Cov't.	June 25 1780
Mary	Samuel & Mary	bp May 14 1749
Betsy	Samuel & Elizabeth	bp July 23 1780
Samuel-Gyles	Samuel & Elizabeth	bp Aug 25 1782
Abigail	Samuel & Mary	bp Sept 14 1783
Polly	Samuel & Mary	bp June 12 1785
Samuel & Mary Eustice		m. May 7 1747
Samuel & Nancy May		m. June 20 1790

TREE

Francis & Bridget Murphy		m. Apr 2 1761

TREFRY

Name	Parents	Date
Dennis	Dennis & Sarah	bp Jan 22 1748/9

TRENCH

Name	Parents	Date
Martha	Cov't.	Dec 9 1739
Susanna	Adm.	Nov 18 1744
(Dismissed from 3rd Ch. in Lynn)		
Ann	Adm.	May 20 1781
Frederick	Michael & Martha	bp Dec 9 1739
Hannah	Michael & Martha	bp Nov 8 1741
Michael	Michael & Martha	bp June 16 1745
Nathaniel	Michael & Martha	bp Oct 8 1749
Othniel-Beal	Michael & Martha	bp Apr 25 1752
William	Michael & Martha	bp Dec 29 1754
John	Michael & Martha	bp Jan 29 1758
James	James & Susanna	bp Dec 30 1744
William	James & Susanna	bp Aug 2 1747
Frederick	James & Susanna	bp June 18 1749
Nancy	Othniel & Ann	bp May 20 1781
Patty-Beal	Othniel & Ann	bp Mar 17 1782
Hannah-Ruck	Othniel & Ann	bp Oct 12 1783
Rebecca	Othniel & Ann	bp Jan 16 1785
Isabella	Othniel & Ann	bp Oct 29 1786
Othniel	Othniel & Ann	bp Dec 30 1787
Isabella	Othniel & Ann	bp Jan 3 1790
Hannah & John Rucks		m. Nov 16 1763
Child, ae 5 yrs.,		d. Oct 1794

TREVERS

Joshua & Mary Thornton		m. Nov 29 1787

TRICKEY

Lydia	Adm.	Sept 15 1723
Deborah	Adult	bp July 23 1721
Lydia	Adult	bp Sept 15 1723

TROUT

Name	Parents	Date
Sarah	Cov't.	June 10 1753
Sarah	Joseph & Sarah	bp Aug 5 1753
Joseph-Mortier	Joseph & Sarah	bp Mar 14 1756
Joseph & Sarah Gyles		m. Oct 12 1752
William & Mary Blanchar		m. June 8 1758
Sarah & Samuel Pepper		m. Mar 6 1764

TRUE : TROUE

Name	Parents	Date
Kezia	Adm.	Dec 1 1734
Anna	Cov't.	Sept 12 17560
Mary	Cov't.	Aug 13 1758
Richard	Richard & Abigail	bp Aug 9 1730
Joseph	Richard & Abigail	bp Oct 7 1733
Abigail	Richard & Abigail	bp Sept 7 1735
Benjamin	Richard & Abigail	bp Nov 21 1736
Abigail	Richard & Abigail	bp July 30 1738
Mary	Richard & Abigail	bp Aug 17 1740

TRUE : TROUE (con't)

Hannah	Richard & Abigail	bp Oct 18 1741
Abigail	Richard & Abigail	bp Nov 7 1742
Rebecca	Richard & Abigail	bp Nov 20 1743
Anna	Richard & Abigail	bp Sept 26 1756
Richard	Joseph & Mary	bp Sept 17 1758
Mary	Joseph & Mary	bp Oct 5 1760
Joseph	Joseph & Mary	bp Aug 1 1762
(by Mr. Warren)		
Benjamin	Joseph & Mary	bp July 14 1765
Abigail	Joseph & Mary	bp Jan 17 1768
Joseph	Joseph & Mary	bp Apr 29 1770
Rebecca-Brown	Joseph & Mary	bp Feb 7 1793
Betsy-Seaver	Joseph & Abigail	bp May 7 1775

Richard & Anna Harris	m. Nov 6 1755
Joseph & Mary Seaver	m. Aug 31 1757
Abigail & John Moncrief	m. Dec 19 1765
Anna & Thomas Tufton	m. Feb 26 1762
John & Hannah Lane	m. Aug 29 1793

TRUEMAN

John & Sarah Floyd	m. Nov 14 1764
Henry & Susanna Learned	m. July 10 1788

TRUFANT

David	David & Mary	bp May 22 1743

TRUMBALL

Mary & James Hutchinson	m. Jan 12 1770

TUCKER

Richard	Noah & Mary	bp June 17 1716
John	John & Hannah	bp Jan 3 1773
Issac-Hewes	John & Hannah	bp June 15 1777
Benjamin	John & Hannah	bp Mar 28 1779
Debby-Ray	John & Hannah	bp Sept 2 1781
Mary-Rowel	John & Hannah	bp Feb 1 1789
Thomas-Wait	John & Hannah	bp Apr 24 1791

Nicholas & Susanna Broadstreet	m. Sept 21 1747
Polly & Joseph Dickman	m. Mar 9 1786
Richard & Joanna Cunningham	m. Mar 14 1790

Mr., ae 21, in West Indies	d. June 1794

TUCKERMAN

Mary	Cov't.	Jan 26 1767
Elias	Elias & Mary	bp Mar 15 1767
Susanna	Elias & Mary	bp Jan 8 1769
Sarah	Elias & Mary	bp July 7 1771
Sally-Dickey	Elias & Elizabeth	bp Oct 15 1780
Susanna-Mullins	Elias & Elizabeth	bp Sept 1 1782
John-Tufton	Elias & Elizabeth	bp July 25 1784
William	Elias & Elizabeth	bp Jan 16 1791

Matthew & Sarah Peake	m. Apr 22 1775

TUCKERMAN (con't)

Mary & Joseph Spear	m. Mar 5 1789

TUDOR

Jane	Adm.	June 17 1733
(died 1796)		
Mary	John & Jane	bp Nov 24 1739
Jane & William Thompson		m. May 14 1754
William, Esq. & Delia Jarvis		m. Mar 5 1778

TUFTON

Elizabeth	Cov't.	Jan 4 1746/7
Elisabeth	Thomas & Elisabeth	bp Jan 25 1746/7
Susanna	Thomas & Elisabeth	bp Aug 26 1750
Sarah	Thomas & Elisabeth	bp Apr 7 1754
Thomas-Sackville	Thomas & Elisabeth	
		bp May 30 1756
John-Mason	Thomas & Elisabeth	bp Mar 13 1763

Thomas & Elizabeth Gooding	m. Sept 7 1744
Thomas & Anna True	m. Feb 26 1762
Elizabeth & Benjamin Seward	m. July 4 1765

TUFTS

Ebenezer	Cov't.	Feb 21 1790
Ebenezer	Ebenezer & Mary	bp Feb 22 1790
Abigail	Ebenezer & Mary	bp Mar 1 1795
Ephraim	Ebenezer & Mary	bp Mar 12 1797

Ebenezer & Mary Tarbox	m. July 3 1788
Uriah & Sally Harris	m. July 8 1790
Uriah & Mercy Phillips	m. Nov 30 1797
(This is the last marriage in the book)	

TULLOCK (see Tillock)

TURELL

Elisabeth	Cov't.	Sept 9 1750
Mary	Cov't.	Sept 23 1753
Joseph	Joseph & Elisabeth	bp Sept 23 1750
Elisabeth	Joseph & Elisabeth	bp Dec 31 1752
John-Avis	Joseph & Elisabeth	bp Aug 10 1755
Mary	Joseph & Elisabeth	bp Jan 23 1757
Samuel	Joseph & Elisabeth	bp Oct 21 1759
Mary	Daniel & Mary	bp Oct 28 1753
Daniel	Daniel & Mary	bp May 25 1755

Daniel & Mary Ruby	m. Mar 26 1752
Mary & William Cazneau	m. Jan 26 1778
	(BRCR - Mar 26 1772)
Samuel & Polly Cutter	m. Jan 7 1789

TURNER

Joseph	Cov't.	Mar 6 1736/7
Sarah	Adm.	Oct 8 1780
Hannah	Joseph & Deliverance	bp Mar 6 1736/7
Joseph	Joseph & Deliverance	bp Mar 4 1738/9
Hannah	Joseph & Deliverance	bp May 31 1741
Sarah	of Sarah	bp Feb 12 1764
Joanna-Brigden	of Sarah	bp Apr 1 1764
Sally & Samuel Harris		m. Oct 5 1780
William & Sarah Syre		m. Dec 21 1783
Perses & Abner Thayer		m. Oct 20 1790

TUTHILL : TUTTLE

Elizabeth	Adm.	May 24 1724
Hannah	Adm.	Oct 13 1751
Turell	Adm.	May 14 1786
Mary	Adm.	Feb 15 1789
Mary	Adm.	Apr 3 1796
Jabez	Jabez & Elisabeth	bp June 2 1723
John	Jabez & Elisabeth	bp Nov 17 1725
Elisabeth	Jabez & Elisabeth	bp Mar 17 1727/8
Hannah	Jabez & Elisabeth	bp Mar 28 1731
Samuel	Jabez & Elisabeth	bp May 6 1733
Joseph	Jabez & Hannah	bp Nov 16 1735
Joseph	Jabez & Hannah	bp Feb 5 1737/8
Mary	Jabez & Elisabeth	bp Apr 22 1739
Sarah	Jabez & Mary	bp Jan 2 1742/3
Anne	Jabez & Mary	bp Nov 18 1744
Joseph	Jabez & Mary	bp Feb 8 1746/7
Abigail	Jabez & Mary	bp June 4 1749
Joseph	Jabez & Mary	bp Dec 30 1750
Mary-Parsons	Daniel & Mary	bp Aug 30 1789
Frances	Daniel & Mary	bp June 19 1791
Charlotte	Daniel & Mary	bp Oct 21 1792
Caroline	Daniel & Mary	bp July 27 1794
Polley-Turell	Turell & Polly	bp July 30 1786
Turell	Turell & Polly	bp Feb 17 1788
Sally	Turell & Mary	bp Aug 1 1790
Elizabeth	Turell & Mary	bp May 20 1792
John	Turell & Mary	bp Aug 10 1794

(by Mr Harris of Dorchester)

John	Turell & Mary	bp May 23 1796
Turell & Polly Wilkinson		m. Apr 12 1785
Martha & John Welles		m. Oct 23 1785
Daniel & Polly Mason		m. Nov 23 1788
Samuel & Ruth Wilkinson		m. Oct 26 1794
Child of Turell, 19 mos.,		d. Mar 1796

TWING (see Thwing)

TYLER

Mary	Cov't.	May 17 1761
Abigail	Cov't.	Jan 28 1770

TYLER (con't)

Moses (ae 70)	Adm.	Dec 1 1771
Abigail	Adm.	Apr 12 1789
Moses	Moses & Mary	bp May 31 1761
Hannah-Luther	Ellis & Abigail	bp Jan 28 1770
Nabby	Ellis & Abigail	bp Oct 13 1771
Ellis-Callender	Ellis & Abigail	bp Jan 2 1774
Edward	Ellis & Abigail	bp Nov 17 1776
Elias-Parkman	Ellis & Abigail	bp Mar 28 1779
Moses	Ellis & Abigail	bp May 27 1781
Sally	Ellis & Abigail	bp Mar 30 1783
Sarah & Robert Breck, Jr.		m. May 22 1759
Moses & Mary Partridge		m. July 17 1760

(First recorded as Mary Sigourney- changed to Partridge by later hand)

John & Sarah Compton		m. Sept 18 1764
Deborah & Benjamin White		m. Sept 26 1765
Hannah & Alden Bass		m. Jan 9 1766
Elisha & Dorcas Page		m. Mar 27 1766
Ellis & Abigail Parkman		m. Apr 6 1769
Sarah & John White		m. Oct 12 1769
Hannah & Samuel Pearse		m. Sept 29 1791

UNDERHAY

Anna	Samuel & Mary	bp Oct 10 1725
Mary	Samuel & Mary	bp Jan 5 1728/9

URAN

Rebecca-Snelling	Richard & Elizabeth	bp Feb 3 1782
Richard	Richard & Elizabeth	bp Nov 23 1783
Sarah	of Hannah	bp Dec 25 1785

VAIL

Elisabeth	Edward & Lydia	bp Apr 12 1730
Ebenezar	Edward & Lydia	bp Dec 12 1731
Susanna	Edward & Lydia	bp Feb 2 1734/5
Lydia	Edward & Susanna	bp Aug 21 1743
Susanna	Edward & Susanna	bp Jan 20 1744/5

VALENTINE

Thomas	William & Margaret	bp July 14 1782
James-Gooch	Thomas & Margaret	bp Nov 16 1783
Polly-Chandler	Thomas & Margaret	bp Sept 28 1788
Anna & Nicholas Honneyman		m. Apr 13 1762

VANS

Elizabeth & Alexander Morehead		m. Aug 28 1775

VARNEY

Bethesda	Adm.	Mar 24 1727/8
Jane	Adm.	Mar 24 1727/8
Elisabeth	Cov't.	Mar 13 1736/7

RECORDS OF THE NEW NORTH CHURCH

VARNEY (con't)

Elisabeth	Cov't.	Nov 10 1765
Mary	James & Jane	bp Feb 19 1715/6
Esther	James & Jane	bp Oct 26 1718
Benjamin	Benjamin & Elisabeth	bp Apr 24 1737
Elisabeth	Benjamin & Elisabeth	bp Nov 26 1738
Sarah	Benjamin & Elisabeth	bp Aug 15 1742
Joshua-Atwood	Benjamin & Elisabeth	bp Nov 10 1765
Benjamin	Benjamin & Elisabeth	bp Feb 28 1768
Benjamin	Benjamin & Nabby	bp July 22 1793

(Bapt. *sua domo*)

Benjamin & Elizabeth Atwood	m. Dec 18 1764
Benjamin & Nabby Cades	m. Apr 2 1788
	(BRCR - Apr 24)
Child Benjamin Jr., 1 y., 7 m.,	d. July 28 1793
Mrs., a. 74 y.,	d. Feb 1796

VASS

Harry & Mary Jarvis		m. June 10 1781

VAUGHN etc.

Rachel	Cov't.	Mar 16 1717/8
Elisabeth	Cov't.	Mar 2 1739/40
Mary	John & Rachel	bp Mar 16 1717/8
Rachel	John & Rachel	bp May 15 1720
John	John & Rachel	bp June 3 1722
Elisabeth	Samuel & Elisabeth	bp Mar 2 1739/40
Mary	Samuel & Elisabeth	bp May 3 1741
Abigail	Samuel & Elisabeth	bp May 22 1743
Samuel	Samuel & Mary	bp May 11 1746
David	Samuel & Mary	bp May 1 1748
John	Samuel & Mary	bp Dec 24 1749
David	Samuel & Mary	bp June 14 1752
William	Samuel & Mary	bp May 19 1754
John	Samuel & Mary	bp Nov 23 1755
Nathaniel	Samuel & Mary	bp Feb 13 1757
Samuel & Mary Greenwood		m. July 4 1745
Samuel & Abigail Mears		m. Jan 9 1771

VENN

Mary & John Donham	m. Nov 23 1748

VENER

Charles & Hannah White	m. Feb 8 1758

VERGE

Joseph & Mary Blewet	m. May 8 1755

VERIEN

Sarah	Cov't.	Nov 3 1717
Hannah	Adm.	Dec 15 1717
Hannah	Adm.	Dec 15 1717

VERIEN (con't)

Sarah	Thomas & Sarah	bp Dec 1 1717

VERNON

Fortesque	Adm.	Mar 7 1756
Jane	Adm.	Mar 7 1756
Mary	Adm.	Oct 11 1761
Rebecca	Cov't.	Nov 18 1764
Elizabeth	Adm.	Sept 10 1780
Jane	Fortesque & Jane	bp Oct 9 1743
John	Fortesque & Jane	bp June 5 1748
Thomas-Coverly	Fortesque & Jane	bp Feb 25 1749/50
Fortesque	Fortesque & Jane	bp June 23 1751
Fortesque	William & Mary	bp Nov 15 1760
Jane	William & Rebecca	bp Aug 31 1766
Ann	William & Rebecca	bp Nov 6 1768
Absalom-Zeagers	William & Rebecca	bp Sept 23 1770
Rebecca	William & Rebecca	bp Nov 3 1771
Elizabeth	William & Rebecca	bp Feb 20 1774
John	Thomas & Elizabeth	bp Dec 3 1790
Elizabeth-Maxwell	Thomas & Elizabeth	bp Feb 24 1782
William-Fortesque	Thomas & Elizabeth	bp Apr 6 1783
Elizabeth-Maxwell	Thomas & Elizabeth	bp Sept 26 1784
William & Mary Holland		m. Feb 10 1761
Hannah & Daniel Pecker		m. July 6 1775
Jane & Caleb Hopkins		m. June 15 1777
Thomas & Elizabeth Barber		m. Dec 2 1779

VERON

Edward & Abiel Holland	m. Nov 26 1787

VERRY

Susanna	Adm.	Feb 13 1742/3

VIAL etc.

Nathaniel	Adm.	Sept 20 1719
Samuel	Nathaniel & Mary	bp Oct 3 1725
Mary	Nathaniel & Mary	bp May 28 1727
John	Nathaniel & Mary	bp Dec 8 1728
Nathaniel	Nathaniel & Mary	bp Mar 22 1723/4

VICKERY

Paul	Cov't.	July 26 1747
Paul	Adm.	Dec 31 1784
Benjamin	Cov't.	Dec 12 1756
Elizabeth	Adm.	Oct 30 1774
Paul	Paul & Elizabeth	bp July 5 1747
Joseph	Paul & Elizabeth	bp Sept 3 1749
Elisabeth	Paul & Elizabeth	bp June 2 1751

VICKERY (con't)

Mary	Paul & Elizabeth	bp June 17 1753
Joanna	Paul & Elizabeth	bp Sept 14 1755
Susanna	Paul & Elizabeth	bp Mar 6 1757
Isaac	Paul & Elizabeth	bp Dec 25 1763
(by Mr. Adams)		
Abigail	Paul & Elizabeth	bp Aug 24 1760
Joanna	Paul & Elizabeth	bp Oct 24 1762
Samuel	Paul & Elizabeth	bp May 18 1766
Elisabeth	Benjamin & Elisabeth	bp Jan 23 1757
Benjamin	Benjamin & Elisabeth	bp June 11 1758
Rebecca	Benjamin & Elisabeth	bp Dec 16 1759
Benjamin	Benjamin & Elisabeth	bp Feb 13 1763
Paul & Elisabeth Thomas		m. Aug 14 1746
Benjamin & Elizabeth Foster		m. June 26 1755
Benjamin & Susanna Baxter		m. Nov 22 1764
Elisabeth & Edward Lee		m. June 24 1770

VINCENT

William & Margaret Pierce   m. Sept 15 1784

VINING

Abigail & John Downing   m. June 7 1750

VISCOUNT

Dorcas	Adm.	Apr 28 1723
Abigail	Adm.	Jan 16 1742/3
(By dismission from Newbury)		
John	Philip & Dorcas	bp Jan 19 1723/4
Elisabeth	Philip & Dorcas	bp Sept 11 1726
John	Philip & Dorcas	bp Feb 25 1732/3
Philip	James & Abigail	bp Mar 4 1743/4

VOSE

Hannah	Cov't.	Oct 6 1745
Ruhamah	Cov't.	Oct 9 1768
Mary	William & Hannah	bp Nov 17 1745
William	William & Hannah	bp Apr 26 1747
Abigail	William & Hannah	bp Jan 8 1748/9
Jacob	William & Hannah	bp Dec 25 1751
Josiah	Josiah & Margaret	bp Mar 2 1766
Ruhamah	Josiah & Ruhamah	bp Oct 23 1768
(by Mr. Adams)		
Thomas	Josiah & Ruhamah	bp Nov 11 1770
Peggy	Josiah & Ruhamah	bp Apr 5 1772
Josiah	Josiah & Ruhamah	bp Nov 6 1774
Fanny	Josiah & Ruhamah	bp Sept 22 1782
(by Mr Eliot)		
Lucy	Josiah & Ruhamah	bp May 16 1784
William & Hannah Peake		m. May 31 1744
Josiah & Margaret Rush		m. May 31 1765
Peggy & Zephaniah Spur		m. Apr 17 1796

WACKOM

Avery   Adm.   Aug 21 1720

WACOMBE

Hannah   Adm.   Feb 4 1727/8

WAKECUM

Elizabeth   Adm.   July 29 1716

WADDELL

John & Hannah Thorn   m. Oct 24 1752

WADSWORTH

Joseph   Adm.   Nov 30 1735
(Dismissed to Canterbury)   Jan 20 1739/40

WAIN

Thomas & Miriam Powers   m. June 3 1766

WAINWRIGHT

Dorah & William Brown   m. June 2 1774

WAISCOAT (see Westcott)

WAKEFIELD

John	John & Sarah	bp May 27 1716
Joseph	John & Sarah	bp Mar 2 1717/8

WALDO

John   The first Admission to the 16 original
    signers   Nov 6 1714
    (By dismission from ye Ch. in Windham)
    (Dismissed to form New Brick Church
           Mar 6 1720/1)

Elizabeth	Adm.	Feb 12 1715/6
Susanna	Cov't.	Jan 6 1722/3
Susanna	Adm.	Feb 28 1724/5
Jerusha	John & Elizabeth	bp May 13 1716
Anne	John & Elizabeth	bp July 19 1719
Mary	Jonathan & Susanna	bp Mar 3 1722/3
Jonathan	Jonathan & Susanna	bp Aug 23 1724

WALDRON

Eunice   Adm.   Jan 5 1777
(died 1807)
Eunice (formerly Eunice Copp, dismissed to 1st Ch.
    in Marblehead   Aug 5 1750)

Isaac	Jacob & Hannah	bp Sept 29 1717
Alice & James Goodman		m. Jan 31 1753
Ruth & Benjamin Abrums		m. Aug 22 1771
Eunice & Joseph White		m. May 24 1778
Eunice & Thomas Holland		m. Oct 5 1780

WALES
John & Mary Cabot   m. Mar 22 1787

WALKER
Susanna	Adm.	Nov 22 1772

William	Patrick & Sarah	bp July 14 1728
Lucy	Ezekiel & Abigail	bp Jan 1 1764
Lucy-Bradford	Ezekiel & Abigail	bp Mar 23 1766
Nathan-Coollidge	Ezekiel & Abigail	bp Dec 11 1768
Elizabeth	Ezekiel & Abigail	bp Aug 9 1772
Edward-Boylston	Richard & Susanna	bp Jan 10 1773

Thomas & Elizabeth White	m. Dec 5 1752
Mary & John Hancock	m. Feb 26 1761
Louis & John Snelling	m. Aug 2 1764
Lucy & Richard Bradden	m. Aug 30 1795

Child, 17 mos.,   d. Nov 1792

WALLACE : WALLIS
Deborah	Cov't.	Dec 20 1767
Susanna	Cov't.	June 19 1772
Susanna	Adm.	July 15 1781

Ebenazer	Ebenezar & Lucy	bp Oct 28 1733
Job	Ebenezar & Lucy	bp Nov 9 1735
Lucy	Ebenezar & Lucy	bp July 23 1738
Lucy	Ebenezar & Lucy	bp Aug 3 1740
Mary	Ebenezar & Lucy	bp Sept 26 1742
Deborah	William & Deborah	bp Jan 10 1768
William	William & Deborah	bp Mar 26 1769
Susanna	William & Susanna	bp Aug 16 1772
Ann	William & Susanna	bp Mar 27 1774
William	William & Susanna	bp June 21 1778

William & Susanna Swanton	m. Dec 13 1770
Sarah & Samuel Swanton	m. June 3 1773
Thomas & Sarah Hales	m. July 27 1780

WALLBRIDGE
Richard & Rebecca Antony   m. Sept 19 1794

WALLEY (see Wooley)
Abiel	Adm.	Mar 6 1719/20
(From Old South Church)		
(Dismissed to Brattle St. Ch.		Dec 3 1739)
John	Adm.	July 24 1720
(Dismissed)		

WALTON
William	Adm.	Jan 17 1741/2

Rebecca	William & Submit	bp Dec 28 1735
William	William & Submit	bp Apr 16 1738

WAN
John & Thankful Rich   m. Oct 8 1795

WARD
Mary	Cov't.	Aug 12 1798

William & Mary Hayward   m. Mar 30 1794

Child, 4 mos.,   d. Sept 1794

WARDEN
Deborah	Cov't.	Jan 27 1733/4
Mary	William & Deborah	bp Feb 10 1733/4
William	William & Deborah	bp Feb 17 1733/4
Anne	William & Deborah	bp Feb 8 1735/6

WARE
John & Catharine Thomas   m. July 9 1756

WARHAM
Charles	Adm.	Apr 30 1721
Martha	Adm.	Nov 12 1727
Charles	Charles & Martha	bp Oct 30 1726
Mary	Charles & Martha	bp Dec 8 1728
Mary	Charles & Martha	bp Nov 8 1730

WARNER
William	Adm.	June 28 1741
Hannah	Adm.	July 23 1758
Elizabeth	Adm.	July 4 1773

William & Deborah Mason	m. Sept 1 1743
Hannah & Joseph Edmonds	m. June 15 1794
Elizabeth & Joseph Snelling	m. June 22 1794

WARREN
Benjamin	Benjamin & Mary	bp Oct 18 1778
(by Mr. Howard)		

Isaac & Sarah Sloan   m. Oct 2 1783

WATERHOUSE
Rachel	Cov't.	Oct 16 1726
Samuel	Samuel & Mary	bp Feb 2 1728
Daniel	Samuel & Mary	bp Oct 4 1730
Daniel	Samuel & Mary	bp Mar 25 1733
Mary	Samuel & Mary	bp Aug 3 1735

WATERMAN
Mary & John Banks   m. May 22 1766

WATERS
Margaret	Adm.	Oct 15 1749
William	William & Elizabeth	bp Aug 30 1719

WATERS (con't)
Joanna	William & Elizabeth	bp Dec 16 1722
Jacob	Isaac & Elizabeth	bp Aug 28 1720
Thomas	Thomas & Priscilla	bp May 2 1756
Jane	William & Ann	bp Mar 14 1762
William & Ann Ballard		m. Dec 13 1759
Ann & Abel Fitch		m. Feb 6 1777

WATKINS
Huldah	Cov't.	Oct 6 1751
Huldah	of Huldah	bp Oct 6 1751
Thomas	of Huldah	bp Oct 6 1751

WATSON (see Whatson)
Mary	Cov't.	Jan 11 1718/9
Mary	Adm.	Nov 16 1728
Mary	James & Mary	bp Jan 11 1718/9
Jane & John Glawson		m. Mar 28 1751

WATT
Robert & Rebecca Luckis	m. Aug 25 1748
Rebecca & Thomas Mitchel	m. Dec 9 1760

WATTS
Elizabeth	Cov't.	Apr 20 1718
Elizabeth	Adm.	Jan 7 1727/8
Samuel	Samuel & Elizabeth	bp Apr 20 1718
Hannah & Samuel Danforth		m. Dec 24 1770

WEAR : WEIR
Mary	Cov't.	June 17 1753
John	John & Katharine	bp Feb 18 1759
Abigail	John & Katharine	bp May 22 1768
Nathaniel-Thomas	John & Katharine	bp July 8 1770
Elisabeth	John & Katharine	bp Nov 29 1772
Polly-Brooks	David & Lydia	bp Jan 11 1784
Katy & William Lamson		m. June 17 1781

WEATING
James & Elizabeth Bates	m. Jan 31 1750

WEBB
Rev. John	First Pastor - Chosen	Aug 2 1714
	Notified of Choice	Aug 4 1714
	Accepted	Aug 25 1714
	Ordained	Oct 20 1714
	First Signer of the Articles of Covenant	
	First Sacrament Administered	Nov 26 1714
David	Cov't.	Apr 3 1715

WEBB (con't)
Christopher	Adm.	Aug 28 1715
Abigail	Adm.	Dec 16 1716
Joseph	Adm.	Apr 3 1721
(By dismission from Old North		
Chosen Deacon		Nov 1 1720)
Deborah	Adm.	June 25 1721
Esther	Adm.	June 25 1721
Mary	Adm.	Sept 18 1726
Jane	Adm.	Feb 4 1727/8
David	Adm.	Sept 30 1739
Mary	Adm.	Sept 30 1739
Sarah	David & Jane	bp Apr 3 1715
David	David & Jane	bp Mar 10 1716/7
John	David & Jane	bp May 3 1719
Abigail	David & Jane	bp Feb 18 1721/2
Aaron	Christopher & Sarah	bp Apr 30 1721
Elisabeth	John & Elisabeth	bp Feb 15 1729/30
John	John & Elisabeth	bp Feb 6 1731/2
Jonathan	John & Elisabeth	bp June 6 1736
Samuel	Samuel & Deborah	bp Nov 25 1733
Jeremiah	Samuel & Deborah	bp Feb 15 1735/6
David	David & Mary	bp Dec 16 1739
John	David & Mary	bp Aug 23 1741
Robert-Griffis	David & Mary	bp Sept 25 1743
Mary	David & Mary	bp Sept 8 1745
Joseph	David & Mary	bp Feb 8 1746/7
Nathaniel	David & Mary	bp Nov 19 1749
Mary	David & Mary	bp Apr 19 1752
Ann	David & Mary	bp Mar 24 1754
Rebecca-Swan & William Duff		m. Sept 15 1785
Nathan & Sarah Leach		m. July 16 1794
Child of Mr. W.		d. Oct 9 1797

WEBBER
Elizabeth	Adm.	Aug 21 1720
Margaret	Adm.	May 28 1721
(Announced as having gone over to Ch. of		
England		June 15 1747)
Mary	Adm.	May 29 1726
Sarah	Cov't.	May 20 1753
Elisabeth	Cov't.	Aug 20 1758
Elisabeth	Cov't.	July 4 1762
Elisabeth	Adm.	Sept 30 1764
Sarah	Cov't.	Sept 21 1777
Seth	Cov't.	Aug 3 1783
Mercy	William & Mary	bp June 1 1718
Margaret	Adult	bp May 28 1721
Margaret	Jonas & Margaret	bp May 28 1721
Mary	Jonas & Margaret	bp May 28 1721
Samuel	Jonas & Margaret	bp Mar 31 1723
Seth	Seth & Sarah	bp July 22 1753
Seth	Seth & Sarah	bp Oct 27 1754
Sarah	Seth & Sarah	bp Oct 27 1754

WEBBER (con't)

Seth	Seth & Sarah	bp Jan 23 1757
Joseph	Seth & Sarah	bp Sept 2 1759
William	Seth & Sarah	bp Mar 28 1762
Elisabeth	Seth & Sarah	bp Mar 17 1765
Elisabeth	John & Elisabeth	bp Oct 1 1758
Elisabeth	Daniel & Elisabeth	bp July 11 1762
John	Daniel & Elisabeth	bp Mar 17 1765
Isaac-Pierce	Daniel & Elisabeth	bp Feb 15 1767
Agnes	Daniel & Elisabeth	bp Feb 19 1769
Sally	Daniel & Sarah	bp Oct 5 1777
Caty	James & [blank]	bp Oct 10 1779
Daniel	James & [blank]	bp Sept 2 1781
Sally-Crawford	Seth & Keziah	bp Sept 14 1783

Mary & Joseph Pierce	m. Feb 5 1744/5
Seth & Sarah Brown	m. Feb 13 1752
John & Elizabeth Kent	m. Nov 4 1756
Daniel & Elisabeth Pearce	m. June 5 1760
Seth & Keziah Paine	m. Feb 15 1780
Elizabeth & Joseph Grammar	m. Dec 22 1782

Miss, ae. 20 y.,	d. Apr 22 1797

WEBSTER

Hannah	Adm.	June 30 1793
John	Redford & Hannah	bp June 9 1793
Redford & Hannah White		m. Sept 2 1787

WEEKS

Hannah	Adm.	May 31 1719

WELD (see Wild)

Benjamin	Edward & Hannah	bp Apr 23 1758
Gyles & Hannah Farrar		m. July 14 1787

WELLINGTON (see Willington)

Child, 1yr., 2 mos.,	d. Sept 1 1793
Child, 2 yrs.,	d. Oct 17 1795

WELLES

Benjamin-Tuthill	John & Joanna	bp Mar 19 1775
Polly	John & Joanna	bp Jan 3 1779
(by Mr. Thacher of Malden)		
Thomas	John & Joanna	bp Dec 10 1780
Joanna	John & Joanna	bp Mar 21 1784
Samuel	John & Joanna	bp Aug 31 1788

John & Elizabeth Woodward	m. Dec 9 1762
John & Martha Tuttle	m. Oct 23 1785
Blackheath & Sarah Hood	m. May 12 1762
Mrs., widow, abt. 40,	d. Feb 23 1792

WELLS

Rebecca	Adm.	July 23 1721
John	Adm.	Nov 5 1732
Hannah	John & Hannah	bp Apr 4 1736
John	John & Hannah	bp Feb 5 1737/8
Mary	John & Hannah	bp Jan 6 1739/40
Sarah	John & Hannah	bp Apr 25 1742
Katherine	John & Hannah	bp July 29 1744
Thomas	John & Hannah	bp Apr 27 1746
Alexander	John & Hannah	bp Oct 29 1749
Mary	John & Hannah	bp Aug 2 1752
Grace	John & Mary	bp Oct 10 1762
Thomas & Elizabeth White		m. Jan 1 1771

WELMAN

Jenny-Henry	Stephen & Hannah	bp Apr 10 1791
Hannah	Stephen & Hannah	bp Sept 25 1792
(*sua domo*)		

WELSH

William	Adm.	Mar 31 1728
Anna	Adm.	Sept 2 1771
Mary	Adm.	Oct 27 1771
Nathaniel	Adult	bp Aug 13 1721
Thomas	Adult	bp Aug 13 1721
Thomas	Thomas & Elizabeth	bp Feb 4 1721/2
Nathaniel	Nathaniel & Elizabeth	bp June 25 1727
Joseph	Nathaniel & Elizabeth	bp May 25 1729
Nathaniel	Nathaniel & Elizabeth	bp Mar 28 1731
Ebenezer	Ebenezer & Mary	bp Aug 16 1730
Joseph	Adult	bp Aug 25 1734
Joseph	Joseph & Anne	bp Aug 25 1734
Deborah	William & Deborah	bp May 24 1724
Elisabeth	William & Deborah	bp May 29 1726
Mary	William & Deborah	bp Feb 11 1727/8
William	William & Deborah	bp Nov 15 1730
Mary	William & Deborah	bp Nov 19 1732
John	William & Deborah	bp Nov 18 1733
Mary	William & Deborah	bp Oct 5 1735
Joseph	William & Deborah	bp Dec 25 1737
Jacob	John & Mary	bp Apr 27 1755
John	John & Mary	bp Apr 3 1757
Mary	John & Mary	bp Sept 14 1760
Grace	John & Mary	bp Oct 10 1762
Elisabeth	John & Mary	bp Mar 3 1765
Elisabeth	John & Mary	bp Nov 23 1766
Anna	John & Mary	bp Nov 6 1768
Sarah	John & Mary	bp Feb 4 1770
Thomas	John & Mary	bp Feb 24 1771
Abigail	John & Mary	bp Nov 14 1773

Richard & Dorothy Hutchinson	m. May 31 1773
Patrick & Jane Eustis	m. Mar 10 1782
Grace & Samuel Payson	m. Dec 16 1790
Betsy & Nathaniel Hancock	m. May 17 1791

WELSH (con't)
Anna & Daniel Butler		m. Mar 3 1794

WENDELL
John, Esq. & Mercy Skinner		m. Oct 17 1751
Rebecca & John Barber		m. Dec 12 1776

WESSE
Joanna & John Morris		m. Jan 8 1789

WEST
John	Adm.	May 5 1717
Mary	Adm.	Oct 16 1726
(By dismission from Yarmouth)		
John	Adm.	Feb 16 1745/6
Sarah	Adm.	Feb 16 1745/6
(John & Sarah by dismission from Portsmouth)		
Anna	John & Mary	bp Nov 27 1726
Mary	John & Mary	bp July 6 1729
Mary	John & Mary	bp June 13 1731
Kezia	John & Mary	bp Feb 4 1732/3
Eunice	John & Mary	bp Dec 8 1734
David	John & Mary	bp May 16 1736
David	John & Mary	bp Aug 28 1737
Isabell	John & Margaret	bp July 27 1729
Mary	Benjamin & Joanna	bp May 16 1731
Mary	Benjamin & Joanna	bp Feb 18 1732/3
Ebenezer	Benjamin & Joanna	bp May 5 1734
Sarah	Benjamin & Joanna	bp Nov 9 1735
Benjamin	Benjamin & Hannah	bp Mar 12 1786
Sarah & John Deming		m. Feb 27 1752

WESTCOAT : WASTCOAT
Thomasin	Adult	bp Dec 1 1734
Tamson & Francis Rickey		m. July 17 1744

WESTLEY
Mary & William Dillaway		m. Jan 26 1787
		(BRCR - June)

WETHERHILL
Abigail & Thomas Oliver		m. Aug 10 1749

WETHERLE
Betsy	Joshua & Rebecca	bp July 19 1778

WEYMOUTH
Ann & George Sanders		m. Nov 28 1751

WHATSON
Joseph	of Elizabeth	bp Mar 25 1792

WHEAT
Dorothy	Cov't.	Jan 5 1766

WHEAT (con't)
Dorothy	William & Dorothy	bp Feb 9 1766
Susanna	William & Dorothy	bp Feb 28 1768
William	William & Dorothy	bp Dec 3 1769
William & Dorothy Bentley		m. Mar 20 1765

WHEATLEY
Hannah	Adm.	Apr 26 1730

WHEATON
Lydia	Adm.	July 24 1726
Obadiah	Adm.	Dec 10 1727
Obediah	Adult	bp Oct 25 1719
Sarah	Obediah & Sarah	bp Dec 13 1719
Obediah	Obediah & Jemima	bp May 12 1723
James	Obediah & Jemima	bp Oct 4 1724
Jemima	Obediah & Jemima	bp Oct 16 1726
Jerusha	Obediah & Jemima	bp Nov 24 1728
Benjamin	Obediah & Jemima	bp May 3 1730
Jerusha	Obediah & Jemima	bp Jan 16 1731/2
Joseph	Obediah & Jemima	bp June 8 1735
Benjamin & Mary Cushing		m. Oct 1 1754
		(BRCR - 1751)

WHEELWRIGHT
Lot & Sukey Wilson		m. Dec 10 1793

WHEELER
Mercy	Cov't.	July 10 1737
Elisabeth	Cov't.	Aug 11 1754
Hannah	Solomon & Mercy	bp July 24 1737
Samuel-Majory	Samuel & Elizabeth	bp Sept 8 1754
Samuel & Elizabeth Major		m. Nov 28 1751
John & Sally Lewis		m. June 8 1794

WHITE
John	Cov't.	Sept 6 1747
Priscilla	Cov't.	Mar 15 1761
Elizabeth	Adm.	Apr 21 1765
Mary	Cov't.	Aug 8 1773
John	Adm.	June 20 1778
Sarah	Adm.	June 20 1778
(died Sept 5 1807)		
James	Adm.	Aug 15 1779
Penelope	Cov't.	Jan 31 1796
Mary	Joseph & Sarah	bp July 7 1716
Susanna	John & Susanna	bp Sept 6 1747
Peter	Benjamin & Mary	bp Apr 29 1753
Mary	Benjamin & Mary	bp Apr 20 1755
Hannah	Benjamin & Mary	bp Feb 18 1759
Sarah	Benjamin & Priscilla	bp Mar 29 1761

WHITE (con't)

Esther	Benjamin & Priscilla	bp July 29 1764
John	Benjamin & Priscilla	bp June 15 1766
Elizabeth	Adult	bp Apr 21 1765
Hannah	John & Susanna	bp Sept 14 1766
Samuel	William & Mary	bp Aug 8 1773
Marcy	James & Lettice	bp Aug 15 1779
Mary	James & Lettice	bp Oct 14 1781
Betsy	James & Lettice	bp Dec 21 1783
Nancy	James & Lettice	bp Feb 19 1786
James	James & Lettice	bp Feb 11 1788
Josiah	Joseph & Eunice	bp Jan 16 1780
John	Joseph & Eunice	bp Mar 24 1782
Eunice	Joseph & Eunice	bp Jan 7 1787
Joanna-Cades	Samuel & Penelope	bp Mar 20 1796

Benjamin & Mary Bowlen	m. Dec 13 1750
Elizabeth & Thomas Walker	m. Dec 5 1752
Elizabeth & George Pogue	m. Feb 14 1753
Mary & Jethro Furbur	m. Nov 1 1753
Mary & Jonas Patterson	m. Feb 12 1756
Hannah & Charles Vener	m. Feb 8 1758
Benjamin & Priscilla Edmonds	m. May 29 1760
Isaac & Lydia Young	m. Aug 30 1763
Benjamin & Deborah Tyler	m. Sept 26 1765
Susanna & Nehemiah Somes	m. Oct 25 1768
John & Sarah Tyler	m. Oct 12 1769
Elisabeth & Thomas Wells	m. Jan 1 1771
William & Mary Bartlett	m. Oct 15 1772
Sarah & John Newell	m. July 7 1777
Joseph & Eunice Waldron	m. May 24 1778
Benjamin & Bethiah Chandler	m. Dec 12 1779
Hannah & Redford Webster	m. Sept 2 1787
Cornelius & Elizabeth Morgan	m. Dec 18 1791
Samuel & Penelope Cades	m. June 2 1795
Polly & Nathaniel Colesworthy	m. July 2 1797

WHITELL : WHITTEL

Elizabeth	Adm.	July 28 1717
Elisabeth	Adm.	Aug 26 1744
Nathaniel	Nathaniel & Elizabeth	bp Dec 6 1719
Elizabeth	Nathaniel & Elizabeth	bp Jan 28 1721/2
Mary	Nathaniel & Elizabeth	bp Aug 23 1724
Rebecca-Royal	William & Hannah	bp July 24 1743

Nathaniel & Elizabeth Prittam m. Aug 12 1742 or 3
(This is the first marriage on Record. Rev. J. Eliot prefaces this Record by noting that the Marriages heretofore were not recorded in Church Book, Mr. Webb's private book being lost, he begins with those of his father Rev. Andrew Eliot.)

Mrs., Ch. Memb., a. 78,   d. Mar 15 1794

WHITMAN

Elizabeth	Adm.	Aug 23 1719

WHITMAN (con't)

Davis	Cov't.	Sept 30 1722
Susanna	Adm.	Aug 2 1741
Samuel	Cov't.	Oct 1 1749
Francis	Francis & Elizabeth	bp Aug 30 1719
Elizabeth	Francis & Elizabeth	bp Jan 3 1719/20
Elizabeth	Francis & Elizabeth	bp Mar 11 1721/2
William	Francis & Elizabeth	bp June 14 1724
Elisabeth	Francis & Elizabeth	bp Oct 17 1725
William	Francis & Elizabeth	bp Nov 5 1727
Mary	Francis & Elizabeth	bp Dec 28 1729
Abigail	Francis & Elizabeth	bp Mar 5 1731/2
Sarah	Francis & Elizabeth	bp Mar 3 1733/4
Mary	Davis & Susanna	bp Sept 30 1722
Susanna	Davis & Susanna	bp Dec 15 1723
Samuel	Davis & Susanna	bp June 27 1725
Mary	Davis & Susanna	bp Jan 8 1726/7
Sarah	Davis & Susanna	bp July 6 1729
Davis	Davis & Susanna	bp Apr 25 1731
Davis	Davis & Susanna	bp Aug 27 1732
Mary	Davis & Susanna	bp Jan 20 1733/4
Eunice	Samuel & Eunice	bp Oct 1 1749
Samuel	Samuel & Eunice	bp Aug 25 1751
Eunice	Samuel & Eunice	bp Mar 17 1754
Susanna	Samuel & Eunice	bp July 4 1756
Elizabeth	Davis & Elizabeth	bp Aug 13 1758
Susanna	Davis & Elizabeth	bp May 11 1760
Davis	Davis & Elizabeth	bp Mar 7 1762
John-Ross	Davis & Elizabeth	bp Feb 21 1768

Elizabeth & William Kissick	m. July 7 1768
Samuel & Eunice Brown	m. Feb 26 1746
Sarah & Robert Sloan	m. Dec 28 1758
Davis & Elizabeth Clay	m. Mar 4 1756
Sarah & Thomas Hunstable	m. Oct 9 1766
Samuel & Anna Read	m. Oct 23 1766
Davis & Mary Taverner	m. Aug 17 1770

WHITMARSH

Dorothy	Adm.	May 5 1793

WHITMORE

Abigail	Adm.	Sept 20 1719

(Votes, etc., Septem 20 1719 Abigail Whitmore made a Publick confession before ye chh & congregation for *Publick Scandall* was receaved into the charity of ye chh and to full communion with ye chh.)

WHITNEY

Elizabeth	Cov't.	Sept 3 1758
Elizabeth	Adm.	Sept 10 1769
Issac	Adm.	Feb 18 1770
Elisabeth	Isaac & Elizabeth	bp Oct 8 1758
Isaac	Isaac & Elizabeth	bp Apr 18 1762

WHITNEY (con't)

Elisabeth	Isaac & Elizabeth	bp Nov 20 1763
Mary-Lock	Isaac & Elizabeth	bp July 21 1765
Susanna	Isaac & Elizabeth	bp Mar 22 1767
Isaac	Isaac & Elizabeth	bp Oct 14 1770
Sarah	Isaac & Elizabeth	bp Dec 15 1771
Mary	Isaac & Elizabeth	bp May 2 1773
Esther	Isaac & Elizabeth	bp Jan 5 1777
Nancy	Isaac & Sarah	bp June 20 1779
Isaac	Isaac & Sarah	bp Feb 18 1781
Jacob	Isaac & Sarah	bp Nov 10 1782

Isaac & Elizabeth Thorn	m. Jan 5 1758
Isaac & Sarah Ingerfield	m. Apr 5 1778
Sarah & Samuel Skillen	m. July 23 1791
Sally & Ebenezer Tilestone	m. Dec 24 1793
Peggy & William Crawford	m. Dec 1 1796

WHITTEMORE

William	Adm.	Mar 24 1727/8
Ruth	Adm.	Dec 18 1743
Nathan	Cov't.	Mar 19 1758
William	Adult	bp Mar 31 1728
Hannah	William & Mary	bp Jan 16 1731/2
William	William & Mary	bp May 12 1734
Ebenezar	William & Mary	bp Mar 26 1738
Mary	William & Mary	bp Sept 28 1740
Nathan	Nathan & Sarah	bp May 7 1758

Ruth & Edward Macom	m. July 22 1755
Nathan & Sarah Jeffs	m. Oct 14 1756
Sarah & Micah Simmons	m. Mar 18 1762

WHITRIDGE

Abigail	Adm.	July 3 1715
Richard	Adm.	June 21 1730
Abigail	Adult	bp July 3 1715

WIDGER

John	Cov't.	June 4 1749
Hannah	John & Hannah	bp June 11 1749
John	John & Hannah	bp Feb 10 1750/1
Elisabeth	John & Hannah	bp Nov 26 1752

WILCOT

Mercy & Charles Lenox	m. July 26 1753

WILD : WELD : WELDS

Naomi	Adm.	Aug 31 1766
Ebenezer	Adm.	Dec 19 1773
(ob. Dec 1794)		
Samuel	Cov't.	July 4 1784
Abigail	Adm.	Nov 23 1788
Ebenezer	Samuel & Susanna	bp July 3 1757

WILD : WELD : WELDS (con't)

Samuel	Samuel & Naomi	bp Sept 7 1766
Sarah	Samuel & Naomi	bp Mar 26 1769
Betsy	Samuel & Betsy	bp July 4 1784
Nabby	Samuel & Betsy	bp Dec 25 1785
(The father died the preceeding August)		
Samuel	Samuel & Elizabeth	bp July 8 1787
Sally	Samuel & Elizabeth	bp Mar 1 1789
Sukey-Cushman	Samuel & Elizabeth	bp Sept 12 1790
Samuel	Samuel & Elizabeth	bp May 6 1792
Susanna-Cushman	Samuel & Elizabeth	bp Feb 23 1794
Ebenezer	Ebenezer & Abigail	bp June 20 1790
George	Ebenezer & Abigail	bp Apr 15 1792
Harriot	Ebenezer & Nabby	bp Feb 2 1794

Samuel & Naomi Edes	m. Sept 16 1765
Samuel & Betsy Cox	m. Mar 26 1783
Elisha & Elizabeth Blanchard	m. Nov 14 1784
Ebenezer & Nabby Howard	m. Nov 1 1786

Mr. Ebenezer, a. 37, ch. Memb.   d. Dec 1794

WILKINS

[Blank]	of Edward & [blank]	bp Nov 14 1791
(sua domo)		
William	of Edward	bp June 17 1792
Betsy	of Edward	bp June 17 1792
Nancy	of Edward	bp June 17 1792

Edward & Elizabeth Marston	m. Nov 2 1752

WILKINSON

Thomas	Cov't.	Apr 24 1757
Thomas	Thomas & Rebecca	bp May 8 1757
Rebecca	Thomas & Rebecca	bp Feb 4 1759
Elisabeth	Thomas & Rebecca	bp Sept 27 1761
Mary	Thomas & Rebecca	bp May 1 1763
Anna	Thomas & Rebecca	bp July 7 1765
(by Mr. Adams.)		
Sarah-Wilkins	Thomas & Rebecca	bp June 21 1767
Thomas	Thomas & Rebecca	bp Aug 6 1769
Ruth	Thomas & Rebecca	bp Oct 20 1771
John	Thomas & Rebecca	bp Dec 5 1773
Elsy	Thomas & Rebecca	bp Feb 28 1779
(by Mr. Thatcher)		

Rebecca & Samuel Beale	m. July 16 1778
Polly & Turell Tuttle	m. Apr 12 1785
Ruth & Samuel Tuttle	m. Oct 26 1794

WILLARD

Katherine	Adm.	May 27 1722
(Dismissed)		

WILLET etc.

Andrew	Cov't.	Oct 11 1724
Sarah	Cov't.	June 1 1740
Sarah	Adm.	Feb 8 1756
John	Cov't.	May 28 1769
Susanna	Andrew & Martha	bp Oct 18 1724
Andrew	Andrew & Martha	bp Jan 2 1725/6
Joseph	Andrew & Martha	bp Feb 19 1726/7
Thomas	Andrew & Martha	bp Apr 7 1728
Mary	Andrew & Martha	bp Aug 3 1729
Sarah	Andrew & Martha	bp Oct 4 1730
John	John & Sarah	bp June 15 1740
John	John & Sarah	bp July 17 1743
Thomas	John & Sarah	bp Aug 11 1745
Sarah	John & Sarah	bp Dec 20 1747
Elizabeth	John & [blank]	bp May 28 1769
Sarah	John & [blank]	bp May 28 1769

WILLIAMS

Hannah	Adm.	May 23 1725
Mary	Cov't.	Feb 10 1733/4
Elisabeth	Adm.	Apr 17 1737
Nathaniel	Cov't.	Aug 14 1748
John	Adm.	May 9 1742
Elisabeth	Cov't.	Oct 19 1755
Elisabeth	Adm.	Aug 19 1759
Mary	Adm.	Dec 9 1759
Elisabeth	Adm.	June 29 1760
Ann	Cov't.	Aug 9 1761
Nathaniel	Cov't.	June 5 1763
Henry-Howell (d. 1802)	Adm.	Aug 4 1765
Elisabeth	Adm.	Sept 15 1765
Mary	Cov't.	July 31 1774
Susanna (free negro)	Adm.	Aug 27 1775
Lydia	Cov't.	Mar 13 1791
Hannah	Oliver & Hannah	bp June 13 1725
Elizabeth	Oliver & Hannah	bp Dec 4 1726
Oliver	Oliver & Hannah	bp May 25 1729
Mary	Oliver & Hannah	bp July 11 1731
Oliver	Oliver & Hannah	bp Oct 12 1735
Daniel	Adult	bp Apr 14 1728
Henry	Henry & Mary	bp Mar 17 1733/4
John	Henry & Mary	bp Mar 28 1736
Mary	Henry & Mary	bp Feb 19 1737/8
Benjamin	Benjamin & Mary	bp Aug 20 1738
William	Benjamin & Mary	bp Sept 22 1745
Elisabeth	Henry & Elisabeth	bp Oct 2 1743
Phoebe	Nathaniel & Phoebe	bp Aug 14 1748
Nathaniel	Nathaniel & Phoebe	bp Oct 14 1750
Elisabeth	Nathaniel & Phoebe	bp Nov 10 1754
John	John & Elisabeth	bp Aug 28 1748
Jonathan	[blank] & Elisabeth	bp July 15 1753
Elisabeth	[blank] & Elisabeth	bp Nov 30 1755
Robert	Robert & Elizabeth	bp Sept 25 1757
Robert	Robert & Elizabeth	bp Sept 30 1759

WILLIAMS (con't)

Martha	Richard & Ann	bp Sept 13 1761
John-Riensett	Nathaniel & Mary	bp June 5 1763
Nathaniel	Nathaniel & Mary	bp Mar 31 1765
Mary	Nathaniel & Mary	bp Aug 2 1767
Sarah	of Mary	bp July 31 1774
Elisabeth	Henry-Howell & Elisabeth	bp Aug 11 1765
Henry-Howell	Henry-Howell & Elisabeth	bp Mar 15 1767
Martha	Henry-Howell & Elisabeth	bp Aug 28 1768
Thomas	Henry-Howell & Elisabeth	bp Sept 9 1770
John-Shirley	Henry-Howell & Elisabeth	bp May 17 1772
Harriett	Henry-Howell & Elisabeth	bp Dec 5 1773
Nancy	Henry-Howell & Elisabeth	bp Mar 23 1777
Catharine	Henry-Howell & Elisabeth	bp Jan 16 1780
Mary-Nowell	James & Lydia	bp Mar 13 1791
Lydia-Grose	James & Lydia	bp July 29 1792
Mary-Nowell	James & Lydia	bp Jan 12 1794
James	James & Lydia	bp July 26 1795
Lydia-Grose	James & Lydia	bp Sept 10 1797
John & Elizabeth Proctor		m. Dec 1 1747
John & Lydia Osman		m. Aug 23 1749
Daniel & Mary Laughton		m. Sept 4 1751
Richard & Ann Lerrick		m. Dec 25 1760
Mary & Joseph Doble		m. Jan 8 1761
Daniel & Mary Harris		m. Sept 9 1761
John & Susanna Storer		m. July 25 1763
Ann & James Hewes		m. May 6 1767
John & Katharine Goldthwait		m. Dec 3 1772
David & Sarah Hassell		m. Mar 23 1783
Levi & Suckey Spalden		m. June 5 1791
Elizabeth & Andrew Sigourney		m. Oct 17 1797
Mrs., widow, a. 81, ch. member		d. Nov 13 1797

WILLINGTON (see Wellington)

Betsy	Jonathan & Anna	bp July 8 1792
Thomas-Wooldridge	Jonathan & Anna	bp Mar 16 1794
Betsy	Jonathan & Anna	bp July 16 1797
Catharine & Peter Bowen		m. Feb 28 1796

WILLISTON

Thomas	Adm.	July 26 1719
Jane	Adm.	Feb 4 1727/8
Hannah	Cov't.	May 8 1791
Joseph	Cov't.	Oct 9 1796
Thomas	Adult	bp Mar 29 1719

WILLISTON (con't)

Thomas	Thomas & Jane	bp Dec 6 1724
Jane	Thomas & Jane	bp Apr 3 1726
Abigail	Thomas & Jane	bp Dec 31 1727
John	Thomas & Jane	bp Apr 19 1730
Joseph	Thomas & Jane	bp Nov 14 1731
Sarah	Thomas & Jane	bp May 13 1733
Joseph	Thomas & Jane	bp Oct 26 1735
Sarah	Thomas & Jane	bp Oct 3 1736
Abraham	Thomas & Jane	bp July 23 1738
Samuel	Thomas & Jane	bp Nov 8 1741
Abraham	Abraham & Hannah	bp Sept 27 1789
Rebecca-Ryal	Abraham & Hannah	bp May 22 1791
Joseph	of Joseph	bp Oct 9 1796
John & Hannah Hall		m. Mar 13 1755
Abigail & John Badger		m. Dec 21 1758
Sarah & Wilson Fannell		m. May 22 1760
Abraham & Hannah Goodwin		m. Feb 24 1789

WILSON

William	Adm.	Dec 16 1716
Elizabeth	Suspended	July 6 1732
William	Adm.	June 28 1741
Martha	Adm.	Mar 14 1741/2
Mary	Cov't.	Mar 11 1743/4
Elizabeth	Cov't.	Aug 18 1751
Elizabeth	Adm.	Oct 13 1751
William	William & Elizabeth	bp May 1 1720
James	William & Elizabeth	bp Apr 22 1722
John	William & Elizabeth	bp Sept 27 1724
Benjamin	Benjamin & Martha	bp Mar 28 1742
Martha	Benjamin & Martha	bp Aug 7 1743
William	William & Mary	bp May 8 1743
Mary	George & Mary	bp Mar 25 1744
Mary-Campbell	James & Elisabeth	bp Aug 18 1751
Elisabeth	James & Elisabeth	bp Dec 16 1753
William & Mary Johnson		m. Aug 19 1742
Martha & John Holbrook		m. Sept 6 1757
Sukey & Lot Wheelwright		m. Dec 10 1793

WIMBLE

Rebecca	William & Elisabeth	bp Mar 4 1749/50
William & Elizabeth Wright		m. Aug 23 1748

WINDDITT

Mary & Samuel Seward		m. Nov 24 1761

WINKAL etc.

Lucy	Cov't.	July 24 1726
John	John & Lucy	bp July 24 1726
Anna	John & Lucy	bp Aug 24 1729
Anna	John & Lucy	bp Aug 2 1730
Mary	John & Lucy	bp Jan 23 1731/2

WINKFIELD

William & Abiel Page		m. Aug 26 1760

WINN

Elizabeth	Adult	bp Apr 26 1719
Thomas	William & Elizabeth	bp Sept 25 1720
Elizabeth	William & Elizabeth	bp Sept 25 1720

WINSHIP

Timothy	Adm.	July 25 1756
Samuel	Adm.	Jan 9 1757
Margarett-Wood	of [blank]	bp Jan 13 1793

WINSLOW

James	Isaac & Jemima	bp Feb 4 1776

WINSOR

Thomas	Thomas & Hannah	bp May 22 1726
Hannah	Thomas & Hannah	bp July 20 1729
Solomon	Thomas & Hannah	bp Sept 5 1731

WINTER

Joshua	Adm.	Dec 19 1742
Sarah	Adm.	Mar 10 1754
Joshua	Joshua & Sarah	bp Dec 9 1753
Joshua & Mary Langdon		m. Feb 13 1760

WISE

Sarah	John & Lydia	bp Jan 6 1733/4

WISWALL

Elizabeth	Adm.	Jan 31 1724/5
Peleg	Adm.	Oct 16 1737
By dismission from Ch. at Duxbury		
Master of Grammar School		
Chosen Ruling Elder		May 21 1736
John	Adm.	Aug 25 1754
(Dismissed)		
Sarah	Peleg & Elisabeth	bp May 4 1729
John	Peleg & Elisabeth	bp Apr 18 1731
George	of Daniel	bp Oct 29 1775
Thomas & Eunice Jones		m. June 13 1748
Elizabeth & Gammon Stevens		m. Feb 1 1748/9

WITHAM : WITHERN

Thankful-Stannard	James & Abigail	bp Sept 9 1770
James	James & Abigail	bp Sept 13 1772
Sarah-Turner	Adult	bp Oct 17 1796
(sua domo)		
James & Abigail Stone		m. Dec 17 1754

WOLCUTT

Benjamin	Adm.	Nov 11 1722
(Dismissed)		
Abigail	Benjamin & Abigail	bp Nov 25 1722

WOOD

Lydia	Adm.	Oct 15 1727
(Dismissed)		
Samuel	Adm.	Dec 10 1727
Elisabeth	Adm.	Mar 29 1730
Elisabeth	Adult	bp Mar 29 1730
Elisabeth	Samuel & Elisabeth	bp Mar 2 1728/9
Samuel	Samuel & Elisabeth	bp Nov 21 1731
William	Samuel & Elisabeth	bp Mar 24 1733/4
Benjamin	Samuel & Elisabeth	bp Aug 29 1736
Benjamin	Samuel & Elisabeth	bp Jan 21 1738/9

WOODS

Mary	Cov't.	July 27 1718
Mary	Samuel & Mary	bp Aug 3 1718

WOODBURN

Mary	Cov't.	Oct 4 1741
John	John & Mary	bp Oct 4 1741
Ellenor	John & Mary	bp Oct 4 1741
Lucy	John & Mary	bp Oct 4 1741
Samuel	John & Mary	bp Apr 4 1742

WOODBURY : WOODBERRY

Hannah	Adm.	Dec 10 1727
Emma	Andrew & Hannah	bp June 4 1721
Hannah	Andrew & Hannah	bp June 9 1723
Andrew	Andrew & Hannah	bp Dec 17 1727

WOODHOUSE

Mary & Edward Prevear		m. Oct 21 1781

WOODMAN

Sarah	Cov't.	Nov 2 1783
Thomas	Thomas & Sarah	bp Nov 16 1783
Thomas & Sarah Hall		m. July 19 1781

WOODWARD

Elisabeth	Adm.	Oct 26 1740
Abigail	Cov't.	Aug 30 1767
Nathaniel	Nathaniel & Mary	bp Nov 2 1740
John-Newhal	Nathaniel & Elisabeth	bp June 13 1742
Samuel	Nathaniel & Elisabeth	bp Aug 12 1744
Elizabeth	Nathaniel & Elisabeth	bp Feb 9 1745/6

WOODWARD (con't)

Samuel	Nathaniel & Elisabeth	bp Nov 1 1747
Thomas	Nathaniel & Elisabeth	bp Feb 4 1749/50
Abigail	Nathaniel & Elisabeth	bp Mar 22 1752
William	Nathaniel & Elisabeth	bp Oct 12 1760
John	John-Newell & Abigail	bp Oct 4 1767
John	John & Abigail	bp Dec 18 1768
Elizabeth	John-Newell & Abigail	bp July 7 1771
Thomas	John-Newell & Abigail	bp July 4 1773
William	John-Newell & Abigail	bp Dec 25 1774
[blank]	John-Newell & Abigail	bp May 4 1777
(by Mr. Osgood)		
Jonathan-Brown	Nathaniel & Mary	bp Aug 12 1781
Elizabeth & John Welles		m. Dec 9 1762
John-Newell & Abigail Pierce		m. Feb 28 1765
Nathaniel & Mary Brown		m. Sept 29 1767
Abigail & John Lombord		m. Aug 9 1789

WOOLLEY

Charles & Susanna Bentley		m. Apr 4 1796

WORMSTED

John & Elizabeth Pitman		m. Mar 26 1753

WRIGHT

Elisabeth	Adm.	June 28 1741
Sarah & Benjamin Chadwell		m. May 19 1748
Elizabeth & William Wimble		m. Aug 23 1748
Francis & Mary Mountfort		m. July 24 1781

WYER

Mary	Adm.	Apr 10 1715
Elizabeth	Zachariah & Mary	bp Aug 19 1716

W.

A.W. a Sister of a Chh in Bradford having been recd to occasional communion, falling & etc. Offered Publick Confession & restored   Jan 26 1734/5

YENDELL

Lydia	Cov't.	Oct 28 1764
George	Paul & Lydia	bp Dec 9 1764
Rebecca-Cross	Paul & Lydia	bp Nov 9 1766
Samuel-Whitman	Paul & Lydia	bp Mar 19 1769
Lydia & John Bulner		m. Nov 15 1776

YOUNG

Anne	Adm.	Aug 21 1720
William	Cov't.	Jan 15 1726/7
Elisabeth	Adm.	Dec 31 1727
Abigail	Adm.	Mar 24 1733/4

YOUNG (con't)

James	Anthony & Rachel	bp July 16 1721
Squire	Anthony & Rachel	bp July 16 1721
Mary	Anthony & Rachel	bp July 16 1721
Anna	Anthony & Rachel	bp July 16 1721
Martha	Anthony & Rachel	bp Jan 21 1721/2
Hannah	Anthony & Rachel	bp July 19 1724
Margaret	Anthony & Rachel	bp June 13 1725
Rachel	William & Hannah	bp Mar 17 1727/8
Rebecca	William & Hannah	bp Oct 12 1729
Joseph	William & Hannah	bp Aug 29 1731
Hannah	William & Hannah	bp Mar 25 1733
Nathaniel	William & Hannah	bp May 26 1734
Sarah	William & Hannah	bp Dec 7 1735
Abraham	William & Hannah	bp May 22 1737
Lydia	William & Hannah	bp Mar 2 1739/40
Joseph	William & Hannah	bp July 19 1741
Lydia	William & Hannah	bp Oct 24 1742

Lydia & Isaac White	m. Aug 30 1763
John & Elisabeth Hastings	m. Apr 2 1789

Mrs., ae 83 yrs.,	d. May 28 1796
Mrs., ae 63 yrs.,	d. Sept 24 1796

YOUNGMAN

Ebenezar   Cov't.   Jan 2 1714/5
    The first who confessed the Covenant -
      The first is truly the last in this instance

Ebenezar	Ebenezar & Mercy	bp Jan 9 1714/5
Mercy	Ebenezar & Mercy	bp Dec 2 1716
Susanna	Ebenezar & Mercy	bp Oct 26 1718
Cornelius	Ebenezar & Mercy	bp Aug 14 1720